装配式建筑发展
行业管理与政策指南

住房和城乡建设部科技与产业化发展中心

（住房和城乡建设部住宅产业化促进中心） 编著

中国建筑工业出版社

图书在版编目（CIP）数据

装配式建筑发展行业管理与政策指南 / 住房和城乡建设部科技与产业化发展中心（住房和城乡建设部住宅产业化促进中心）编著. — 北京：中国建筑工业出版社，2018.10

ISBN 978-7-112-22682-5

Ⅰ.①装… Ⅱ.①住… Ⅲ.①建筑工业化 — 产业发展—行业管理—中国—指南 ②建筑工业化 — 产业发展—政策—中国—指南 Ⅳ.① F426.9-62

中国版本图书馆CIP数据核字（2018）第209182号

责任编辑：周方圆 封 毅
责任校对：焦 乐

装配式建筑发展行业管理与政策指南
住房和城乡建设部科技与产业化发展中心
（住房和城乡建设部住宅产业化促进中心）编著

*

中国建筑工业出版社出版、发行（北京海淀三里河路9号）
各地新华书店、建筑书店经销
北京点击世代文化传媒有限公司制版
廊坊市海涛印刷有限公司印刷

*

开本：787×1092毫米 1/16 印张：13 字数：273千字
2018年10月第一版 2018年10月第一次印刷
定价：48.00元
ISBN 978-7-112-22682-5
（32791）

编委会

前言
Preface

　　党的十八大以来，党中央、国务院高度重视生态文明建设和绿色发展，"既要金山银山，也要绿水青山，绿水青山就是金山银山"的理念深入人心。十九大报告提出质量第一、效益优先的发展要求，为新时期建筑业发展指明了质量引领、创新驱动、绿色生态的发展路径。目前，全国各地正在积极贯彻落实十九大有关精神，推动新时代高品质建筑发展，整合绿色建筑、装配式建筑、超低能耗建筑等新理念新成果，满足人民群众对优质建筑产品的需要。

　　随着《中共中央 国务院关于进一步加强城市规划建设管理工作的若干意见》《国务院办公厅关于大力发展装配式建筑的指导意见》等一系列政策文件的出台，装配式建筑发展迎来了宝贵的历史机遇期。截至 2017 年底，31 个省（市、自治区）出台了推动装配式建筑发展的实施意见及系列政策，制定了工作目标、发展规划、扶持政策和保障措施，为装配式建筑发展提供了良好的政策氛围和市场环境。在发展路径方面，各地按照"一体两翼，两大支撑"的思路积极推进工作，一方面发展成熟、可靠、适用的装配式建筑技术及标准体系，另一方面发展 EPC 工程总承包模式和建筑信息模型（BIM）信息化技术，同时创新体制机制管理和促进产业发展；在项目建设方面，2017 年全国各类装配式建筑新开工面积约 1.6 亿平方米；在示范推广方面，2017 年住房和城乡建设部认定了第一批 30 个装配式建筑示范城市和 196 个装配式建筑产业基地。这一系列工作为下一阶段装配式建筑的持续健康发展奠定了良好基础。展望未来，通过新型建造方式建设高品质建筑，实现建筑产业与现代制造业、信息产业的深度融合，必将迎来更为广阔的市场，也将为住房城乡建设领域绿色生态发展提供重要支撑。

　　然而，也要清醒地看到，我国还处于装配式建筑发展的初级阶段，正处于由试点示范向规模化推进转变过程中，科学的认识理念、适用的管理制度和成熟的技术能力缺一不可。基于现场建造方式的行业管理体系已无法适应装配式建筑发展要求，亟待全面变革；各项激励政策措施落实程度和激励效果不一，亟须通过系统评估，遴选操作性强、激励效果好的政策予以推广和引导。同时，在全行业人才队伍建设、标准化设计、信息化技术应用、质量安全监管等方面还面临很多挑战。下一步推进工作中，一方面要针对行业发展的重点问题，在行业管理和政策机制上提出配套措施；另一方面，要按照因地制宜、循序渐进的思路制定科学的发展路径，推进装配式建筑平稳健康发展。

受国家重点研发计划项目"工业化建筑检测与评价关键技术"（2016YFC0701800）资助，住房和城乡建设部科技与产业化发展中心（住房和城乡建设部住宅产业化促进中心）正在开展《建筑工业化发展行业管理与政策机制》课题研究，本书为该课题的阶段性研究成果。由于编写时间紧促、能力水平有限，难免存在疏漏或不足之处，欢迎大家提出宝贵意见和建议并反馈给我们。随着研究的不断开展，课题成果也将进一步丰富。我们将继续补充和完善课题研究成果，更好地为行业发展服务。希望通过本书对我国装配式建筑行业管理有关政策措施进行系统总结与分析，提出有助于各级住房城乡建设部门学习借鉴的管理机制、政策措施，有助于龙头企业掌握发展现状和形势，有助于行业人员了解装配式建筑技术和相关政策知识，推动装配式建筑发展迈上新台阶，促进建筑业建造水平的全面提升和建筑业转型升级。

在本书编写过程中，得到了各级住房城乡建设部门和行业专家、企业家的大力支持，在此表示诚挚的感谢！

《装配式建筑发展行业管理与政策指南》编委会

2018 年 9 月

目 录
Content

上篇 装配式建筑发展行业管理篇

下篇　装配式建筑发展行业政策篇

上篇

装配式建筑发展行业管理篇

1 装配式建筑发展概况

1.1 装配式建筑相关概念辨析

在不同历史时期，因内涵和外延不同，装配式建筑的相关概念分别出现过住宅产业现代化（简称"住宅产业化"）、建筑产业现代化（简称"建筑产业化"）、建筑工业化等不同提法，本节力图对相关概念进行阐述和辨析。

1.1.1 装配式建筑的内涵、外延和特征

装配式建筑是指用预制部品部件在工地装配而成的建筑。

装配式建筑将传统建造方式中的大量现场作业工作转移到工厂进行，其主要特征有"六化"，即标准化设计、工厂化生产、装配化施工、一体化装修、信息化管理和智能化应用，是一种现代工业化生产方式。

装配式建筑的外延包括装配式混凝土结构建筑、钢结构建筑、木结构建筑、混合结构建筑等。

1.1.2 装配式建筑与建筑工业化、建筑（住宅）产业现代化概念辨析

1）"装配式建筑"与"建筑工业化"的辨析

"装配式建筑"是《中共中央 国务院关于进一步加强城市规划建设管理工作的若干意见》（2016年2月）提出的概念，着重强调装配式建筑是用预制部品部件在工地装配而成的建筑。"建筑工业化"更强调建筑行业的"工业化"进程。两者都是为了实现建筑行业的转型升级，实现建筑的节能、节地、节水、节材、环保等绿色发展目标。

2）"装配式建筑"与"建筑（住宅）产业现代化"的辨析

相对于建筑（住宅）产业现代化，装配式建筑的概念表述更加具象化，更易于在全社会进行宣传推广。建筑（住宅）产业现代化更强调和侧重于"链"和"系统"，是基于产业链上的各参与主体、全过程、各环节的资源整合与优化，表征为工厂化大生产、专业化大分工、社会化大协作等。

当前，社会上存在着"装配式建筑等同于主体结构装配化"这一认识误区。但实际上，当前所指的装配式建筑内涵和外延与建筑（住宅）产业现代化所包含的外延基本相同，既

包括主体结构的装配化，也包括装修的装配化，还包括了信息化管理和绿色节能技术的集成应用。总之，装配式建筑是完整的成品，包括主体结构、围护墙和内隔墙、装修、设备设施等。

3）"建筑工业化"与"建筑（住宅）产业现代化"

"建筑工业化"与"建筑（住宅）产业现代化"在内涵、外延上既有区别，又有重叠。新型建筑工业化是以工业化理念指导建筑业发展方向，侧重于在建造过程中的某一个"点"，主要指生产建造方式的变革，即区别于传统的粗放式的建造方式，由现场施工转变为工厂化生产、现场装配的方式。

"建筑（住宅）产业现代化"侧重于在设计、生产、施工、开发、维修管理、更新改造、拆除重建等环节形成完整的产业链，实现建筑在全生命期（包括建造过程）的工业化、信息化、社会化，强调产业的转型升级和经济发展。也就是侧重于形成"系统"，是基于产业链上的各参与主体、全过程、各环节的资源整合与优化。建筑工业化更强调建造方式的变革，是这个全过程、大系统中的一个重要组成部分，是实现建筑（住宅）产业现代化的核心内容，但远远不是全部内容，更强调建筑建造过程中的工业化水平。因此，建筑（住宅）产业现代化是一个过程，也是一个长期性的目标，其外延要大于建筑工业化。

4）"住宅产业现代化"和"建筑产业现代化"

"建筑产业现代化"是将"住宅产业现代化"的范畴由住宅领域扩大到了整个建筑领域，包含居住建筑和公共建筑等。

1.1.3　装配式建筑评价标准

2017年12月12日，住房和城乡建设部发布公告批准《装配式建筑评价标准》GB/T 51129-2017为国家标准，自2018年2月1日起实施。该标准由住房和城乡建设部科技与产业化发展中心主编，中国建筑科学研究院、中建科技有限公司、北京市建筑设计研究院有限公司、中国建筑标准设计研究院有限公司等国内20多家单位参编。按照"立足当前实际，面向未来发展，简化评价操作"的原则，标准主要从建筑系统及建筑的基本性能、使用功能等方面提出装配式建筑评价方法和指标体系（表1-1）。

对于是否可评价为装配式建筑，主要包括4个方面的要求：一是主体结构部分的评价分值不低于20分；二是围护墙和内隔墙部分的评价分值不低于10分；三是采用全装修；四是装配率不低于50%。对于满足以上条件，且主体结构竖向构件中预制部品部件的应用比例不低于35%的建筑，可进行装配式建筑等级评价。装配式建筑评价等级划分为A级、AA级、AAA级，当装配率为60%～75%时，评价为A级装配式建筑；装配率为

76% ~ 90% 时，评价为 AA 级装配式建筑；装配率为 91% 及以上时，评价为 AAA 级装配式建筑。

装配式建筑评分表

表 1-1

	评价项	评价要求	评价分值	最低分值
主体结构 （50分）	柱、支撑、承重墙、延性墙板等竖向构件	35% ≤比例≤ 80%	20 ~ 30*	20
	梁、板、楼梯、阳台、空调板等构件	70% ≤比例≤ 80%	10 ~ 20*	
围护墙和内隔墙 （20分）	非承重围护墙非砌筑	比例≥ 80%	5	10
	围护墙与保温、隔热、装饰一体化	50% ≤比例≤ 80%	2 ~ 5*	
	内隔墙非砌筑	比例≥ 50%	5	
	内隔墙与管线、装修一体化	50% ≤比例≤ 80%	2 ~ 5*	
装修和设备管线 （30分）	全装修	—	6	6
	干式工法楼面、地面	比例≥ 70%	6	—
	集成厨房	70% ≤比例≤ 90%	3 ~ 6*	
	集成卫生间	70% ≤比例≤ 90%	3 ~ 6*	
	管线分离	50% ≤比例≤ 70%	4 ~ 6*	

注：表中带"*"项的分值采用"内插法"计算，计算结果取小数点后 1 位。

　　标准评价内容和方法的制定体现了现阶段装配式建筑发展的三个重点推进方向：一是主体结构由预制部品部件的应用向建筑各系统集成转变；二是装饰装修与主体结构的一体化发展，推广全装修，鼓励装配化装修方式；三是部品部件的标准化应用和产品集成。该标准与目前工程建设整体发展水平相适应，并兼顾了装配式建筑远期发展目标，设定的评价指标具有科学性、先进性、系统性、导向性和可操作性，将为装配式建筑的持续健康发展提供重要的技术支撑。

1.2　装配式建筑发展总体情况

　　从 1999 年出台《国务院办公厅转发建设部等部门关于推进住宅产业现代化提高住宅质量若干意见的通知》（国办发〔1999〕72 号），到 2016 年 2 月出台《中共中央 国务院

关于进一步加强城市规划建设管理工作的若干意见》（中发〔2016〕6 号），再到 2016 年
9 月出台《国务院办公厅关于大力发展装配式建筑的指导意见》（国办发〔2016〕71 号），
我国装配式建筑和建筑（住宅）产业现代化工作，经过长期的技术创新和工程实践，进入
了全面发展期。

1.2.1　政策体系基本建立

1）党中央国务院高度重视装配式建筑发展

2015 年 12 月 20 日，时隔 37 年之后，中央城市工作会议在北京召开，奠定了未来
我国城市建设和发展的思路。会议提出，要大力推动建造方式创新，以推广装配式建筑为
重点，通过标准化设计、工厂化生产、装配化施工、一体化建造、信息化管理、智能化应
用，促进建筑产业转型升级。

《中共中央 国务院关于进一步加强城市规划建设管理工作的若干意见》（中发〔2016〕
6 号）作为落实中央城市工作会议精神的重要文件，对装配式建筑工作做出了明确部署：
大力推广装配式建筑，减少建筑垃圾和扬尘污染，缩短建造工期，提升工程质量。制定装
配式建筑设计、施工和验收规范。完善部品部件标准，实现建筑部品部件工厂化生产。鼓
励建筑企业装配式施工，现场装配。建设国家级装配式建筑生产基地。加大政策支持力度，
力争用 10 年左右时间，使装配式建筑占新建建筑的比例达到 30%。积极稳妥推广钢结构
建筑。在具备条件的地方，倡导发展现代木结构建筑。

2017 年 9 月 5 日，《中共中央 国务院关于开展质量提升行动的指导意见》（中发
〔2017〕24 号）进一步提出，大力发展装配式建筑，提高建筑装修部品部件的质量和安
全性能。

2）国务院出台大力发展装配式建筑的指导意见

为了贯彻落实中共中央决策部署，2016 年 9 月 27 日，《国务院办公厅关于大力发展
装配式建筑的指导意见》（国办发〔2016〕71 号）正式发布，提出了大力发展装配式建筑
的指导思想、基本原则、工作目标、八大重点任务和四大保障措施。

2017 年 2 月 21 日，《国务院办公厅关于促进建筑业持续健康发展的意见》（国办发
〔2017〕19 号）提出，要推广智能和装配式建筑，大力发展装配式混凝土和钢结构建筑，
在具备条件的地方倡导发展现代木结构建筑。

3）住房和城乡建设部全面贯彻实施中共中央 国务院部署

住房和城乡建设部全面贯彻实施中共中央 国务院的部署，2017 年 3 月 23 日，《住房
城乡建设部关于印发〈"十三五"装配式建筑行动方案〉〈装配式建筑示范城市管理办法〉
〈装配式建筑产业基地管理办法〉的通知》（建科〔2017〕77 号）提出一系列落实举措，

促进全国上下形成了发展装配式建筑的政策氛围和市场环境，整体发展态势初步形成。

4）全国各地出台了推进装配式建筑发展相关政策文件

各地政府积极响应中共中央和国务院的号召，截至2017年底，全国31个省（自治区、直辖市）出台了推进装配式建筑发展相关政策文件。各地在推进装配式建筑发展过程中，注重结合本地产业基础和社会经济发展情况，因地制宜确定发展目标和工作重点，在土地出让、规划、财税、金融等方面制定了相关鼓励措施，创新管理机制，确保装配式建

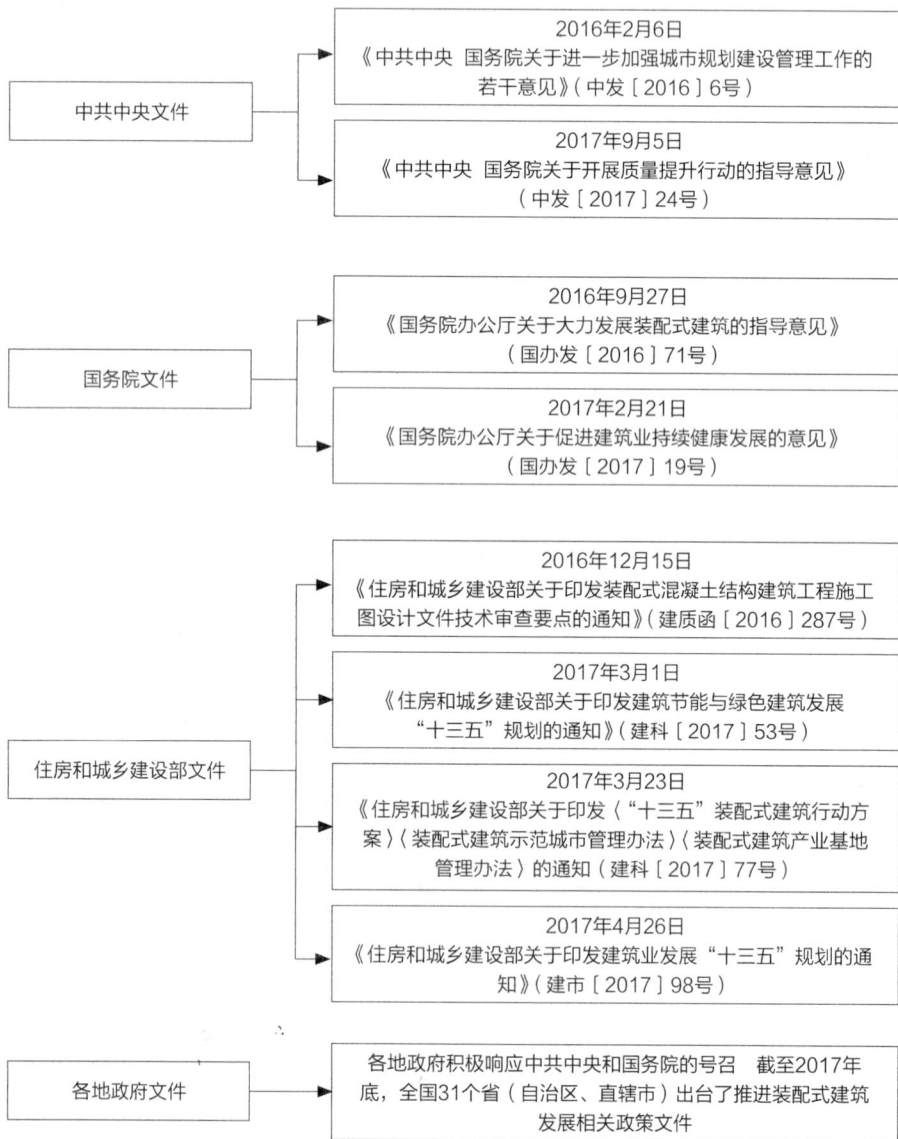

| 中共中央文件 | 2016年2月6日《中共中央 国务院关于进一步加强城市规划建设管理工作的若干意见》（中发〔2016〕6号） |
| | 2017年9月5日《中共中央 国务院关于开展质量提升行动的指导意见》（中发〔2017〕24号） |

| 国务院文件 | 2016年9月27日《国务院办公厅关于大力发展装配式建筑的指导意见》（国办发〔2016〕71号） |
| | 2017年2月21日《国务院办公厅关于促进建筑业持续健康发展的意见》（国办发〔2017〕19号） |

住房和城乡建设部文件	2016年12月15日《住房和城乡建设部关于印发装配式混凝土结构建筑工程施工图设计文件技术审查要点的通知》（建质函〔2016〕287号）
	2017年3月1日《住房和城乡建设部关于印发建筑节能与绿色建筑发展"十三五"规划的通知》（建科〔2017〕53号）
	2017年3月23日《住房和城乡建设部关于印发〈"十三五"装配式建筑行动方案〉〈装配式建筑示范城市管理办法〉〈装配式建筑产业基地管理办法〉的通知》（建科〔2017〕77号）
	2017年4月26日《住房和城乡建设部关于印发建筑业发展"十三五"规划的通知》（建市〔2017〕98号）

| 各地政府文件 | 各地政府积极响应中共中央和国务院的号召　截至2017年底，全国31个省（自治区、直辖市）出台了推进装配式建筑发展相关政策文件 |

图 1-1　我国装配式建筑政策体系

筑平稳健康发展。北京市在土地出让环节创新招拍挂方式，"控地价、限房价"，由竞买人自主投报高标准商品住宅建设方案，并率先在高标准商品住宅建设项目管理中运用企业承诺加履约保函的市场机制，确保项目建设成为装配式建筑项目。上海市已明确在全市全面推广装配式建筑。江苏省强制推动"三板"（预制内外墙板、预制楼梯板、预制楼板）应用，提出到 2020 年装配式住宅占新建住宅比例达到 30% 以上，装配式建筑和政府投资的新建公共租赁住房全部实现成品住房交付。这些政策措施有力促进了装配式建筑项目的落地实施。

1.2.2　规模化发展格局正在形成

随着国家制定了明确的发展规划和目标，出台了一系列的经济政策、技术政策、标准规范，培育了一批装配式建筑示范城市和产业基地，建设了一批试点示范项目，装配式建筑新开工面积逐年稳步增长，一些地区已初步形成规模化发展格局。据不完全统计，2012 年以前全国装配式建筑累计开工 3000 多万平方米，2013 年约 1500 万平方米，2014 年约 3500 万平方米，2015 年约 7260 万平方米，2016 年达到了约 1.14 亿平方米，2017 年达到了约 1.6 亿平方米（图 1-2）。从 2017 年装配式建筑的落实面积上来看，推进较快的地区有北京（1100 万平方米）、上海（1468 万平方米）、江苏（1159 万平方米）、浙江（2230 万平方米）、山东（2389 万平方米）、湖南（722 万平方米）、广东（937 万平方米）。从占比数据上来看，上海市新建装配式建筑面积占新建建筑面积的比例达 36.8%，北京、浙江、山东、湖南四地新建装配式建筑面积占新建建筑面积的比例均超过 10%，且发展势头良好，发挥了较好的示范带头作用。❶

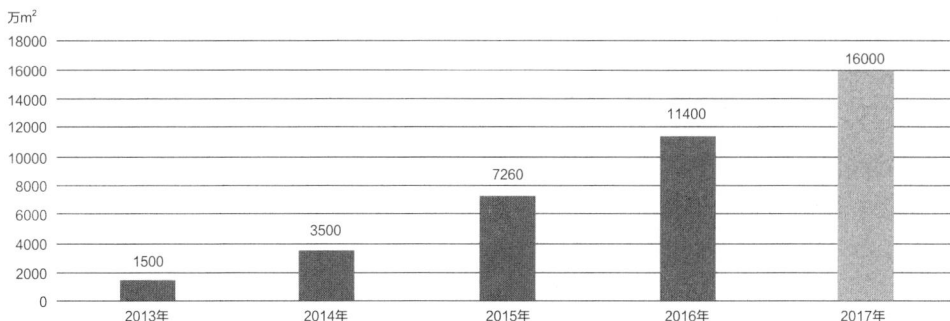

图 1-2　2013~2017 年全国装配式建筑新开工面积（单位：万 m²）

---

❶　注：各省一般未统计钢结构工业厂房建设面积，部分省市未统计钢结构公共建筑面积。目前各省对装配式建筑的统计口径存在一定差异。

同时，装配式建筑的规模化发展直接带动了设计、施工、部品部件生产、装配化装修、设备制造、运输物流及相关配套等全产业链的发展。一些地方政府积极引进装配式建筑龙头企业，在提升本地装配式建筑发展水平的同时，还带动了地方经济的发展（表1-2）。

部分省装配式建筑发展情况　　　　　　　　　　　表1-2

省份	装配式建筑进展情况
河北	截至2017年，有5个国家住宅产业化基地和16个省住宅产业化基地，涵盖预制构件、建筑部品、新型墙材、装备制造等多个领域；预制混凝土构件生产企业11家，年设计产能54万立方米；钢构件生产企业49家，年设计产能178万吨；木构件生产企业1家，年设计产能1万立方米；河北省在建钢结构建筑项目380万平方米、装配式混凝土结构建筑项目70万平方米，落实农村装配式低层住宅400多套
辽宁	截至2017年底，采用装配式建造技术建设的工程项目已达2000万平方米，装配式建筑技术日趋成熟。其中，沈阳市2016年装配式建筑占新建建筑的比例接近30%
江苏	2017年1~8月，江苏省已落实装配式建筑面积超过2000万平方米，超额完成了全年目标；新开工装配式建筑面积近600万平方米，获批3个国家装配式建筑示范城市（南京、海门、常州市武进区）和20个产业基地，数量占全国十分之一；公布2个省级建筑产业现代化示范城市、34个示范基地和14个示范项目
浙江	2017年1月1日起，杭州市、宁波市和绍兴市中心城区出让或划拨土地上的新建项目，全部实施装配式建造
河南	截至2017年底，已建成20余个装配式建筑工程示范项目，面积达225.6万平方米，涵盖公共建筑、住宅建筑和市政工程。全省共有装配式建筑生产线98条，形成了年产预制混凝土构件400万立方米、钢结构2500万平方米的生产能力
湖北	截至2017年11月底，新建装配式建筑项目35个，总面积为133.43万平方米，突破120万平方米的年度任务，实现了当年的工作目标。建成装配式建筑现代化生产基地12个，获批国家"装配式建筑产业基地"7个，发展绿色建筑2450万平方米
湖南	截至2017年底，全省累计实施装配式建筑面积2472万平方米，装配式建筑生产基地达25家，产业总产值达到450亿元，带动了全产业链的发展，新建装配式建筑面积占新建建筑面积比例达到11.6%

1.2.3　标准规范体系基本健全

为配合装配式建筑的全面发展，国家已密集出台了一系列标准规范。如2014年、2015年陆续出台了《装配式混凝土结构技术规程》JGJ1-2014、《装配整体式混凝土结构技术导则》、《工业化建筑评价标准》GB/T51129-2015等。2017年初，出台了《装配式混凝土建筑技术标准》GB/T 51231-2016、《装配式钢结构建筑技术标准》GB/T51232-2016、《装配式木结构建筑技术标准》GB/T51233-2016三大标准，并于2017

年6月1日起实施。《装配式建筑评价标准》GB/T51129-2017已于2018年2月1日起实施（图1-3）。这些技术标准的出台，标志着我国已基本建立了装配式建筑标准规范体系，为装配式建筑发展提供了坚实的技术保障。

装配式建筑相关标准规范数量增长迅速。据不完全统计，全国出台或在编装配式建筑相关标准规范约200余项，涵盖了装配式混凝土结构、钢结构、木结构和装配化装修等多方面内容。如深圳编制了《预制装配式混凝土建筑模数协调》等10余项标准规范；北京出台了装配式混凝土建筑设计、质量验收等10余项标准和技术管理文件。

图1-3　装配式建筑相关国家标准

1.2.4　技术体系研发力度不断加大

随着各地装配式建筑项目陆续落地，装配式混凝土结构体系、钢结构住宅体系等都得到一定程度的研发和应用，部分单项技术和产品的研发已经达到国际先进水平，节水与雨水收集技术、建筑垃圾循环利用、生活垃圾处理技术等得到了集成应用。这些技术的应用大幅提高了建筑质量、性能和品质。

同时，装配式建筑技术研发力度在不断加大。据不完全统计，全国共开展装配式建筑技术研发项目400余项（表1-3）。特别是在住房和城乡建设部积极努力下，"绿色建筑及建筑工业化"已列入国家重点研发计划，开展了约20个项目的研究工作，将为装配式建筑发展提供重要的技术支撑。

部分装配式建筑相关的国家重点研发计划研究项目　　　　表1-3

2016年批复项目	2017年批复项目
高性能钢结构体系研究与示范应用	高性能组合结构体系研究与示范应用
装配式混凝土工业化建筑技术基础理论	绿色生态木竹结构体系研究与示范应用

续表

2016 年批复项目	2017 年批复项目
工业化建筑设计关键技术	工业化建筑隔震及消能减震关键技术
建筑工业化技术标准体系与标准化关键技术	工业化建筑部品与构配件制造关键技术及示范
装配式混凝土工业化建筑高效施工关键技术研究与示范	钢结构建筑产业化关键技术及示范
工业化检测与评价关键技术	施工现场构件高效吊装安装关键技术与装备
预制装配式混凝土结构建筑产业化关键技术	预制混凝土构件工业化生产关键技术及装备
基于 BIM 的预制装配建筑体系应用技术	新型建筑智能化系统平台技术
绿色施工与智慧建造关键技术	基于全过程的大数据绿色建筑管理技术研究与示范

1.2.5　示范城市和产业基地引领带动

2017 年 11 月，住房和城乡建设部认定了 30 个城市和 196 家企业为第一批装配式建筑示范城市和装配式建筑产业基地。示范城市分布在东、中、西部，装配式建筑发展各具

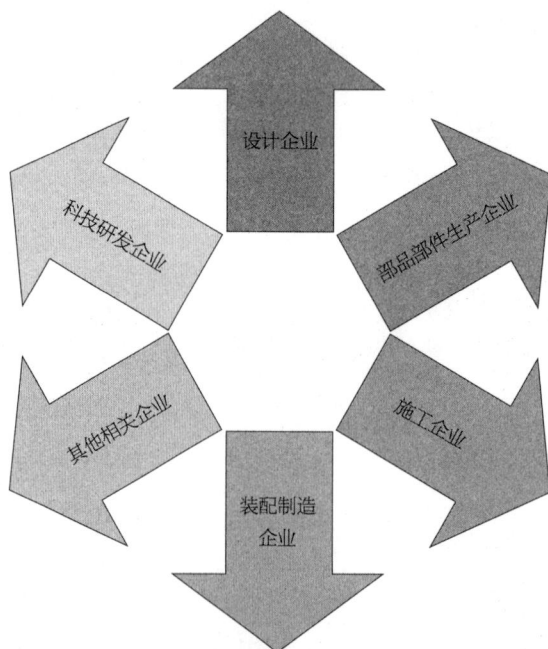

图 1-4　装配式建筑产业基地类型

特色；产业基地涉及 27 个省（自治区、直辖市）和部分央企，产业类型涵盖设计、生产、施工、装饰装修、装备制造、运行维护、科技研发等全产业链，起到了先行先试作用，为全面推进装配式建筑打下了良好基础。示范城市的引领带动作用突出表现在从供给和需求双向培育装配式建筑市场。从供应上，通过出台一系列的鼓励引导政策文件和招商引资政策，培育和引导龙头企业，快速形成供应能力；从需求上，通过鼓励或引导政策，在政府投资工程、保障性住房以及商品房中开展试点示范项目建设。

装配式建筑产业基地包括装配式建筑设计、部品部件生产、施工、装备制造、科技研发等企业（图 1-4），是国内实施装配式建筑的主力军。通过多年的培育，这些基地企业已成为产业关联度大、带动能力强的龙头企业，企业自主创新能力不断增强，加速了科技成果向现实生产力的转化，一些具有共性与前瞻性的核心技术得到了开发和应用，通过集中力量探索装配式建造方式，以点带面，促进建筑质量和性能的全面提升，推动建筑业技术进步，为全面推进装配式建筑发展发挥了重要的引领带动作用。

1.2.6　各地积极探索创新监管机制

建设工程的质量和安全问题得到高度重视。《中华人民共和国建筑法》《建设工程质量管理条例》《建设工程安全生产管理条例》及其他许多相关规定、文件，围绕建设工程的"质量"和"安全"建立了一整套监管制度。各地也在积极探索创新适用于装配式建筑的工程质量和安全监管体系。

2018 年 3 月，北京市发布了《北京市住房和城乡建设委员会 北京市规划和国土资源管理委员会 北京市质量技术监督局关于加强装配式混凝土建筑工程设计施工质量全过程管控的通知》（京建法〔2018〕6 号），对装配式混凝土建筑质量管理做出了全面系统的规定，明确规定工程总承包单位（施工单位）、监理单位应对钢筋隐蔽验收、混凝土生产、混凝土浇筑、原材料检测、出厂质量验收等关键环节进行驻厂监造、旁站监理，有效保证了预制混凝土构件生产质量。

上海市加强装配式建筑各环节监管，将装配式建筑建设要求纳入土地征询和建管信息系统监管，在土地出让、报建、审图、施工许可、验收等环节设置管理节点进行把关，保证各项任务和要求落到实处。同时，加强预制部品构件监管，开展部品构件生产企业及其产品流向备案登记。合理引导预制构件产能，及时发布装配式建筑建设计划、预制构件厂布局和产能数据，促进预制构件市场供需平衡。

山东省推广全过程质量追溯体系，实行建设条件意见书、产业化技术应用审查、住宅小区综合验收 3 项制度，在土地及项目供应环节、规划和设计环节、竣工综合验收环节严格落实装配式建筑要求。同时，将质量监督范围扩大到构件生产环节，有效保证了装配式建筑的施工质量和安全。目前，正在全国各地加快推广适应装配式建筑质量和安全要求的全过程质量追溯体系，以及基于物联网的装配式建筑数字化监管平台。

1.3　现阶段存在的问题分析

虽然我国装配式建筑发展已经取得了丰硕的成果，但我们也要清醒地看到，装配式建筑发展还面临一系列问题，使得装配式建筑在质量、工期、环保等方面的优势还未充分显现。因此，本书力图以问题为导向，梳理制约发展的关键问题。

1.3.1　部分地方尚未形成成熟适宜的技术体系，影响了规模化推广进程

部分城市面对企业推广的技术体系，对各种技术体系的适应性和存在问题缺乏认知和辨别能力，本地区的技术、产业、人才发展条件偏弱，尚未形成适合本地抗震等级的要求且围护体系适宜、施工简便、工艺工法成熟、适宜规模推广的技术体系。究其原因主要在于对材料性能、连接技术和结构体系的基础研究不足，其材料的耐久性、外墙节点的防水性能和保温性能、结构体系抗震性能都没有经过较长时间的检验。如对全装配及高层框架结构的研究与实践不足，与国外差距较大。同时，从结构设计方面而言，主要借鉴日本的"等同现浇"概念，以装配整体式剪力墙结构为主，节点和接缝较多且连接构造比较复杂。对装配式建筑减震隔震技术及高强材料和预应力技术的研究还有待深入，相关成果有待推广应用。

钢结构住宅和木结构技术体系亟待完善。适于钢结构住宅的集成技术和围护体系有待深入研究；木结构技术和产品体系方面还存在不足，建筑用材生产、制造技术与加拿大、日本等国家还有较大差距。政府科研投入相对不足，现阶段装配式建筑技术多以企业自主研发为主，研发路径存在不确定性，极易导致社会资源浪费。

1.3.2　部分地方集成设计能力不足，未能发挥装配式建筑综合优势

许多城市缺少有装配式建筑设计经验的设计单位和设计人员，并且严重缺乏结构、机电设备、装饰装修、部品部件的一体化集成设计能力。一是许多城市设计行业从业的建筑师、结构工程师和机电设计人员对装配式建筑技术及其特点的了解程度普遍较低，甚至是空白。二是大部分项目依然需要二次拆分。三是各专业协同设计能力亟待加强。四是设计师对装配式建筑技术、质量、效率和效益的总体控制能力不足。由于近十几年来建筑行业的分工条块化，导致建筑设计与项目策划和组织实施、生产和施工结合、技术和产品运用、质量和品质保证等方面的脱节现象严重，设计分包普遍，总体把控力度不够大。五是设计

标准化程度低，模块化设计应用少，建筑信息模型技术在装配式建筑设计领域的应用空间还非常巨大。六是施工图审查人员对装配式建筑技术了解不足，对政策把控能力不够等。

1.3.3　部分地方部品部件产能过剩，部分地方供不应求

从产能区域布局角度而言，多数地区尚未打破行政区域界限去统筹规划生产企业的数量和产能，在产业布局上只是局限于一市、一省，不能从区域的角度去统筹考虑，极易导致区域布局不合理，产能过剩与产能不足并存。

从市场主体而言，管理规范、技术先进、专业配套的部品部件生产骨干企业和生产基地亟待培育。

从构件标准化生产角度而言，由于在设计环节的标准化程度较低，导致构件规格过多，成本增加，生产效率降低。

从设备与工艺角度而言，国内能满足市场需求的生产线设备企业严重缺乏，现阶段已建成的构件生产线能力水平有待实际工程长期检验。

从构件价格而言，有些地区构件出厂价格较高，主要原因包括构件厂生产任务不饱满、建厂摊销成本高、构件购置叠加的税负重、模具规格过多等。

1.3.4　部分施工企业及人员缺乏装配化施工经验，管理和技术能力不足

施工阶段存在的主要问题包括：由于现阶段工人技术水平不高和监管不到位，导致部分关键节点和连接部位施工质量不达标；缺乏与装配式建筑施工工艺相匹配的工具、器械和设备；材料存在质量问题导致构件强度不达标，极易出现开裂等情况；灌浆料质量不稳定使得连接质量不达标，影响结构安全等。

同时，不恰当的技术路径导致施工难度增加。一些预制率较低的项目，现浇与装配两种施工方式并存，多工种交叉作业，施工难度增加，效率低下，不能体现装配式建筑"省工提效"的优势。不同技术体系的构件规格不同，施工工艺工法乃至施工工序不同，都会增加施工过程的复杂性。

特别是，多数施工企业尚未能抓住建造方式转型的大好时机，缺乏对与装配化施工相适应的施工组织方式、施工工艺工法的探索，不舍得投入资金研制新型设备和机具，装配化施工技能与产业快速发展的现状还有很大距离。

1.3.5　部分地方没有明确建筑全装修政策，装配化装修支撑能力不足

部分省市缺乏明确的建筑全装修政策，更没有实施干式工法的装配化装修企业和人员，相应地，也不能给消费者提供可体验获得感的良好居住舒适度。一是未能实施全装修设计

施工一体化，装修与主体结构施工、机电设备安装等环节衔接不顺畅。二是装配化装修水平有待提升。标准化、集成化、模块化的装修设计、施工模式亟待推进，整体厨卫、轻质隔墙等材料、产品和设备管线集成化技术应用亟待加强。三是菜单式装修所要求的沟通能力、合同谈判能力、多种选择菜单定制能力等，都比较缺乏。四是适用于装配化装修的部品部件种类偏少，能够体现建筑细部品质的五金件质量不够好。以上的技术原因加上全装修住宅带来的前期投入增加、成品保护成本增加等多种原因，使得开发商自觉自愿推进装配式建筑全装修的积极性不高。

1.3.6 工程总承包发展缓慢，配套制度需要创新完善

只有实施工程总承包，装配式建筑的设计、生产、建造过程才能成为完整的系统工程，才能发挥装配式建筑的优势。但实践中，各地采用工程总承包的项目很少，发展缓慢。主要是因为我国建筑业长期以来设计和施工分开招标投标，割裂的多段招标流程不利于实施工程总承包。目前，承担过工程总承包的主体主要有大型集团企业、工程总承包联合体。

具体来说，发包方缺乏了解工程总承包全过程的管理型人才。从承包方看，多数企业习惯于施工总承包方式，与工程总承包相适应的企业组织架构还未建立，高效的项目管理体系也有待完善，亟待向具有工程管理、设计、施工、生产、采购能力的工程总承包企业转型，并且同时具有装配式建筑施工能力的管理人才、技术人才缺乏。

同时，与装配式建筑工程总承包相适应的招标投标、施工许可、竣工验收等制度还亟待完善，需要梳理以往通行做法和规定，比如：一方面要求工程总承包单位对工程质量安全、进度控制、成本管理负总责，另一方面却不允许工程总承包单位直接发包总承包合同中涵盖的专业业务。

再者，建筑行业还缺乏全过程工程咨询企业，其业务应涵盖投资咨询、勘察、设计、监理、招标代理、造价等，这是推行工程总承包必不可少的基础。

1.3.7 监管机制与手段相对滞后，迫切需要改革创新

装配式建筑需要工程建设管理模式的全面变革。从客观上来看，我国现行工程建设管理模式对应于现场湿作业方式，不能适应装配式建筑项目的要求，设计、生产、施工环节相互割裂，导致装配式建筑工程项目技术衔接上可能出现空白，管理上出现真空，这既增加了建设成本，又降低了建设效率，亟待在招标投标、开工许可、质量监督、竣工验收等环节进行改革。

比如，现浇模式工程监理采取旁站模式，而装配式建筑的部品部件是在工厂生产，亟须在工厂生产环节采取质量监管措施；装配式建筑的施工质量安全控制重点部位和检验检

测方式与现浇模式不同，亟待建立完善施工质量保证体系；部分企业自主研发的装配式建筑技术体系不能满足标准规范要求，也没有经过充分的实践检验，导致工程存在一定隐患。再比如，传统工程项目投标报价项目中以基础建材为主，而装配式建筑投标报价中包括众多类型的预制构件，要求现有计价模式必须变革；BIM 技术缺少统一的标准，缺少唯一性的构件编码，目前只适用于单体工程，尚未实现全系统、全过程、全产业链的联通。

1.3.8　部分地方设立脱离实际的发展目标，部分地方尚未起步

个别城市为了让企业投资落地，招商部门推动出台过高的装配式建筑发展目标或给予企业许多项目的承诺，但在实施中发现无法兑现，大量的投资不能转换为实际的产能。

同时，部分城市对于发展装配式建筑还在观望，对装配式建筑的指导、协调和支持力度有待加强，阶段性发展规划亟待明确，亟待建立健全工作机制，落实具体工作措施，并将装配式建筑推进工作列入城市建设管理监督考核指标体系。

部分城市虽然出台了相关政策，但在规划审批、土地供应、财政金融等方面出台政策的实质性吸引力不够，导致开发、生产、施工企业推进装配式建筑的积极性不高，在社会化项目中全面推进装配式建筑的市场环境还没有形成。装配式建筑组织推进模式有待向宏观统筹和精细化管理转型。

1.3.9　人才和产业队伍紧缺，严重制约行业发展

装配式建筑设计、施工、生产、安装等各环节都存在人才不足的问题，这是制约行业发展的最大瓶颈。首先，熟悉设计、开发、生产、施工全过程的工程总承包管理人才缺乏。建筑、结构、水暖电等专业的设计人才缺乏，很多设计院和施工企业都未做过装配式建筑项目。其次，人才队伍结构不合理，缺乏既懂技术和管理、又善经营的复合型人才，一线操作人员老龄化严重，高技能实用性人才严重短缺，传统建筑行业对新进年轻劳务人员缺乏吸引力。最后，系统性、权威性、实操型的培训有待加强。装配式施工现场管理人员和建筑工人的教育培训标准体系尚未建立，也缺少装配式建筑工人技能鉴定机构。特别是，装配式建筑"走出去"所需的既有国际视野又有民族自信的建筑师队伍、熟悉国际规则的建筑业高级管理人才等还很稀缺。

1.3.10　出现劣币驱逐良币的低价竞争行为，市场乱象浮现

有的部品部件企业，利用信息不对称，收取后发展地区企业的巨额技术转让费，但技术、管理、人才等服务项目跟不上，不能提供与收取的巨额技术转让费相对应的服务，引发了多起经济纠纷，也产生了不好的社会影响。

有的企业不具备装配式建筑部品部件的生产能力，也缺乏相应的技术和管理能力，但用小作坊式的生产条件进行部品部件生产，低价供应给一些贪图便宜的开发企业，扰乱市场。

1.3.11   装配式建筑标准规范体系有待提升，不同层级标准未形成合力

装配式建筑标准规范体系离装配式建筑大规模推进和稳步健康发展的需要还有距离。一是模数协调原则亟待贯穿设计全过程。模数协调与标准化设计是实现装配式建筑发展的前提，但由于我国模数协调尚未强制推行，导致住宅结构体系与部品之间、部品之间、部品和设施设备之间模数尚难以协调，进一步影响到施工效率，装配式建筑优势未能充分发挥。二是重结构设计标准，轻建筑设计标准和部品标准。装配式建筑相关建筑设计标准、技术文件偏少，对建筑师缺乏相关指导；部品工业化设计标准及相关施工、验收规范等需进一步完善。三是不同层级标准未形成合力。部分技术体系经过工程实践和不断探索改进已经发展较为成熟，但因为行业认同、专家认可、企业利益导向等多方面原因，使得这些技术不能迅速成为国家和行业标准。这些成型技术亟待借助于地方标准、协会和社团标准以及企业标准来发挥作用。

1.3.12   宣传力度不足，尚未形成广泛的社会共识

目前对装配式建筑的优良性能和节能环保优势宣传不足，全社会特别是消费者还对装配式建筑在结构安全性、耐久性、防火、防腐性能方面存在认识误区。亟待通过组织装配式建筑技术研讨会、展览会、示范项目现场参观交流等推广活动，让更多人了解装配式建筑的优势。

更重要的是，众多开发、设计、部品生产、施工、监理、检测企业对即将到来的住宅建造方式转型认识不够，技术和生产能力储备严重不足。现阶段装配式建筑发展还难以吸引更多的开发、设计、生产、施工企业聚拢形成产业链条上相互配合、竞争有序的格局，有待于进一步加强宣传，形成广泛的社会共识。

1.4   "一体两翼，两大支撑"明确工作思路

通过不断总结装配式建筑发展过程中的问题与经验，住房和城乡建设部明确了"一体两翼，两大支撑"的工作思路。"一体"即指成熟可靠适用的装配式建筑技术及其标准体系，"两翼"为发展 EPC 工程总承包模式和 BIM 信息化技术，"两大支撑"指创新体制机制管理和促进产业发展。

"一体两翼，两大支撑"只有贯穿于行业管理主体、行业管理对象、行业管理流程中，贯穿于政策实施的具体行为中，才能逐步解决装配式建筑技术体系的研发难、推广更难的问题；逐步解决采用 EPC 工程总承包模式的多部门沟通协调难的问题，从根本上改变的采用 EPC 工程总承包模式较少的现状；逐步解决 BIM 信息化技术应用于实际工程少，打通从设计、到生产、到施工、到运维，全过程采用 BIM 信息化技术的技术障碍和人为障碍；逐步改变整个行业的全流程全专业各类主体的路径依赖，打破传统的利益格局，逐步建立有助于建筑业转型升级的体制机制；逐步促进装配式建筑产业的发展和整合。

2 装配式建筑行业管理主体及工作机制

参与装配式建筑行业管理的各类主体主要包括政府管理机构、事业单位、行业协会、产业联盟等。这些管理机构在工作职能、工作重点、管理手段等方面各有所长，都发挥了非常重要的行业管理作用。同时，通过领导小组、联席会议制度和信息化平台等工作机制可以有效提升各行业管理主体的管理效率，实现较大范围的资源调配，是促进企业优势互补、扩展发展空间、提高产业和行业竞争力的重要手段，对于落实装配式建筑各项目标和任务、完善装配式建筑产业链条具有重要意义。

2.1 行政主管部门推进装配式建筑的工作机构及工作机制

2.1.1 行政主管部门推进装配式建筑的工作机构

从国家层面来看，由住房和城乡建设部建筑节能与科技司牵头，联合相关部委和部内相关司局推进全国装配式建筑工作，包括建立健全装配式建筑政策体系、规划体系、标准体系、技术体系、产品体系和监管体系，培育装配式建筑示范城市、装配式建筑产业基地、装配式建筑示范工程和装配式建筑科技创新基地，形成一批装配式建筑设计、施工、部品部件规模化生产企业和工程总承包企业，形成装配式建筑专业化队伍，全面提升装配式建筑质量、效益和品质。住房和城乡建设部科技与产业化发展中心负责协助部建筑节能与科技司开展装配式建筑的经济和技术政策研究，培育装配式建筑示范城市、装配式建筑产业基地、装配式建筑示范工程和装配式建筑科技创新基地，指导各地政府、产业园区和企业科学、理性、积极稳妥地推进装配式建筑发展等。各省（自治区、直辖市）也明确了推动区域装配式建筑发展的工作机构。

案例 1：北京市

北京市装配式建筑推进工作由住房和城乡建设委员会牵头，具体由北京市住房和城乡建设科技促进中心负责推进装配式建筑政策研究、技术研究以及推广工作。该中心的职责包括：承担住房和城乡建设科技示范工程与绿色建筑等项目的申报、评审、指导服务等事务性工作；承担工程建设工法的申报、评审等事务性工作；承担住房和城乡建设地方性标准的编制、宣传、培训和技术交流服务工作；承担住宅产业化技术研究、政策研究、应用示范工程建设等工作；

承担新型抗震节能农居示范工程建设、农居抗震节能改造等技术指导和技术服务工作；承担对农村干部和建筑人员进行村镇工程建设科技培训工作。该中心下设的住宅产业化办公室具体承担日常工作，目前工作人员共计6人，主要工作如表2-1所示。

北京市住宅产业化办公室主要工作内容　　　　　　　　　　　表2-1

工作类型	具体工作内容
政策研究	一是会同相关委办局起草关于装配式建筑的相关政策；二是依据市政府批示和北京市土地市场的具体情况，参与北京市高标准商品住宅建设监管工作，规范高标准商品住宅建设活动；三是提出装配式建筑年度发展计划、具体实施范围及实施标准；四是建立装配式建筑专家委员会等
项目统计	对装配式建筑项目进行统计上报
示范工程管理	对装配式建筑项目进行认定及奖励
市场培育	建立装配式建筑产业技术创新联盟；培育"国家装配式建筑产业基地"企业；对预制构件生产企业进行合理布局
宣传培训	通过装配式建筑公益讲座以及参展住博会等手段加强宣传力度

案例2：上海市

上海市装配式建筑推进工作由上海市组建住房和城乡建设管理委员会承担，具体由建筑节能和建筑材料监管处（市建材业管理办公室）牵头，从装配式建筑、建筑节能和建筑材料三位一体统筹推进相关工作，其主要职责如表2-2所示。

上海市建筑节能和建筑材料监管处主要职责　　　　　　　　表2-2

序号	主要职责
1	负责编制上海市绿色建筑、建筑节能、建筑产业现代化和建筑材料发展规划，制订相关政策并监督实施
2	负责上海市绿色建筑、新建建筑节能、建筑产业现代化推进和示范工作；负责建筑能耗监管平台管理、绿色建筑评价与标识管理、可再生能源建筑应用、建筑能效测评和建筑能源审计等工作；会同市有关部门推进公共建筑节能改造工作
3	负责上海市建设工程重要结构性材料、功能性材料的备案管理工作，负责上海市建材监管信息系统的管理工作
4	负责上海市新型建设工程材料的认定管理工作；负责编制发布新型建设工程材料的推广应用目录及禁止或限制生产和使用的用于建设工程的材料目录
5	负责推进新型墙体材料和散装水泥发展，建筑废弃混凝土、粉煤灰、脱硫石膏等资源综合利用工作
6	指导市、区县、委托管理单位相关部门的业务管理工作，指导相关行业协会或社会中介组织业务工作
7	负责建材业管理的行政检查和行政执法工作；承办建材业管理方面的行政复议和行政诉讼工作

案例3：南京市

南京市装配式建筑推进工作由南京市城乡建设委员会承担，具体由建筑节能与科研设计处（抗震办）牵头，主要职责包括拟订并监督实施建筑节能政策和发展规划，指导绿色建材发展，牵头推进建筑节能应用示范工作；拟定建设科技发展规划及政策，指导建设行业科技成果的转化推广；负责民用建筑工程节能设计备案及房屋建筑和市政基础设施施工图审查工作的监督管理；负责组织工程抗震技术开发研究与推广等。

同时，南京市城乡建设委员会直属事业单位南京市建筑节能管理办公室（南京市绿色建筑材料管理中心）负责协助开展装配式建筑管理工作，其主要职能包括：依据相关法规政策组织实施墙材革新与建筑节能发展规划及年度计划；开展绿色建筑、绿色建材及"四新"技术的推广应用；承担新建建筑节能、既有建筑节能改造、公共建筑能耗监测、可再生能源建筑应用等日常管理工作；承担南京市预拌混凝土及相关企业资质审核、质量管理和新墙体材料的推广应用等。

案例4：沈阳市

沈阳市装配式建筑推进工作由沈阳市城乡建设委员会委托沈阳市现代建筑产业化管理办公室牵头。该办公室是沈阳市城乡建设委员会所属事业单位，机构规格相当于副局级，内设综合处、规划发展处、建设管理处，其主要业务范围是：组织拟订装配式建筑产业规划政策和编制相关技术标准体系；组织指导沈阳市现代建筑产业化项目建设；构建沈阳市现代建筑产业化项目和部品质量控制体系、指标评价体系以及从业单位资质和人员职业资格评审体系；开展沈阳市现代建筑产业化的宣传交流、学习培训、国际合作、技术引进及推广应用等工作。

沈阳市现代建筑产业化管理办公室内设机构主要职责　　　　　表 2-3

机构名称	主要职责
综合处	承担市推进现代建筑产业化发展工作领导小组办公室日常工作，定期组织筹备领导小组工作会议；负责行政、人事、财务、文秘、档案管理、信息化建设等日常综合性事务工作
规划发展处	组织拟订现代建筑产业化发展规划及地方性管理政策、现代建筑成套技术体系和装配式建筑技术标准；构建现代建筑产业化项目和部品的质量控制体系和指标评价体系；承担市现代建筑产业化方面的信息宣传和交流，组织开展学习培训、国际合作和先进技术推广应用
建设管理处	组织现代建筑产业化建设项目的实施、技术指导和监督管理等工作；组织开展现代建筑产业化项目及部品的技术性能认定工作；组织开展现代建筑产业化工程项目参建各方单位资质及技术人员职业资格的评审认定工作

案例 5：绍兴市

绍兴市装配式建筑推进工作由绍兴市建筑业管理局牵头，同时配套设立了绍兴市建筑产业现代化促进中心，作为常设办事机构负责建筑产业现代化推进工作的日常协调。该中心为绍兴市住房和城乡建设局下属正科级全额拨款事业单位，定编 5 名，领导职数 1 名，经费财政全额拨款，属于公益一类事业单位，在装配式建筑工作落实过程中发挥了重要作用，其主要职责如表 2-4 所示。

绍兴市建筑产业现代化促进中心主要职责　　　　表 2-4

序号	主要职责
1	承办建筑产业现代化发展规划管理的具体事务
2	推广应用现代建筑成套技术体系和装配式建筑技术标准
3	承办绍兴市建筑产业现代化建设项目的组织实施、跟踪服务、技术指导和进度督查等具体事务
4	协调有关建筑产业现代化推进工作
5	承办建筑产业现代化示范基地、示范企业和示范项目的申报、评审和认定工作的具体事务
6	承办绍兴市建筑产业现代化的国际合作、技术引进及推广应用等具体事务

2.1.2　行政主管部门推进装配式建筑的工作机制

1）成立装配式建筑工作领导小组

装配式建筑的发展是一个系统工程，涉及发展改革、财政、国土、规划、住房和城乡规划等多部门，为加强对装配式建筑推进工作的组织领导，江苏、山东、新疆、郑州、绍兴等地成立了装配式建筑推进工作领导小组。

2015 年初，江苏省住房和城乡建设厅成立了以厅主要同志为组长的厅建筑产业现代化工作推进领导小组及其办公室，厅党组书记兼任办公室主任。该领导小组办公室下设 4 个小组，即综合组、住宅产业化组、科技与绿色建筑组、建筑工业化组，由相关条线主导处室处长任小组组长，形成了全厅各条线共同推进装配式建筑的合力和氛围。大多数设区市和部分县（市）也建立了相应的组织协调机构，基本形成了上下对口的组织机构和工作体系。

2016 年，山东省住房和城乡建设厅决定将"省住房城乡建设厅建筑产业现代化工作领导小组"调整为"住房和城乡建设厅装配式建筑工作领导小组"，由厅长任组长，小组办公室设在节能科技处。领导小组明确了责任分工，实行定期例会制度。

2017年，新疆维吾尔自治区住房和城乡建设厅成立装配式建筑工作领导小组，领导小组办公室设在厅建筑节能与科技教育处；领导小组下设6个工作组，分别为综合协调组、应用推广组、科技支撑组、标准规范组、质量安全组、队伍建设组。各工作组由组长单位牵头、成员单位配合，协调推进相关工作，探索形成适应全区装配式建筑发展的政策体系、技术体系和管理模式。

2017年，郑州市成立以市长为组长、分管建设的副市长为副组长的郑州市装配式建筑推进工作领导小组，成员由各县（市、区）政府、各开发区管委会及市发展改革、城建、财政、国土资源、规划、住房保障、科技、税务、环保等部门领导组成。领导小组下设办公室，办公室设在市城建委，负责政策制定、标准完善、项目评价、技术论证、性能认定等方面的技术指导和服务，开展宣传交流、学习培训、国际合作、技术引进及推广应用等工作。

绍兴市成立了绍兴市推进建筑产业现代化"双试点"工作领导小组，统筹协调全市建筑产业现代化推进，落实装配式建筑和全装修发展工作，定期召开绍兴市建筑产业现代化联席会议，及时研究解决工作推进中出现的困难和问题，监督检查各相关部门的贯彻落实情况。领导小组下设办公室，办公室设在市建管局。

宿迁市成立了建筑产业现代化推进工作领导小组，市住房和城乡建设局局长担任组长，市住房和城乡建设局副局长担任副组长，市相关职能部门主要领导为成员，共11人。领导小组办公室下设3个工作组，分别为建筑工业化组、科技与绿色建筑组、住宅产业化组。组长分别由建管处、科研处、房管处主要负责人担任。其中，建筑工业化组负责统筹协调局内工作，承办市联席会议办公室日常工作，并建立与各地联系。

这些领导小组一般实行定期例会制度，由小组领导召集成员单位召开会议，听取进展情况汇报，部署后续工作安排，必要时召开专题会议研究部署工作。从实际实施效果商量来看，装配式建筑工作领导小组可以有效统筹协调各部门，保障各项工作的落实，是推进装配式建筑各项工作有序开展的重要抓手。

2）建立联席会议制度

部分省市建立了由相关部门组成的联席会议制度，统筹协调装配式建筑发展工作，形成协调联动、信息共享、齐抓共管、合力推进的长效工作机制，共同抓好装配式建筑各项任务和政策措施的落实工作。

根据《北京市人民政府办公厅关于加快发展装配式建筑的实施意见》（京政办发〔2017〕8号），北京市建立了市发展装配式建筑工作联席会议办公室，负责组织、协调和指导全市装配式建筑发展工作，联席会议成员主要有：市住房城乡建设委、市发展改革委、市教委、市科委、市经济信息化委、市财政局、市人力社保局、市规划国土委、市环保局、市国资委、市地税局、市质监局、市金融局、市国税局、人民银行营业管理等。政府分管副市长担任总召集人，市政府副秘书长和市住房城乡建设委主要领导担任副总召集人，各成员单位主管领导为联席会议组成人员。联席会议办公室设在市住房城乡建设委，由北京市住房和城乡建设科技促进中心负责日常管理工作。联席会议办公室每年定期召开联席会议全体会议，以会议纪要形式确认议定事项。对推进发展装配式建筑工作中的重大事项，由联席会议研究讨论并形成相应决议。根据年度工作计划和阶段性工作安排，不定期组织各成员单位或部分成员单位召开专门会议进行专题研究；定期发布工作信息，通报各成员单位工作情况。

　　江苏省政府办公厅下发《省政府办公厅关于建立全省建筑产业现代化推进工作联席会议制度的通知》（苏政传发〔2014〕243号），成立了以省政府分管领导为召集人的推进建筑产业现代化工作联席会议制度，15个部门为成员单位，明确了省住房和城乡建设厅为联席会议牵头部门，联席会议办公室设在省住房城乡建设厅，该厅主要负责同志兼任办公室主任，以及联席会议和各成员单位的工作职责。联席会议主要职责有：贯彻国家和省委、省政府有关决策部署，统筹协调江苏省建筑产业现代化推进工作，研究落实推进建筑产业现代化的发展规划、政策措施和行动方案；协调解决产业现代化推进工作中的重大问题和重要事项，组织开展江苏省建筑产业现代化试点示范等工作；加强行业引导、社会推广和监测评价，督促指导各地加快推进建筑产业现代化工作；强化部门间的协调配合，共同抓好建筑产业现代化各项任务的落实。联席会议主要成员及职责如表2-5所示。

江苏省联席会议成员单位主要职责　　　　　　　表2-5

成员单位	主要职责
省住房城乡建设厅	负责江苏省建筑产业现代化发展规划编制、技术标准制定、质量监管、试点示范、监测评价等工作，组织成立建筑产业现代化专家委员会，加强行业引导和技术指导。承担联席会议办公室日常工作，负责联席会议的组织、联络和协调，研究提出相关政策措施和联席会议议题，做好会议筹备工作；牵头制定年度工作计划，细化分解重点任务，明确分工和责任部门；协调各成员单位履行工作职责，汇总通报江苏省建筑产业现代化推进工作情况；组织专项调研和督查，推动落实联席会议议定事项；完成联席会议交办的其他事项
省发展改革委	将《江苏省建筑产业现代化发展规划纲要》纳入国民经济和社会发展规划，在项目立项、发展政策等方面予以支持；将符合条件的建筑产业现代化项目，列入省级服务业和文化产业发展专项资金支持对象；将符合现代化生产条件的建筑及住宅部品研发生产列入省高新技术产业和战略性新兴产业目录；将建筑产业现代化示范基地（园区）纳入省重点产业示范园区范围，享受省相关扶持政策

成员单位	主要职责
省经济和信息化委	指导建筑产业相关企业转型升级，重点推进绿色建材业发展，支持发展新型装配式复合节能墙体，推动信息化示范应用等工作
省科技厅	研究制定建筑产业现代化科技支持政策，鼓励主导制定国家级或省级建筑产业现代化标准的企业申报高新技术企业；对建筑产业现代化国家级、省级研发中心以及协同创新中心申报的建筑产业现代化技术研发项目予以优先支持
省财政厅	加大财政资金支持力度，落实各项以奖代补及减免政策，并对资金使用管理情况和绩效情况实施监管；拓展省级建筑节能专项引导资金支持范围，优化省级保障性住房建设引导资金使用结构；对建筑产业现代化优质诚信企业，参照省级规模骨干工业企业政策予以财政奖励
省人力资源社会保障厅	通过各类人才计划，引进和培养一批建筑产业现代化高端专业技术人才及管理人才；协同建设建筑产业现代化技能人才实训园区，并优先推荐其申报省级重点产业专项公共实训基地
省国土资源厅	提供用地支持，重点加强对建筑产业现代化基地的用地保障，对列入省级年度重大项目投资计划、符合点供条件的优先安排用地指标；指导各地国土部门根据建筑产业现代化发展规划要求，加强对建筑产业现代化项目建设的用地支持
省环保厅	推进建筑产业现代化相关环保政策的落实，修订江苏省扬尘排污费征收和使用办法，将扬尘排污费征收范围扩大至全省，征收的扬尘排污费主要用于治理工地扬尘，对装配式施工建造项目核定相应的达标削减系数
省商务厅	引导企业开拓国际市场，提高国际竞争力，促进建筑产业国际化
省地税局、国税局	落实建筑产业现代化的有关税收优惠政策
省质监局	协同做好预制部品部件质量监管等工作；对获得"鲁班奖"、"扬子杯"的项目，协调纳入省级质量奖奖补范围
省金融办、人民银行南京分行	提供金融政策支持，重点加大对建筑产业现代化优质诚信企业的金融支持力度，积极开辟绿色通道、加大信贷支持力度，提升金融服务水平；对购买装配式商品住房和成品住房的，按照差别化住房信贷政策积极给予支持
江苏保监局	提供保险政策支持，重点推进工程质量担保和工程质量保险等工作

湖南省于 2014 年发布《湖南省人民政府关于推进住宅产业化的指导意见》（湘政发〔2014〕12 号），提出建立省住宅产业化发展联席会议制度，省政府分管领导为召集人，省直有关部门参加，联席会议办公室设在省住房城乡建设厅。同年印发了《湖南省推进住宅产业化实施细则》，细则规定：联席会议由省人民政府分管副省长召集，成员单位为省发展改革委、省科技厅、省经信委、省财政厅、省国土资源厅、省住房城乡建设厅、省交通运输厅、省商务厅、省质监局、省国税局、省地税局等部门。联席会议原则上每年召开

一至两次。2017 年印发的《湖南省人民政府办公厅关于加快推进装配式建筑发展的实施意见》（湘政办发〔2017〕28 号）提出，进一步完善省住宅产业化发展联席会议制度，建立装配式建筑协调推进工作机制，各市州人民政府要成立装配式建筑推进工作领导小组，明确责任分工，分解落实责任，制定出台本地区支持政策，确保完成工作任务。

湖北省人民政府颁布了《关于建立全省推进建筑产业现代化工作联席会议制度的通知》（鄂建文〔2017〕3 号），建立了湖北省推进建筑产业现代化工作联席会议制度。联席会议主要工作职责包括：贯彻国家和省委、省政府有关建筑产业现代化的决策部署，统筹协调湖北省建筑产业现代化推进工作，研究落实推进建筑产业现代化的发展规划、政策措施和行动方案；协调解决推进工作中的重大问题和重大事项，推进全省建筑产业现代化试点示范、推广发展和普及应用，督促指导各地加快推进建筑产业现代化发展；建立协调联动、信息共享、齐抓共管、合力推进的长效工作机制，共同抓好建筑产业现代化各项目标任务和政策措施的落实。

深圳市建立了住宅产业化工作联席会议制度，由市政府主管副市长任第一召集人，市政府分管副秘书长为第二召集人，成员单位包括市发展改革委、经贸信息委、科技创新委、财政委、规划国土委、人居环境委、人力资源社会保障局、住房建设局、水务局、地税局、市场监管委、城管局、建筑工务署等部门。联席会议办公室设在市住宅产业化主管部门，负责联席会议日常工作。深圳市充分发挥联席会议制度的工作职能，强化主管部门全过程监管职责，统筹协调住宅产业化发展的重大问题，研究确定各年度开展住宅产业化工作的实施计划，监督检查各相关部门的贯彻落实情况。

总体来看，由于装配式建筑管理工作涉及的政府部门较多且推进初期遇到的新情况、新问题较多，联席会议制度有利于各部门加强信息沟通和相互协作、达成推进共识、形成具有约束力的规范性意见，用以指导具体工作和解决实际问题。

3）搭建产业信息服务平台

为提升装配式建筑行政主管部门的管理效率，住房和城乡建设部科技与产业化发展中心牵头研发了装配式建筑产业信息服务平台，利用信息化技术，为装配式建筑管理部门、企业和项目提供全方位服务。该平台的建立有利于依托产业服务平台汇聚的大数据，为政府科学决策、行业管理和企业投资布局提供重要数据支持；有利于通过建立全国统一的编码规则和大数据平台系统，避免重复开发，避免各系统互不兼容；有利于通过装配式建筑全生命期数据的监测和追溯，促进各责任主体共同提高装配式建筑质量安全水平；有利于企业提升生产效率和经济效益，推动装配式建筑健康稳步发展。该平台已在雄安新区、江苏省南京市、湖南省长沙市、山东省济南市和淄博市、辽宁省沈阳市和河北省石家庄市和唐山市等地开展了应用工作，取得了一定成效。

该平台由装配式建筑质量追溯系统、装配式建筑行业动态监测系统、装配式建筑部品部件生产管理系统、装配式建筑工程项目管理系统等多个系统组成，可根据不同需求进行灵活选择和组合，平台架构图见图2-1。经过近3年来与国内30多家企事业单位的共建共享，目前已初步构建了装配式建筑政策库、标准库、项目库、部品部件库、企业库和人力资源库。

该平台的主要功能包括：

（1）装配式建筑质量追溯系统。系统以单个构件为基本管理单元，基于装配式建筑部品部件分类和编码标准，以无线射频芯片（RFID）和二维码为跟踪手段，采集原材料进场、生产过程检验、入库检验、装车运输、施工装配、监理、验收及后期运营等全过程信息，建立装配式建筑全生命期质量数据库，以倒逼机制强化五方责任意识，实现装配式建筑质量责任终身追溯。

（2）装配式建筑行业动态监测系统。主要服务于各地装配式建筑主管部门，可实时监测辖域内装配式建筑发展总体情况，自动生成装配式建筑有关统计和分析报表，实现政府主管部门对行业的动态管理。

（3）装配式建筑部品部件生产管理系统。主要服务于装配式建筑部品部件生产企业，包括订单管理、生产管理、原材料与库存管理、技术管理和市场服务等功能，可提升企业信息化管理水平和生产效益，降低管理成本。

（4）装配式建筑工程项目管理系统。主要服务于建设单位、工程总承包单位和施工单位等，包括项目信息采集、设计管理、采购管理、装配施工管理和验收管理等功能，实现项目全过程信息管理和各参与主体间的高效协同，提高项目管理效率和效益。

图2-1 装配式建筑产业信息服务平台架构图

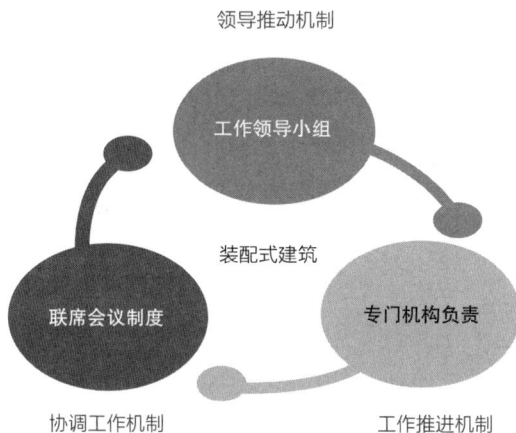

图 2-2　装配式建筑主管部门推进工作机制

2.2　装配式建筑相关行业协会及工作机制

装配式建筑相关行业协会作为政府与企业之间的桥梁,不仅在协助政府制定和实施装配式建筑政策文件、发展规划、标准规范等方面做了大量工作,同时在制定并执行行规行约、协调企业之间的经营行为、监督产品和服务质量、维护行业信誉等方面潜力巨大。目前,各地装配式建筑相关行业协会发展情况差异较大,部分地区行业自律组织机构健全,开展了较多的装配式建筑相关工作,如北京、深圳、上海等。

2.2.1　行业协会在装配式建筑发展中的作用

1）畅通工作渠道,服务于装配式企业

各地的装配式建筑相关协会积极扩展会员单位,扩大服务范围,通过示范项目评审、调研、培训、论坛等工作与本地装配式建筑建设管理部门建立工作联系。

2）深入装配式建筑项目,推荐试点示范项目

相关协会深入本地的装配式建筑项目,协助本地装配式建筑建设管理部门培育一批各类型（混凝土结构、钢结构、木结构、混合结构）、各层次（国家、省、市）装配式建筑示范项目。如上海市建设协会等 2016 年完成了 7 个示范项目的创建入围以及 1 个项目的验收,向住房和城乡建设部推荐了 8 个装配式建筑科技示范项目。

3）装配式建筑的展示和宣传普及工作

各地的相关协会组织本地龙头企业集体进行展示,如深圳市建筑产业化协会连续 12 年组织参加中国国际住宅产业暨建筑工业化产品与设备博览会及深圳市有关专业展会,形

成了很好的行业发展氛围。

部分积极作为的装配式建筑相关协会编制本地的装配式建筑的普及型读本，本地的装配式建筑示范工作成果集或案例集，作为会议资料发放，宣传优秀项目成果。

4）协助做好装配式建筑培训工作

各地的相关协会积极协助开展装配式建筑培训工作，有的协会累计培训人员数千人次，并和本地的龙头企业合作建立"装配式建筑设计技术实训基地""装配式建筑施工技术实训基地"，缓解了目前装配式建筑建设中各层次人才的不足。许多的地方的协会已经将培训工作常态化、系统化、专业化。有的协会积极外请专家，建立交流渠道，打造多层次人才队伍。

5）积极参与政策和标准编制

许多协会积极参与有助于行业发展的课题研究、政策研讨、标准编制、技术文件编写等，搭建政企桥梁、提供政策参考。

6）积极履行行业自律管理责任

各地的相关协会通过倡导倡议、产品与企业评定等，营造良好的行业氛围与合作契机。有的协会建立了行业行规行约、职业道德准则、诚信自律行为准则、会员惩戒与申诉制度等，有效地减少了劣币驱逐良币的不良市场行为，履行行业自律管理责任。

2.2.2　典型地区装配式建筑相关行业协会

案例1：北京市装配式建筑相关行业协会

北京市建设工程物资协会下属设立的装配式建筑与墙体分会是北京市装配式建筑领域较为活跃的行业协会之一。该协会紧紧围绕协会宗旨开展工作，努力发挥政府和企业间的桥梁作用，发挥行业与企业代言人作用，为政府决策当好参谋，为行业发展引导方向，对北京市装配式建筑行业的发展起到较大的推进作用，各方面工作取得了阶段性进展。

（1）搭建政企和企业间沟通平台，加强行业服务

协会积极宣传贯彻落实国家、地方和行业方针、政策，协助政府主管部门进行行业管理，搭建政府与企业、市场的沟通桥梁，为会员服务。协会会员企业涵盖了装配式建筑全产业链企业，企业间协作互助能力得到加强。分会秘书处陆续到访各会员单位，通过会员活动，加强了同类企业间的沟通与交流，促进了行业健康发展。

协会成立"诚信质量联盟"，会议定期制度化。通过统一采购、统一平台信息、统一销售、统一签订合同、统一物流、统一管理等方式共同发展。协会提出了基于自身平台发挥企业整体优势的方案与建议，共同推动装配式建筑行业可持续发展。

创立了协会内部刊物《首都建设与物资》，建立协会微信服务平台，实现协会成员单

位信息共享，促进交流与合作。努力打造成为协会会员交流、展示的平台，并开展了一系列交流活动，包括相关技术培训、提升企业产品质量优势、宣传推广等，共创行业发展的良好生态。

（2）为行业主管部门提供技术服务，进行行业软课题研究与数据整理

受北京市住房和城乡建设委员会委托，按季度对墙体材料进行调研，按季度按时完成了北京市墙体材料预警分析报告（砌块、结构部品价格与产量统计情况），同时将北京市墙体材料的供应情况，价格情况在内刊上向协会成员发布。完成了新型装配式产业化技术推广及绿色建材评价标识管理办法实施细则相关工作。

积极推动装配式建筑预制构件信息价管理。协会结构性部品组全年组织4次骨干企业领导专题碰头会，研究装配式建筑预制构件价格协调机制、行业自律机制，基本做到了有序竞争，促进了行业健康发展。协会积极对接市造价协会和市造价处，及时收集会员产品价格，2016年1月，协会提供的装配式建筑预制构件动态价格作为参考价格发布在《北京市工程建设造价信息》和协会内刊《首都建设与物资》上。2016年下半年开始，分会提供的装配式建筑预制构件信息价得到北京住房城乡建设委的正式认可，按期发布在《北京市工程建设造价信息》上。

为加强北京市建材使用信息化管理，协会承接了北京市建筑节能与建筑材料管理办公室下达的"北京市建材行业信息采集任务"，提交的《北京市装配式装修调研报告》和《环首都地区预制构件行业调研报告》得到验收专家组的好评。此外，协会承接了北京市建设工程安全质量管理总站《装配式构件质量管理体系建立与应用研究》课题并圆满结题，为后续的北京市装配式建筑质量管理体系的建立提供了重要的参考与借鉴。

（3）进行行业技术交流、标准制修订及培训工作

举办和积极参与装配式建筑交流活动。协会牵头组织或组织会员单位参与了一系列行业重要的技术交流会，如北京地区装配式建筑用密封胶技术讲座交流会、北京市保障性住房用预制构件生产技术与质量控制培训、预制构件生产与质量控制关键技术交流；装配式建筑技术标准宣贯、北京市装配式建筑关键技术与质量控制交流等，扩大了协会和企业社会影响。

积极组织会员企业参加国家科研攻关和标准编制工作。多个会员单位承担了国家重点研发计划"绿色建筑及建筑工业化"专项"工业化建筑部品与构配件制造关键技术及示范"项目。分会多家企业的专家积极参与国家标准《装配式混凝土建筑技术标准》GB/T 51231-2016、行业标准《建筑用真空绝热板应用技术规程》JGJ/T6-2017、《预制混凝土外墙挂板工程技术规程》08SJ110-2/08SG333、《装配式建筑预制混凝土夹心保温墙板》、《装配式建筑部品与部件认证通用规范》、《装配式多层混凝土结构技术规程》、《预制

混凝土构件质量验收标准》GBJ321-90 等标准的编制工作，在全国起到了引领作用。

协会积极组织行业培训工作。邀请日本专家举办了"建筑安全技术管理的重要性及预制构件在建筑中应用"专题讲座，分会组织会员单位积极参加取得了良好培训效果。此外，协会会长单位牵头创办了"北京首家装配式混凝土建筑结构安装培训基地"，编制了预制构件吊装、套筒灌浆连接培训教材，进行了多期培训。逐步开展装配式剪力墙结构住宅预制构件深化设计软件培训、装配式建筑构件信息化管理系统培训工作，邀请管廊技术专家对分会成员单位进行技术培训。

（4）推动北京市装配式建筑取得了阶段性成果

协会在推动企业科技进步、产业化升级、市场拓展等方面取得了一定成绩。2017 年11 月 9 日，住房城乡建设部办公厅发布了《关于认定第一批装配式建筑示范城市和产业基地的函》，协会 3 家企业被批准为国家首批装配式建筑产业基地。此外，协会多家会员单位获得"国家高新技术企业"荣誉称号。部分会员承接了北京市行政副中心办公大楼A2、B3、B4 项目，在全国起到了示范引领作用。

案例 2：上海市装配式建筑相关行业协会

（1）上海市行业自律组织发展总体情况

近年来上海市建筑业相关行业协会在加强和促进建筑业持续健康发展方面开展了大量卓有成效的工作，获得了社会各界的广泛认同。行业协会作为政府、企业、市场之间联系的纽带和桥梁，既是企业走向市场的向导，也是企业权益和社会经济秩序的维护者。上海市建筑业各相关行业协会在当前建筑业转型升级时，发挥了联系政府和企业的桥梁和纽带作用，着力发挥协会服务职能，进一步提高装配式建筑监管水平。

《上海市住房和城乡建设管理委员会关于印发〈上海市建设工程材料使用监督管理规定〉的通知》（沪建管〔2015〕726 号），明确由行业协会对部品构件生产企业及其产品流向进行备案登记，充分发挥行业自律管理作用。合理引导预制构件产能，及时发布上海市装配式建筑建设计划、现有预制构件厂布局和产能数据，确保上海市预制构件市场供需平衡等。

上海市建筑材料行业协会、上海市装饰装修行业协会、上海市建筑五金门窗行业协会、上海市玻璃纤维玻璃钢行业协会、上海石材行业协会砂石分会、上海市水泥行业协会、上海市混凝土行业协会、上海市化学建材行业协会等承担了上海各类建材备案工作。同时，上海市不断加强上下游产业联盟建设，将众多建筑开发、设计、部品生产、施工、监理、运营管理等企业联系起来，搭建由相关房产企业、设计单位、施工单位、构件生产企业和科研单位组成的装配整体式混凝土住宅产业联盟，加强产业技术互相交流，积累基础技术，共享基本经验，破除技术壁垒，形成"产、学、研、用"一体化，为上海装配式建筑提供了有力的推动力。目前上海已经成立的产业联盟包括：上海建筑产业信息化产业技术创新战略联盟（隧道股份牵头）、百年住宅产业联盟（绿地集团牵头）、装配式钢结构民用建筑产业技术创新战略联盟（宝钢集团牵头）、建筑工业化产业技术创新战略联盟（华建集团牵头）等。

（2）部分代表性装配式建筑协会组织

①上海市工程建设质量管理协会

上海市工程建设质量管理协会成立于 1984 年 8 月，由上海市住房和城乡建设管理委员会归口管理。2015 年底，协会受上海市建筑建材业市场管理总站委托，开展了混凝土预制构件备案受理工作。为做好备案工作，进一步加强行业管理，协会又成立了混凝土预制构件专业委员会，组建了专家库，并会同上海市多家大型预制构件骨干生产企业牵头成立了上海市工程建设质量管理协会混凝土预制构件企业质量公约联盟，进行构件行业自律管理。质量联盟负责对备案企业进行诚信检查，对备案企业在备案过程中所提交的资料信息进行现场实际情况复核工作，定期开展质量巡检工作，帮助企业提高管理能力、产品质量。2016 年，质量联盟在 5 家大型生产企业推行了装配式混凝土预制构件产品埋设芯片工作，实现了从构件生产环节收集信息进行质量跟踪管理，做到了产品生产全过程的质量控制及可追溯，为今后全面推广打下了基础。

②上海市建设协会

上海市建设协会成立于 1993 年 9 月，是由在上海市范围内从事建设项目的建设单位（甲方）、设计、总承包、管理咨询、金融服务等企事业单位，社团组织、经济学术研究机构以及专业人员自愿组成的非营利性社会团体法人。协会主要任务包括：以上海市的建设单位（甲方）为主体，同时吸收设计、总承包、管理咨询、金融服务等单位和专业人员，研究探索建设单位（甲方）自律规则和发展机制；编辑、出版和发行《上海建设经济》会刊、建设《上海市建设协会网站》；贯彻、宣传党和政府关于城乡建设和管理的方针政策；加强会员信息宣传和市场信息报道；及时反映城乡建设改革和发展的成果和经验；配合政府职能从投资型向服务型的转变，积极参与城市建设领域内的政府购买社会组织公共服务项目；承接相关的政府课题和公共课题研究。

③上海市金属结构行业协会

上海市金属结构行业协会成立于 1988 年 11 月，是上海及周边地区集钢结构设计、制作、安装和相关材料设备等企事业单位，自愿组成的行业社会团体，拥有会员 550 余家。多年来，协会在开展行业调研，及时为政府决策提供参考依据；组织编制钢结构技术标准，参与钢结构工程的质量监督和检查；建立并完善市优质工程"金钢奖"的评选体系，培育钢结构中国品牌；开展钢结构人才培训，提高行业人员管理及技能水平；搭建信息、技术、发展引导服务平台，全面提升为会员的服务功能；加强国内外同行业的交流和合作等诸多工作中，认真履行了行业服务、自律、协调的职能，为沟通会员与政府、社会的联系，促进行业的健康发展做出了积极贡献。

案例3：深圳市装配式建筑相关行业协会

深圳市建筑产业化协会成立于2003年，是目前全国装配式建筑领域内成立时间最早、运行时间最长的专业性行业组织。现有会员数量200余家，覆盖开发、建设、设计、施工、预制构件生产、监理、咨询、部品部件配套、运维管理、法律服务等全产业环节；下设建筑工业化专业委员会，核心专家库成员150余人，全部来自深圳市及国内、国际工程实践一线，是活跃在深圳市装配式建筑各项工作的重要专业力量，形成了"凝心聚力、同促变革"的良好行业氛围。

（1）机构设置、人员安排等情况

目前，协会设会员大会为最高权力机构、理事会为会员大会的执行机构，另创设"会长会议工作机制"，履行日常重大工作的议事、决策事宜。秘书处现有专职人员9人，设秘书长1人，副秘书长招聘中，下设综合管理部、会员关系部、行业发展部、培训教育部，负责秘书处日常工作以及协会日常运行。此外，协会下设建筑工业化专业委员会，共计150余名专家，作为协会重要的专业支撑力量（图2-3）。

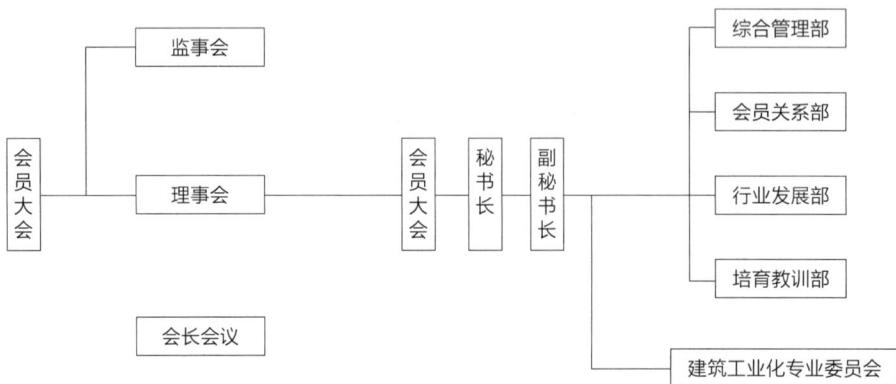

图2-3　深圳市建筑产业化协会机构设置图

（2）深圳市行业自律组织发挥的作用

多年来，深圳市建筑产业化协会积极参与建筑产业化行业发展，近年来，进一步对标国外及先进地区行业组织经验，积极承担其装配式建筑行业自律管理责任。

①会员数量持续增长，企业覆盖全产业链。

协会覆盖建设—设计—施工—预制构件生产—监理—研发咨询—部品部件配套—运

维管理—法律服务全产业链条，其中包括万科、招商、华润、金地、中建、花样年、中海、特建发、天健、鹏城、华阳国际、筑博设计、有利华、海龙、现代营造等知名企业。

②积极参与政策标准编制，促进行业监管、项目落地、市场引导机制建设与创新。

积极参与行业发展课题研究、政策标准编制、技术文件编写等，搭建政企桥梁、提供政策参考。近年来，协会参与了《深圳市住宅产业化发展纲要》《深圳市住宅产业化试点项目技术要求》《深圳市住宅产业化项目单体建筑预制率和装配率计算细则（试行）》《广东省装配式建筑质量安全监管办法》《深圳市装配式建筑质量安全监管细则》《深圳市住房和建设局关于装配式建筑项目设计阶段技术认定工作的通知》等一系列与行业发展、项目落地、技术标准息息相关的文件与课题，强力推进装配式建筑在项目监管、市场引导、流程机制等方面的建设与创新。

③编制首部《预制混凝土构件生产企业星级评价标准》，引导预制构件行业自律发展。

为进一步规范行业发展，引导预制混凝土构件生产企业进一步完善标准、强化管理，提高核心竞争力，同时为相关单位提供标准依据，从而推进行业健康发展，编制了《预制混凝土构件生产企业星级评价标准》。通过"场地与设施条件""综合运营与标准化管理水平""产品质量与研发""生产安全""工程业绩与售后服务""社会责任"6大类数十项指标，对预制混凝土构件生产企业进行全面评价，充分体现了装配式建筑对预制混凝土构件生产在技术与管理方面提出的特殊性要求，具有一定的针对性、实用性与可操作性，得到了来自建设、设计、施工、生产、监理、咨询等多领域专家的支持与共同参与。

④大力开展行业人才培育，打造多层次人才队伍。

近年来，协会在有关主管部门指导与支持下，开展了针对性的、系统性的、多层次的人才培育工作：建设深圳市装配式建筑专家库；积极开展针对技术管理人才的装配式建筑专项技术培训、专业论坛等；开展实训基地建设，通过"政府指导、协会管理、企业落地"的模式，大力推进工匠精神、培育产业工人队伍；创设国内首个装配式建筑专业职称评审，为行业专业人才提供评审通道与人才评价指引。目前，深圳市装配式建筑人才队伍基础较好，人才梯队建设初见雏形，为行业发展培育可持续人才基石。

⑤深入装配式建筑项目，协助开展技术服务与实施监管。

在市、区主管部门委托指导下，协会对深圳市相关数十个装配式建筑项目开展现场巡查与全过程技术服务，包括方案咨询论证、现场跟进、问题指导、人员培训、技术认定等。通过这项工作，不仅为项目与企业提供了专业服务，提供了强大的装配式建筑技术资源库，也协助主管部门更好地实现对装配式建筑的过程监管，有效引导和确保了装配式建筑项目顺利实施。

⑥孵化培育试点示范。

在主管部门指导下，协会成功孵化 6 个国家级装配式建筑产业基地、40 余个市级示范基地和示范项目。其中，万科集团是全国第一个国家住宅产业化基地，华阳国际是第一个设计类国家住宅产业化基地，龙悦居三期是广东省第一个正式获得国家康居示范工程荣誉称号的保障性住房项目。

⑦平台搭建，公益优先，开展丰富多元的行业活动。

通过"12306 行动"开展丰富多元的行业活动。取意"12306"高铁购票回家的联想，行业协会就是"行业之家"，通过多层次、多形式、有计划的会员活动与行业活动，积极为会员、为行业提供服务。"12306 行动"面向协会会员免费开放，活动参与人数超过3000 人次。不仅加强了会员单位间的互动与合作，交流推广了各单位在建筑产业化技术、管理等方面的经验。还增强了会员间的凝聚力，为装配式建筑行业良性友好合作奠定了和谐融洽的氛围。

⑧积极履行行业自律管理责任，通过倡导倡议、产品与企业评定等，营造良好的行业氛围与合作契机。

协会从制度层面约束企业自律行为，建立了《行业行规行约》《职业道德准则》《诚信自律行为准则》《会员惩戒与申诉制度》等系列制度。二是举行行业自律活动，大力倡导企业诚信承诺。2015 年 12 月，协会组织 40 余家企业共同发布行业自律承诺，倡导诚信经营、匠人精神、敬畏技术等自律公约。三是强化专家责任意识，强调专家自律评审、自律论证。2017 年 3 月，协会在主管部门指导下，对装配式建筑相关专家进行专场培训与闭卷考试，并在每一次评审论证工作会议开始前都要求专家填写承诺函，承诺自律评审、透明论证行为。

⑨多元的展览展示与宣传推广

连续 12 年组织参加中国国际住宅产业暨建筑工业化产品与设备博览会及深圳市有关专业展会，通过专题推广、微信宣传等多元渠道，宣传产品、企业、宣传行业、宣传政策，坚持于装配式建筑的推广与普及

2.3 装配式建筑相关产业联盟及工作机制

2.3.1 产业联盟组织方式

产业联盟是指出于确保合作各方的市场优势，寻求新的规模、标准、机能或定位，应对共同的竞争者或将业务推向新领域等目的，企业间结成的互相协作和资源整合的一种合

作模式。联盟成员可以限于某一行业内的企业或是同一产业链各个组成部分的跨行业企业，联盟成员间一般没有资本关联，各企业地位平等，独立运作。

由于企业的联合，产业联盟能在某一领域形成较大的合力和影响力，不但能为成员企业带来新的客户、市场和信息，也有助于企业专注于自身核心业务的开拓。相对于企业并购等模式，产业联盟能以较低的风险实现较大的范围的资源调配，避免了兼并收购中可能耗时数月乃至数年的整合过程，从而成为企业优势互补、扩展发展空间、提高产业或行业竞争力、实现超常规发展的重要手段。多年来各行业实践已证明，产业联盟有助于引导规范行业技术进步和产业融合发展，做好成员企业和政府、社会的沟通桥梁、促进行业可持续发展，服务地区建设。

2.3.2　装配式建筑相关产业联盟组织方式

《国务院办公厅关于大力发展装配式建筑的指导意见》（国办发〔2016〕71号）提出，鼓励建立装配式建筑产业技术创新联盟，加大研发投入，增强创新能力。《住房城乡建设部关于印发建筑业发展"十三五"规划的通知》（建市〔2017〕98号）提出，鼓励建设、工程勘察设计、施工、构件生产和科研等单位建立产业联盟。

装配式建筑相关产业联盟的组织机构一般包括联盟会员大会、理事会、专家委员会和秘书处。联盟会员大会由全体会员组成，理事会由联盟会员大会推选产生，每届设置固定任期。理事会设秘书处，负责联盟的日常经营管理事务。秘书处职责包括执行联盟大会及理事会决议，负责组织、管理、协调联盟的各项工作，负责联盟会员大会会议及理事会会议的筹备和召开等，负责联系沟通联盟会员，接收整理联盟会员反馈意见等。专家委员会由行业内专家、学者、企业技术负责人组成，主要负责评审论证等工作。

2.3.3　装配式建筑相关产业联盟典型案例

装配式建筑产业技术创新联盟是在住房和城乡建设部科技与产业化发展中心的支持与指导下，于2011年9月，由国家装配式建筑产业基地企业、国家装配式建筑示范城市以及从事装配式建筑相关工作的单位，按照"自愿、平等、合作"的原则发起成立。联盟成立伊始包括21家单位，首届轮值主席单位为万科企业股份公司；联盟会员已涵盖开发、设计、生产、施工、设备制造、科研、部品部件和集团等类型。联盟的发展有力促进了装配式建筑的发展和技术体系的推广应用。

联盟的核心任务是整合国家装配式建筑产业基地、国家装配式建筑示范城市以及从事装配式建筑相关单位资源，加强全产业链各成员单位的相互合作，增强企业技术创新能力和产业化生产能力，提升装配式建筑企业核心竞争力，推进建设方式转型，实现装配式建筑持续健康发展。

凡承认并遵守"联盟章程",获批"国家装配式建筑产业基地"企业、获批"国家装配式建筑示范城市"以及从事装配式建筑开发、设计、生产、施工、设备制造的单位,均可自愿提出申请,经联盟理事会批准后成为联盟会员。装配式建筑产业技术创新联盟的组织架构见图2-4。联盟当前(第三届)理事长单位为天津住宅建设发展集团有限公司;联盟秘书处设在住房和城乡建设部科技与产业化发展中心,目前设有6个专业分会和地方分会。

图2-4 装配式建筑产业技术创新联盟的组织架构

3　装配式建筑行业管理相关制度

为满足装配式建筑快速发展的要求，确保建筑工程质量安全，规范行业市场秩序，促进建筑业健康持续发展，从国家到地方层面正在构建一些有助于装配式建筑发展的行业管理制度，主要有装配式建筑承包模式、招投标、设计审查管理、计价和定额管理、质量安全管理等。

3.1　装配式建筑承包模式

3.1.1　装配式建筑原则上采用工程总承包

工程总承包是指从事工程总承包的单位按照与建设单位签订的合同，对工程项目的设计、采购、施工等实行全过程或者若干阶段承包，并对工程的质量、安全、工期和造价等全面负责的工程建设组织实施方式❶。《国务院办公厅关于大力发展装配式建筑的指导意见》（国办发〔2016〕71号）要求装配式建筑原则上采用工程总承包，这是对装配式建筑承包模式的总要求。

装配式建筑采用工程总承包方式，才能更好地发挥装配式建筑的优势，减少白白耗散的总工程的大约3%~5%的成本，这是经过反复调研和多次座谈，许多企业家们给出的经验数值。但装配式建筑采用工程总承包方式的实践却是任重而道远。

2014年以来，住房和城乡建设部先后批准浙江、吉林、福建、湖南、广西、四川、上海、重庆、陕西等省份开展工程总承包试点。2016年《住房城乡建设部关于进一步推进工程总承包发展的若干意见》（建市〔2016〕93号）提出"深化建设项目组织实施方式改革，推广工程总承包制"。2017年，随着《建设项目工程总承包管理规范》GB/T50358-2017的发布，国家对工程总承包相关的承发包管理、合同和结算、参建单位的责任和义务等方面作出了具体规定，随后又相继出台了针对总承包施工许可、工程造价等方面的政策法规。2017年《国务院办公厅关于促进建筑业持续健康发展的意见》（国办发〔2017〕19号），

---

❶　2017年12月发布的《关于征求房屋建筑和市政基础设施项目工程总承包管理办法（征求意见稿）意见的函》（建市设函〔2017〕65号）。

将"加快推行工程总承包"作为建筑业改革发展的重点之一，各地也纷纷出台文件，积极推进工程总承包模式。

各地的装配式建筑政策文件中普遍要求"装配式建筑原则上应采用工程总承包模式"，并明确工程总承包企业要对工程质量、安全、进度、造价负总责。如《深圳市住房和建设局关于加快推进装配式建筑的通知》（深建规〔2017〕1号）规定，优先采用设计—采购—施工（EPC）总承包、设计—施工（D—B）总承包等项目管理模式；《沈阳市人民政府办公厅加快推进现代建筑产业发展若干政策措施的通知》（沈政办发〔2014〕16号）规定，政府投资的装配式建筑工程项目优先采用施工、构件生产一体化总承包模式；《武汉市建筑产业现代化建设工程项目招标投标工作的实施意见（试行）》（武城建〔2015〕151号）规定，招标人应采取施工图设计、预制构件生产、安装施工一体化的工程总承包模式招标。

3.1.2 联合体承包方式增加了工程总承包的适应性

联合体承包是工程承包的一种形式。联合体承包指的是某承包单位为了承揽不适于自己单独承包的工程项目而与其他单位联合，联合起来以一个承包人的身份去承包的行为。一般适用于大型、复杂结构工程建设项目。其核心是两个以上法人或者其他组织可以组成一个联合体，以一个承包人的身份共同承包。

按照住房城乡建设部《"十三五"装配式建筑行动方案》的规定，设计、施工、开发、生产企业可单独或组成联合体承接装配式建筑工程总承包项目，实施具体的设计、施工任务时应由有相应资质的单位承担。因此，除了设计资质与施工资质单位可以组成工程总承包联合体以外，开发与生产企业也可以参与组成工程总承包联合体，一并承揽装配式建筑的工程总承包项目。

同时，为了避免部分企业借用联合体承包方式而进行工程转包的不良行为，住房城乡建设部2017年12月发布的《关于征求房屋建筑和市政基础设施项目工程总承包管理办法（征求意见稿）意见的函》（建市设函〔2017〕65号）提出，采用联合体方式承包工程的，在联合体分工协议中约定或者在项目实际实施过程中，联合体一方既不按照其资质实施设计或者施工业务，也不对工程实施组织管理，且向联合体其他成员收取管理费或者其他类似费用的，视为联合体一方将承包的工程转包。

许多城市也出台了允许联合体承担工程总承包项目的具体规定，明确了联合体各方的责任。如天津市《市建委关于天津市建设项目推行工程总承包试点工作有关事项的通知》（津建筑〔2017〕477号）、湖北省《关于推进房屋建筑和市政公用工程总承包发展的实施意见（试行）》（鄂建〔2016〕9号）规定，工程总承包企业可以是具有与工程相适应资质的设计企业与施工企业组成的联合体，应鼓励设计、施工以及材料、设备企业组建联合体参与工程总承包项目，建设单位在项目发包过程中，可优先选择联合体单位。上海市《关于推进本市装配整体式混凝土结构保障性住房工程总承包招投标的通知》(沪建市管〔2016〕47号)、江西省《关于印发〈江西省装配式建筑招标投标管理暂行办法〉的通知》(赣建招〔2017〕15号)规定，构件供应商可作为联合体成员参加投标，投标文件附分工明确的联合体协议。联合体各方应当共同与招标人签订合同，就中标项目向招标人承担连带责任。

但也有部分地区尚不允许联合体承担工程总承包项目。如《吉林省住房和城乡建设厅关于进一步明确工程总承包管理有关事项的通知》(吉建发〔2017〕50号)、广西壮族自治区《自治区住房城乡建设厅关于征求进一步完善房屋建筑和市政基础设施工程总承包管理的通知(第二次征求意见稿)意见的函》(桂建便函〔2017〕747号)规定，工程总承包项目由符合条件的设计或施工总承包企业中的一家承揽，不得采用联合体方式承揽。

从目前来看，既要发挥联合体承包方式对于工程总承包模式的补充作用，发挥其有利的方面，也要充分认识到其可能带来的弊端，避免可能出现的转包行为，兼顾行业管理的刚性和柔性，既要有适应性，也要用全过程的信息化管理避免可能发生的转包行为，还要用严惩等机制，强化企业的信用意识，让"钻空子"的企业无生存之地。

3.2　装配式建筑招投标

3.2.1　招投标正逐步在公平和效率间找到平衡点

招投标制度的公平和效率，是建筑企业生存的生命线。《国务院办公厅关于促进建筑业持续健康发展的意见》(国办发〔2017〕19号)以及北京、山东、江西、江苏等地的政策文件对装配式建筑招投标管理提出了相关要求。概括起来，主要有：

1) 完善招标投标制度。加快修订《工程建设项目招标范围和规模标准规定》，缩小并严格界定必须进行招标的工程建设项目范围，放宽有关规模标准，防止工程建设项目实行招标"一刀切"。

2) 在民间投资的房屋建筑工程中，探索由建设单位自主决定发包方式。为了鼓励民间投资项目，给民间投资项目更大的自主权，部分地区规定，民间投资的(不含政府和社会资本合作)装配式建筑由建设单位自主决定承发包方式，如《山东省住房和城乡建设厅关于开展装配式建筑工程总承包招标投标试点工作的意见》(鲁建建管字〔2018〕5号)。

3) 将依法必须招标的工程建设项目纳入统一的公共资源交易平台，遵循公平、公正、公开和诚信的原则，规范招标投标行为。如北京市《关于在本市装配式建筑工程中实行工程总承包招投标的若干规定（试行）》（京建法〔2017〕29号）、《山东省住房和城乡建设厅关于开展装配式建筑工程总承包招标投标试点工作的意见》（鲁建建管字〔2018〕5号）规定，依法必须进行招标的装配式建筑进行工程总承包发包时，应当按照相关规定在公共资源交易平台进行招标。

4）进一步简化招标投标程序。尽快实现招标投标交易全过程电子化，推行网上异地评标。对依法通过竞争性谈判或单一来源方式确定供应商的政府采购工程建设项目，符合相应条件的应当颁发施工许可证。

5）规范装配式建筑招投标活动。加快推进装配式建筑和工程总承包模式发展，促进装配式建筑的推广应用，规范其招投标活动，提升工程建设管理水平。

［参见：北京市《关于在本市装配式建筑工程中实行工程总承包招投标的若干规定（试行）》（京建法〔2017〕29号），《山东省住房和城乡建设厅关于开展装配式建筑工程总承包招标投标试点工作的意见》（鲁建建管字〔2018〕5号），江西省《关于印发〈江西省装配式建筑招标投标管理暂行办法〉的通知》（赣建招〔2017〕15号），江苏《省住房和城乡建设厅关于印发〈江苏省装配式建筑（混凝土结构）项目招标投标活动的暂行意见〉的通知》（苏建规字〔2016〕1号）等］

招投标的制度建设和具体规定，将成为装配式建筑行业反复讨论的话题。在实践中，将在公平和效率间找到各个阶段比较合适的平衡点。

3.2.2　招标方式规定

1）邀请招标

为了在装配式建筑发展初期鼓励技术实力较强、具有一定装配式建筑项目实践经验的龙头骨干企业承接装配式建筑项目，北京、江西、山东、河北、山西、陕西等地规定，建设单位应将项目的设计、施工、采购一并进行发包，可按照技术复杂类工程项目招投标。还有部分地区规定，装配式建筑项目可采用邀请招标方式招标，例如：江西省《关于印发〈江西省装配式建筑招标投标管理暂行办法〉的通知》（赣建招〔2017〕15号）规定，装配式建筑发包方式应由项目审批、核准部门审批、核准；项目可行性研究报告或项目申请报告不需审批、核准的依法必须进行招标的装配式建筑项目，可按技术复杂项目采用邀请招标方式招标。

又如，《河南省人民政府办公厅关于大力发展装配式建筑的实施意见》（豫政办〔2017〕153号）、《山东省住房和城乡建设厅关于开展装配式建筑工程总承包招标投标试点工作的意见》（鲁建建管字〔2018〕5号）规定，装配式建筑项目可按照技术复杂类工程项目进行招投标，对只有少数企业能够承建的项目，按规定可采用邀请招标方式。

2）公开招标

装配式建筑公开招标可适当考虑企业的综合能力。例如，江西省《关于印发〈江西省装配式建筑招标投标管理暂行办法〉的通知》（赣建招〔2017〕15号）规定，经核准招标方式为公开招标的，招标人可采取资格预审方式，除按照省有关资格审查规定设置资格条件之外，可以根据项目具体情况将类似工程业绩、相应构件的生产能力、信息化管理水平等作为资格审查条件。

3）按照规定不进行招标

部分地区规定特殊情况下装配式建筑项目可不进行招标。例如，《河南省人民政府办公厅关于大力发展装配式建筑的实施意见》（豫政办〔2017〕153号）、《山东省住房和城乡建设厅关于开展装配式建筑工程总承包招标投标试点工作的意见》（鲁建建管字〔2018〕5号）对于符合相应条件的工程项目的招标方式进行了特殊规定，对需采用不可替代的专利或专有技术建造的，按照规定可不进行招标。

4）竞价预选招标或竞价批量招标方式

《深圳市住房和建设局关于加快推进装配式建筑的通知》（深建规〔2017〕1号）规定，招标人可采用竞价预选招标或竞价批量招标方式，择优选择工程总承包单位。

3.2.3　评标方法规定

1）工程总承包评标办法大多采用综合评估法

综合评估法评审的主要因素包括工程总承包报价、项目管理组织方案、设计方案、设备采购方案、施工组织设计或者施工计划、工程质量安全专项方案、工程业绩、项目经理资格条件、信用评价等。其中，技术标施工部分和设计部分应设置合理权重。[参见：北京市《关于在本市装配式建筑工程中实行工程总承包招投标的若干规定（试行）》（京建法〔2017〕29号）、上海市《关于推进本市装配整体式混凝土结构保障性住房工程总承包招投标的通知》（沪建市管〔2016〕47号）、《山东省住房和城乡建设厅关于开展装配式建筑工程总承包招标投标试点工作的意见》（鲁建建管字〔2018〕5号）、江西省《关于印发〈江西省装配式建筑招标投标管理暂行办法〉的通知》（赣建招〔2017〕15号）等]

2）评标办法也可以采用报价承诺法、合理低价法

评审因素除执行设计、施工招标相关规定外，可以根据项目特点相应增设装配式建筑项目技术实施方案、构件生产能力、装配式建筑项目设计、施工企业的信誉和业绩等评审因素。[参见：江西省《关于印发〈江西省装配式建筑招标投标管理暂行办法〉的通知》（赣建招〔2017〕15号）、江苏省《省住房和城乡建设厅关于印发〈江苏省装配式建筑（混凝土

结构）项目招标投标活动的暂行意见〉的通知》（苏建规字〔2016〕1号）等）]

3）评标专家应当从专家库中随机抽取

江苏《省住房和城乡建设厅关于印发〈江苏省装配式建筑（混凝土结构）项目招标投标活动的暂行意见〉的通知》（苏建规字〔2016〕1号）规定，装配式建筑项目的评标专家应当从省专家库中随机抽取。如果库内无专家满足条件或者满足条件的专家不足时，招标人可以自行邀请评标专家。北京市《关于在本市装配式建筑工程中实行工程总承包招投标的若干规定（试行）》（京建法〔2017〕29号）规定，评标委员会应依据国家和本市有关规定，由招标人代表和有关技术、经济等方面的专家组成，其中技术、经济专家不得少于评标委员会成员总数的三分之二，评标专家应通过随机抽取的方式产生。

4）部分地区对于工程总承包企业有投标倾斜政策

济南等装配式建筑示范城市，对于工程总承包企业有投标倾斜政策。具有构件生产能力且总投资达到一定规模的工程总承包企业，在招投标时给予加分奖励；工程建设按照设计、构件生产、施工、安装一体化的总承包企业，工程招投标时，在同等条件下优先中标。设计、施工、安装、监理等企业参与建筑产业化项目建设达到一定规模的，在招投标时给予加分奖励。[参见：《关于印发〈济南市加快推进建筑（住宅）产业化发展的若干政策措施〉的通知》（济建发〔2014〕17号）]

3.2.4　承包人要求

选择合适的承包人，是建设工程成功实施的关键。

装配式建筑的承包人，首先应当满足承包建筑工程的单位的要求，承包人应当持有依法取得的资质证书，并在其资质等级许可的业务范围内承揽工程。禁止建筑施工企业超越本企业资质等级许可的业务范围或者以任何形式用其他建筑施工企业的名义承揽工程。禁止建筑施工企业以任何形式允许其他单位或者个人使用本企业的资质证书、营业执照，以本企业的名义承揽工程。

对于工程总承包企业，要求更加高，工程总承包企业应当具有与工程规模相适应的工程设计资质或者施工资质，相应的财务、风险承担能力，同时具有相应的组织机构、项目管理体系、项目管理专业人员和工程业绩。工程总承包项目经理应当取得工程建设类注册执业资格或者高级专业技术职称，担任过工程总承包项目经理、设计项目负责人或者施工项目经理，熟悉工程建设相关法律法规和标准，同时具有相应工程业绩。

采用工程总承包方式招标的，招标文件应提供完备、准确的水文、地勘、地形、工程可行性研究报告及其批复材料等基础资料，以保证投标方案的深度、准确度、针对性以及对工程风险的合理评估。采用工程总承包方式招标的，应明确以下招标需求：

1）细化建设规模：房屋建筑工程包括地上建筑面积、地下建筑面积、层高、户型及户数、开间大小与比例、停车位数量或比例等。

2）细化建设标准：房屋建筑工程包括天、地、墙各种装饰面材的材质种类、规格和品牌档次，机电系统包含的类别、机电设备材料的主要参数、指标和品牌档次，各区域末端设施的密度，以及室外工程；市政工程包括各种结构层、面层的构造方式、材质、厚度等。

3）明确是否采取装配式建造方式、是否采用 BIM 技术等。

另外，招标人应确定合理的招标时间，确保投标人有足够时间对招标文件进行仔细研究、核查招标人需求、进行必要的深化设计、风险评估和估算。[参见：《住房城乡建设部关于进一步推进工程总承包发展的若干意见》（ 建市〔2016〕93 号)、北京市《关于在本市装配式建筑工程中实行工程总承包招投标的若干规定（试行)》（ 京建法〔2017〕29 号)、《关于印发〈江西省装配式建筑招标投标管理暂行办法〉的通知》（ 赣建招〔2017〕15 号)、《山东省住房和城乡建设厅关于开展装配式建筑工程总承包招标投标试点工作的意见》（ 鲁建建管字〔2018〕5 号) 等]

部分地区还规定，工程总承包项目的承包人不得是工程总承包项目的代建单位、项目管理单位、工程监理单位、招标代理单位以及其他为招标项目的前期准备提供设计、咨询服务的单位。[参见：北京市《关于在本市装配式建筑工程中实行工程总承包招投标的若干规定（试行)》（ 京建法〔2017〕29 号)、《山东省住房和城乡建设厅关于开展装配式建筑工程总承包招标投标试点工作的意见》（ 鲁建建管字〔2018〕5 号)]

3.2.5　招投标监督管理

为了确保装配式建筑招投标行为的公开透明，许多地方都对招投标的程序透明和实体透明进行了规定，以便避免可能的暗箱操作行为。

如北京《关于在本市装配式建筑工程中实行工程总承包招投标的若干规定（试行)》（ 京建法〔2017〕29 号) 规定，装配式建筑进行工程总承包发包时，应当在本市公共资源交易平台开展招标投标活动，并接受市规划国土主管部门和市、区住房城乡建设主管部门的监督管理。市规划国土主管部门和市、区住房城乡建设主管部门按照其职责分工，分别负责各自职责范围内工程总承包招标投标活动的监督管理。

又如，江西省《关于印发〈江西省装配式建筑招标投标管理暂行办法〉的通知》（ 赣建招〔2017〕15 号) 规定，各有关部门要加强对国有投资装配式建筑项目招投标活动的监管，严格按照国家招标投标相关法规及"公开、公平、公正"的原则开展招标活动，不得借装配式建筑的名义随意改变招标范围、方式及法定程序，变相实施虚假招标，擅自设置或者增加不合理或者歧视性的资格条件，损害国家利益和他人合法权益。

3.3 装配式建筑设计审查

装配式建筑设计与传统设计不同，强调结构装修机电一体化、集成化设计，注重预制构件节点之间的连接设计，需要充分考虑预制构件生产和安装的实际需求。为提高装配式建筑设计水平，保证建筑设计质量，规范设计行业秩序，从国家到地方都对建筑设计审查做出了相应要求。

3.3.1 从国家到地方都确立了设计审查制度

住房和城乡建设部 2016 年 12 月发布了《住房城乡建设部关于印发〈装配式混凝土结构建筑工程施工图设计文件技术审查要点〉的通知》(建质函〔2016〕287 号)，详细规定了建筑专业、结构专业的审查要点，是指导和规范装配式混凝土结构建筑工程施工图设计文件审查工作的纲领性文件。北京、上海、江苏等省市也出台了相关文件，通过细化设计审查要求，推动装配式建筑设计水平提升，也在一定程度上保证了装配式建筑的整体质量。

《北京市人民政府办公厅关于加快发展装配式建筑的实施意见》(京政办发〔2017〕8 号)规定，通过住房保障管理部门或其他相关部门组织的设计方案评审的保障性住房、共有产权住房或其他政策性住房项目，可不另行组织装配式建筑技术方案专家评审。报审的文件中应包含对产业化项目的建设规模、预制率等指标的批准文件；报审的装配式混凝土结构建筑工程施工图设计文件中应包含装配式建设规模、预制率等计算书。审查机构对设计文件中的相关指标是否符合相关规定进行审查。装配式混凝土结构建筑工程结构专业施工图包括结构施工图和预制构件制作详图。结构施工图设计除应满足计算和构造要求外，其设计内容和深度还应满足预制构件制作详图编制和安装施工的要求。

天津市《市建委关于加强装配式建筑建设管理的通知》(津建科〔2017〕391 号)、《深圳市住房和建设局关于公开征求〈深圳市装配式建筑工程质量安全管理工作指引(征求意见稿)〉意见的通告》(深建质安〔2018〕148 号)规定,施工图审查机构必须按照国家、省、市有关规范、标准、规定的要求对装配式建筑施工图设计文件进行审查；施工图审查机构应对预制构件布置、节点连接设计、保温隔热设计、防水设计、防雷设计、构件深化要求、预制率、装配率等装配式建筑涉及结构安全和建筑功能的关键环节进行重点审查，并出具明确的审查意见。后期设计修改涉及结构安全、使用功能、预制率、装配率等重要变更的内容必须重新进行审核，并出具审查意见；预制构件深化图应送施工图审查机构审查合格后，方可实施。

《重庆市人民政府办公厅转发市城乡建委关于加快推进建筑产业现代化意见的通知》(渝府办发〔2014〕176 号)规定，建筑产业现代化项目施工图设计应包括结构拆分设计及节点连接部位详细构造，构件制作详图应经施工图设计单位审核。

武汉《市城建委关于开展装配式建筑施工图设计文件技术审查的通知》（武城建规〔2017〕5号）规定，规划部门批准文件（主要为建设用地规划条件、土地划拨决定书或土地出让合同、外墙装配式部分建筑面积等）时要对施工图设计文件进行审查，对不符合装配式建筑标准和相关规定的施工图设计文件，不得出具审查合格书。

3.3.2　装配式建筑设计审查的主要要求

1）设计原则

在装配式建筑设计原则方面，北京、江苏、福建等地文件规定，装配式建筑项目设计应遵循结构体系合理、装配方案科学、设计质量可靠的原则；装配式建筑设计平面及体型宜简单规则，采用标准化、通用化的设计方法，做到"少构件、多组合"，应根据建筑结构体系和生产施工条件合理确定装配式建筑围护结构类型，热工性能应满足节能设计标准的要求，满足装配式建筑的基本要求；装配式建筑设计应符合现行国家标准《建筑模数协调标准》GB/T 50002-2013的规定。在满足建筑功能和结构安全要求的前提下，确定建筑平立面的基本构成单元；遵循少规格、多组合的原则，实现建筑构配件的标准化与系列化。[参见：《北京市人民政府办公厅关于加快发展装配式建筑的实施意见》（京政办发〔2017〕8号）、《江苏省装配式建筑（混凝土结构）施工图审查导则（试行）》（苏建函〔2016〕565号）、《福建省人民政府办公厅关于推进建筑产业现代化试点的指导意见》（闽政办〔2015〕68号）]

2）设计要求

装配式建筑项目设计一般分为技术策划、方案设计、初步设计、施工图设计、预制构件加工设计五个阶段。《住房城乡建设部关于印发〈装配式混凝土结构建筑工程施工图设计文件技术审查要点〉的通知》（建质函〔2016〕287号）、《住房城乡建设部关于印发〈建筑工程设计文件编制深度规定（2016版）〉的通知》（建质函〔2016〕247号）、《装配式混凝土结构技术规程》JGJ1-2014等政策文件和技术规程对装配式建筑设计做了具体要求。

许多装配式建筑示范城市提出了比较详细的设计要求。如《北京市人民政府办公厅关于加快发展装配式建筑的实施意见》（京政办发〔2017〕8号）规定，对于比较简单的装配式建筑，方案审查后即可进行施工图设计。结构施工图设计除应满足计算和构造要求外，其设计内容和深度还应满足预制构件制作详图编制和安装施工的要求。装配式建筑项目设计单位应当按照《建筑工程设计文件编制深度规定》中有关装配式建筑的相关要求，以及装配式建筑相关技术要求，在各个设计阶段编制相应深度的装配式建筑技术方案、设计文件等，供有关行政主管部门开展审核、认定、审批等相关工作；设计单位应在装配式建筑项目设计过程中采用 BIM（建筑信息模型）技术，积极推进项目设计、构件生产及施工建造等环节实施信息共享、有效传递和协同工作。

又如，《福建省人民政府办公厅关于推进建筑产业现代化试点的指导意见》（闽政办〔2015〕68 号）规定，装配式结构设计应重视概念设计和预制构件的连接设计，确保主体结构的整体性。装配式结构的连接节点构造应受力明确、传力可靠，满足结构的承载力、延性和耐久性要求。对重要且复杂的连接节点构造，应通过专门试验确定。

江苏省还强调了推进装配式建筑"标准化设计"的具体要求，包括装配式公共建筑外窗宜采用标准化外窗系统，装配式居住建筑外窗应采用标准化外窗系统，外门窗与外墙应有可靠连接，并满足气密性、水密性、抗风压性能和节能设计标准的要求，室内装修宜采用标准化内装部品与建筑结构一体化设计。[参见：《江苏省装配式建筑（混凝土结构）施工图审查导则（试行）》（苏建函〔2016〕565 号）]

《深圳市住房和建设局关于公开征求〈深圳市装配式建筑工程质量安全管理工作指引（征求意见稿）〉意见的通告》（深建质安〔2018〕148 号）规定，施工图设计文件中应明确装配式建筑的结构类型、预制率和装配率、预制构件种类、装配式构造节点做法等关键内容，并编制装配式建筑设计说明专篇，对构件图深化要求以及可能存在的重大风险提出专项设计要求，装配式构造节点做法应安全可靠并满足建筑相关性能要求，前期设计应充分考虑构件生产、运输、安装的可行性和便利性；加强协调建筑、结构、电气、设备、装饰装修等各专业之间的沟通协作，装配式建筑设计应考虑预制构件的模具制作、生产、运输、吊装以及安装施工等相关要求。

3）设计说明要求

许多地方对装配式建筑的设计说明要包含的内容，也进行了规定。如《北京市人民政府办公厅关于加快发展装配式建筑的实施意见》（京政办发〔2017〕8 号）规定，设计说明应包含以下内容：装配式技术配置情况说明；标准化设计、预制率、装配率、建筑集成技术设计、构件加工图设计分工、协同设计及信息化技术应用说明；节能设计要点；一体化装修设计说明；预制构件及连接节点的防火措施和防水做法等。

4）技术策划要求

装配式建筑技术策划专项工作确保了建设单位等相关方，在项目前期对装配式建筑的技术路径有比较清晰的认识。《北京市人民政府办公厅关于加快发展装配式建筑的实施意见》（京政办发〔2017〕8 号）规定，建设单位应在项目规划审批立项之前组织开展前期装配式建筑技术策划专项工作，对项目定位、技术路线、成本控制、效率目标等做出明确要求，对项目所在区域的构件生产能力、施工装配能力、现场运输与吊装条件等进行初步技术评估。技术方案应满足套型设计的标准化与系列化要求，采用适宜的结构技术体系，对预制构件类型、连接技术提出设计方案,并对构件加工制作、施工装配的可行性进行分析。建设单位应统筹协调设计、构件制作、施工等各方需求,加强各专业间的协同配合。技术方案经专家评审通过后,应形成装配式建筑技术方案专家评审意见。

5)设计变更规定

基于 BIM 的装配式建筑项目设计,通过碰撞检查等手段,可以大幅度减少设计变更,但也难以完全避免开发商等建设单位调整方案,许多城市对设计变更的程序也专门进行了规定。

如武汉《市城建委关于开展装配式建筑施工图设计文件技术审查的通知》(武城建规〔2017〕5 号)规定,装配式建筑设计变更需取得市、区施工许可审批部门批准,其变更后的设计不得降低原审查通过的装配率指标和楼层平面外墙装配式部分建筑面积。

又如,《北京市人民政府办公厅关于加快发展装配式建筑的实施意见》(京政办发〔2017〕8 号)规定,施工图设计文件变更涉及装配式建筑结构体系等重大变更的,建设单位应按照规定重新报原审查机构审查。

3.3.3　推动装配式建筑标准化设计

"标准化设计"是装配式建筑的重要特征,如果没有实现装配式建筑部品部件的标准化,通用化程度低,导致每个项目的模具都不一样,模具的成本摊到每个部品部件上,使得部品部件的成本较高。

《国务院办公厅关于大力发展装配式建筑的指导意见》(国办发〔2016〕71 号)提出,要统筹建筑结构、机电设备、部品部件、装配施工、装饰装修,推行装配式建筑一体化集成设计。推广通用化、模数化、标准化设计方式。住房和城乡建设部在《"十三五"装配式建筑行动方案》中提出,要推进装配式建筑标准化设计,提高标准化部品部件的应用比例。装配式建筑设计深度要达到相关要求。推行装配式建筑一体化集成设计,强化装配式建筑设计对部品部件生产、安装施工、装饰装修等环节的统筹。

《北京市人民政府办公厅关于加快发展装配式建筑的实施意见》(京政办发〔2017〕8 号)规定,北京市规划国土委、市经济信息化委负责统筹建筑结构、机电设备、部品部件、装配施工、装饰装修,推行装配式建筑一体化集成设计。推广通用化、模数化、标准化设计方式,积极应用建筑信息模型技术,提高建筑领域各专业协同设计能力,加强对装配式建筑建设全过程的指导和服务。

山东省《关于印发〈山东省装配式建筑发展规划(2018-2025)〉的通知》(鲁建节科字〔2018〕6 号)规定,要强化项目策划定位、设计任务委托等阶段的技术集成创新,实行建筑结构、机电设备、部品部件、装配施工、装饰装修、运行维护协同设计。推行标准化、模数化、通用化设计方法，解决部品部件尺寸多样、形状不一的问题，解决专利技术体系和部品部件互不衔接、相容性差等问题，促进通用建筑部品部件的工业化、规模化生产。

《山西省人民政府办公厅关于大力发展装配式建筑的实施意见》（晋政办发〔2017〕62号）、《河南省人民政府办公厅关于大力发展装配式建筑的实施意见》（豫政办〔2017〕153号）规定，设计单位要转变设计理念和方式，积极应用和完善标准化设计，优先选用通用化、模数化、标准化的部品部件，积极应用建筑信息模型（BIM）技术，提高各专业协同设计能力，推行装配式建筑一体化集成设计。

《河北省人民政府办公厅关于大力发展装配式建筑的实施意见》（冀政办字〔2017〕3号）规定，推广通用化、模数化、标准化设计方式，鼓励和引导设计单位提高统筹建筑结构、机电设备、部品部件、装配施工、装饰装修的装配式建筑集成设计能力，提高各专业协同设计能力，加强对装配式建筑建设全过程的指导和服务。

《河南省人民政府办公厅关于大力发展装配式建筑的实施意见》（豫政办〔2017〕153号）规定，鼓励设计单位开发应用装配式建筑设计技术和通用设计软件，提升建筑领域各专业协同设计能力。实现设计深度符合工厂化生产、装配化建造要求。

《深圳市住房和建设局　深圳市规划和国土资源委员会　深圳市发展和改革委员会关于印发〈深圳市装配式建筑发展专项规划（2018-2020）〉的通知》（深建字〔2018〕27号）规定，推行标准化设计和一体化集成设计。充分发挥设计先导作用，推广通用化、模数化、标准化设计方式，鼓励设计单位与科研院所、高校等联合开发装配式建筑设计技术和通用设计软件，全面应用建筑信息模型（BIM），提高建设领域各专业协同设计能力，加强对装配式建筑建设全过程的指导和服务。在政府工程中大力推行标准化与多样化协调统一的模块化、精细化设计，修订公共住房户型标准化设计图集。在标准化设计的基础上进一步推行一体化集成设计，通过建筑、结构、机电、内装的一体化设计和设计、生产、装配的一体化，确保设计深度符合生产和施工的要求。

《太原市人民政府办公厅关于印发太原市加快推动装配式建筑发展实施方案的通知》（并政办发〔2017〕98号）规定，要推动设计单位加强专业协同，统筹建筑结构、机电设备、部品部件、装配施工、装饰装修，推行装配式建筑一体化集成设计，加强对装配式建筑建设全过程的指导服务。

3.4　装配式建筑计价和定额

科学合理的造价管理是装配式建筑项目顺利推进的基础和投资控制的重要保障。2016年12月,住房城乡建设部印发了《装配式建筑工程消耗量定额》TY01-01（01）-2016

（图 3-1），并于 2017 年 3 月 1 日起执行。该定额对人工消耗量水平作了进一步调整核实，补充增加了装配式木结构工程相关子目，完善了装配式建筑工程投资估算指标的编制说明，并明确其仅作为投资估算的参考。

为了推动装配式建筑的发展，多个地区在政策文件中明确了编制地方性装配式建筑工程计价定额的要求。如山东省《关于印发〈山东省装配式建筑发展规划（2018-2025）〉的通知》（鲁建节科字〔2018〕6 号）规定，修订制订装配式混凝土、钢结构、现代木结构、一体化装修等工程定额。加强装配式建筑部品部件生产、装配化施工计价方式和造价管理方法研究，分析测算不同结构类型的造价指标。跟踪装配式建筑部品部件、装备机具、配套建材等相关产品的市场价格，及时发布相应造价信息，引导市场各方主体合理计价。

图 3-1 装配式建筑工程消耗量定额

3.4.1 定额作用

定额在装配式建筑的发展中，可以起到多方面作用。主要有：

1）定额是装配式混凝土建筑工程编制设计概算、施工图预算、招标控制价（最高投标限价）以及调解处理工程造价纠纷的依据。

2）是投标报价、工程结算审核的指导。

3）是相关企业内部核算和制订企业定额的参考。[《省住房城乡建设厅关于印发〈江

苏省装配式混凝土建筑工程定额〉（试行）的通知》（苏建价〔2017〕83号）]

但也有一些城市尚未出台地方装配式建筑定额，不利于装配式建筑的推广和实施。

3.4.2 适用范围

部分地区规定了本地区装配式建筑定额的适用范围。如《北京市住房和城乡建设委员会关于发布2017年〈北京市建设工程计价依据——预算消耗量定额〉装配式房屋建筑工程〉的通知》（京建发〔2017〕90号）规定，该定额适用于北京市行政区域内按照国家相关标准，采用标准化设计、工厂化生产、装配化施工的装配式房屋建筑工程。其中，装配式混凝土房屋建筑工程是指建筑高度在60米（含）以下、单体建筑预制率不低于40%或建筑高度在60米以上、单体建筑预制率不低于20%的项目。

江苏《省住房城乡建设厅关于发布〈江苏省装配式建筑预制装配率计算细则（试行）〉的通知》（苏建科〔2017〕39号）规定，该定额适用于江苏省行政区域内采用标准化方式设计、工业化方式生产、装配化方式施工的新建、扩建的，按《江苏省装配式建筑预制装配率计算细则（试行）》计算出的预制装配率 Z_1 值不低于30%的装配式混凝土房屋建筑工程。如 Z_1 值小于30%，则施工措施项目不执行本定额，仍按《江苏省装配式混凝土建筑工程定额》规定执行；同时取费仍按江苏《省住房城乡建设厅关于印发〈江苏省装配式混凝土建筑工程定额〉（试行）的通知》（苏建价〔2017〕83号）中建筑工程规定执行。

3.4.3 装配式混凝土工程费用定额取费分类

比较而言，江苏省、浙江省对装配式建筑工程费用的研究比较深入，对工程费用定额取费进行了分类。如江苏《省住房城乡建设厅关于印发〈江苏省装配式混凝土建筑工程定额〉（试行）的通知》（苏建价〔2017〕83号）规定：

1）装配式混凝土建筑不区分工程类别。

2）装配式混凝土工程的工程类型划分：

（1）混凝土构件单独吊装工程适用于单独发包的混凝土构件吊装工程。工程内容包括混凝土构件在施工现场进行的吊装就位、注浆及固定等工作。

（2）装配式混凝土房屋建筑工程适用于装配式混凝土房屋建筑工程的土建工程内容，但钢结构制作安装、桩基工程、基坑支护大型土石方工程、配套工程、单独装饰工程（包括幕墙工程）仍执行《江苏省建设工程费用定额》（2014年）。

3.4.4 装配式混凝土工程计价定额

计价定额包括成品构件安装、施工措施项目、成品构件运输和成品构件制作参考定额。在江苏、沈阳等地的装配式混凝土工程计价定额中，对构件安装和施工措施费等规定如下：

1）成品构件安装相关规定说明

混凝土成品构件安装不分构件外形尺寸、截面类型，按构件种类套用相应定额；混凝土成品构件安装定额已包括构件固定所需临时支撑的搭设及拆除，在措施项目中不再单独列项；支撑种类、数量及搭设方式已综合考虑，实际施工方案不同的，不作调整；成品构件安装定额中不包含吊装机械费用，吊装机械执行垂直运输定额；带门窗洞口的墙板，在执行墙板吊装定额时，按相应定额人工和机械乘以相关系数；女儿墙安装执行外墙板安装定额依附于女儿墙制作的压顶，并入女儿墙计算；凸（飘）窗安装定额适用于单独预制的凸（飘）窗安装。依附于外墙板制作的凸（飘）窗，并入外墙板内计算，相应定额人工和机械用量乘以相关系数；外挂墙板安装定额综合考虑了不同的连接方式，按不同构件类型及厚度套用相应定额。楼梯休息平台安装按平台板结构类型不同，执行整体楼板或叠合楼板安装定额，定额人工乘以相关系数；阳台板安装不分板式或梁式。依附于阳台板制作的栏板、翻沿、空调板，并入阳台板内计算工程量。非悬挑的阳台板安装，执行相应的楼板定额；小型构件安装适用于单独预制的空调板、花池、遮阳板、压顶以及单位体积小于 0.1 立方米的构件；套筒注浆不分部位、方向，按锚入套筒内的钢筋直径执行相应定额。

2）施工措施费和规费相关规定说明

在脚手架工程方面，装配式混凝土建筑工程，不执行综合脚手架定额，按相应单项脚手架计算；外脚手架分为搭设与使用两个部分；外脚手架超高材料增加费执行建设工程费用定额相应定额子目乘以相应系数。

建筑物超高增加费执行建设工程费用计价定额相应定额子目，人工乘以相应系数。垂直运输机械数量与定额不同时，可以按比例调整定额含量。

采用装配式建筑技术的开发建设项目，社会保障费以工程总造价扣除工厂生产的预制构件成本作为基数计取。采用装配式建筑技术的开发建设项目，安全措施费按照 1% 缴纳。

3）成品构件运输相关规定说明

成品构件运输由成品构件生产企业负责的执行定额；如由专业运输企业负责成品构件运输的，运输费用应根据市场价确定；成品构件的运输费用是指成品构件从工厂出厂至工地仓库或指定堆放地点所发生的全部运杂费用；混凝土构件运输，不区分构件类型，按运输距离执行定额；定额应综合考虑城镇、现场运输道路等级、上下坡等各种因素，不得因道路条件不同而调整定额；定额未考虑构件运输过程中遇有道路、桥梁限载而发生的加固、拓宽和公安交通管理部门的保安护送以及沿途发生的过路、过桥等费用。如发生，费用另行计算。

总体上，对于装配式混凝土建筑、钢结构的计价定额研究较多，也可以有效地促进装配式建筑的工程实践。但对于木结构、混合结构的计价和定额，需要下一步进行研究。

3.5　装配式建筑质量安全管理

装配式建筑质量安全问题决定着装配式建筑能否持续健康发展，得到了行业高度重视。《国务院办公厅关于大力发展装配式建筑的指导意见》（国办发〔2016〕71号）要求完善装配式建筑工程质量安全管理制度，健全质量安全责任体系，落实各方主体质量安全责任。北京、浙江、山东、深圳等省市制定了装配式建筑工程质量监督相关文件。❶

3.5.1　全面提高监管水平

我国为了确保建筑的质量和安全，在许多文件中，都在反复进行强调。2017年2月21日，《国务院办公厅关于促进建筑业持续健康发展的意见》（国办发〔2017〕19号）提出要"全面提高监管水平"。

"全面提高监管水平"的具体措施有：要完善工程质量安全法律法规和管理制度，健全企业负责、政府监管、社会监督的工程质量安全保障体系。强化政府对工程质量的监管，明确监管范围，落实监管责任，加大抽查抽测力度，重点加强对涉及公共安全的工程地基基础、主体结构等部位和竣工验收等环节的监督检查。加强工程质量监督队伍建设，监督机构履行职能所需经费由同级财政预算全额保障。政府可采取购买服务的方式，委托具备条件的社会力量进行工程质量监督检查。推进工程质量安全标准化管理，督促各方主体健全质量安全管控机制。强化对工程监理的监管，选择部分地区开展监理单位向政府报告质量监理情况的试点。加强工程质量检测机构管理，严厉打击出具虚假报告等行为。推动发展工程质量保险。严格执行工程质量终身责任制，在建筑物明显部位设置永久性标牌，公示质量责任主体和主要责任人。对违反有关规定、造成工程质量事故的，依法给予责任单

---

❶ 参见：《国务院办公厅关于大力发展装配式建筑的指导意见》（国办发〔2016〕71号）、《住房城乡建设部关于印发〈"十三五"装配式建筑行动方案〉〈装配式建筑示范城市管理办法〉〈装配式建筑产业基地管理办法〉的通知》（建科〔2017〕77号）、《北京市住房和城乡建设委员会 北京市规划和国土资源管理委员会 北京市质量技术监督局关于加强装配式混凝土建筑工程设计施工质量全过程管控的通知》（京建法〔2018〕6号）、《深圳市住房和建设局关于公开征求〈深圳市装配式建筑工程质量安全管理工作指引（征求意见稿）〉意见的通告》（深建质安〔2018〕148号）、浙江省《关于印发〈装配式混凝土结构施工质量安全控制要点（试行）〉的通知》（建建发〔2017〕454号）、《山东省住房和城乡建设厅关于印发〈山东省装配式混凝土建筑工程质量监督管理工作导则〉的通知》（鲁建建字〔2015〕25号）等。

位停业整顿、降低资质等级、吊销资质证书等行政处罚并通过国家企业信用信息公示系统予以公示，给予注册执业人员暂停执业、吊销资格证书、一定时间直至终身不得进入行业等处罚。对发生工程质量事故造成损失的，要依法追究经济赔偿责任，情节严重的要追究有关单位和人员的法律责任。参与房地产开发的建筑业企业应依法合规经营，提高住宅品质。

住房和城乡建设部《"十三五"装配式建筑行动方案》规定，要建立统一的部品部件标准、认证与标识信息平台，公开发布相关政策、标准、规则程序、认证结果及采信信息。建立部品部件质量验收机制，确保产品质量。加强装配式建筑工程质量安全监管，严格控制装配式建筑现场施工安全和工程质量，强化质量安全责任。加强装配式建筑工程质量安全检查，重点检查连接节点施工质量、起重机械安全管理等，全面落实装配式建筑工程建设过程中各方责任主体履行责任情况。加强工程质量安全监管人员业务培训，提升适应装配式建筑的质量安全监管能力。

《深圳市住房和建设局关于加快推进装配式建筑的通知》（深建科工〔2016〕22号）规定，支持行业协会对部品构件生产企业及其产品进行备案，对产品流向进行登记，鼓励行业协会开展自律管理，定期实施企业和产品抽查。加强构件生产过程的动态监管，以项目为单位，建立构件生产厂派驻监理制度，严格实行第三方检测制度，确保部品、构件质量受控。建筑工程质量监督部门应对预制构件生产实施质量监督管理，监督抽检工作前移，采取进厂抽检和飞行检查的方式，加强对工厂生产环节涉及的建筑原材料、建筑构配件和成品构件的监督检查力度，当装配式建筑项目的预制构件生产地不在本市时，其原材料的质量检验检测可就近委托有资质的检测单位实施。监理单位应对预制构件生产实行驻厂监理。

《江西省人民政府关于推进装配式建筑发展的指导意见》（赣府发〔2016〕34号）、贵州《省人民政府办公厅关于大力发展装配式建筑的实施意见》（黔府办发〔2017〕54号）规定，要创新完善与装配式建筑相适应的工程建设全过程监管机制，建立健全部品部件生产、检验检测、装配施工及验收的全过程质量追溯保证体系，落实装配式建筑项目建设、勘察、设计、施工、生产和监理等各方主体质量安全责任及项目负责人质量终身责任。

《江苏省人民政府关于加快推进建筑产业现代化促进建筑产业转型升级的意见》（苏政发〔2014〕111号）、《山东省住房和城乡建设厅关于印发〈山东省装配式混凝土建筑工程质量监督管理工作导则〉的通知》（鲁建建字〔2015〕25号）、《深圳市住房和建设局关于公开征求〈深圳市装配式建筑工程质量安全管理工作指引（征求意见稿）〉意见的通告》（深建质安〔2018〕148号）规定，装配式混凝土建筑工程的建设、设计、施工、监理等工程质量责任主体，以及施工图审查、预制构件及部品生产、工程质量检测等与工程质量有关的单位，应当建立健全质量保证体系，落实工程质量终身责任，依法对工程质量负责；

加强预制构件生产质量监管，强化装配式施工现场安全管理，完善建筑项目设计、部品制造、施工和运营全流程质量管理体系，提升工程质量水平；建立建筑部品以及整体建筑性能评价体系，明确评价主体、标准和程序。

山东省《关于印发〈山东省装配式建筑发展规划（2018-2025〉〉的通知》（鲁建节科字〔2018〕6号）规定，装配式建筑工程项目建设、勘察、设计、部件生产、施工、监理等参建单位，应当建立健全质量安全管理体系，规范部品部件出厂证明资料，编制关键工序、关键部位质量安全控制资料和专项方案，落实各方质量安全主体责任。加强人员教育培训，建设体验式教育基地，提高工人作业技能，加快发展专业化职业装配式建筑施工作业队伍。加强工程质量安全检查力度，按照国家、省有关规定和技术标准要求，及时对参建主体质量安全行为和实体质量安全情况进行监督检查。

3.5.2　落实参建各方主体质量安全责任

应严格落实参建各方主体和从业人员的质量责任，特别是建设单位的首要责任和勘察、设计、施工单位的主体责任。严格落实质量终身责任制，全面实行五方主体项目负责人质量终身责任承诺、竣工后永久性标牌、质量终身责任信息档案等制度。组织开展全国工程质量监督执法检查，督促质量责任落实。加大质量责任追究力度，对违反有关规定、造成工程质量事故的责任单位和人员，依法给予行政处罚和信用惩戒。

企业法定代表人对质量安全负第一责任，规划设计、图纸审查、施工许可、批后监管等应以安全为前提，加强源头管控。完善施工现场和建筑市场联动监管机制。充分发挥工程质量安全监督机构的政府监督职能，重点加强涉及公共安全的工程地基基础、主体结构等部位和竣工验收等环节的监督检查。

生产单位要建立部品部件检验机制，对工程项目首批构件推行建设、监理驻厂监造制度；设计单位要严格设计审核校验，实行全过程服务；施工单位要加强部品部件进场、施工安装、灌浆连接、密封防水等关键部位工序质量安全控制和检验检测，提高部品部件装配施工连接质量和建筑安全性能；监理单位要提升装配式建筑监理能力，严格履行监理职责。

［参见：《关于印发〈住房和城乡建设部工程质量安全监管司2017年工作要点〉的通知》（建质综函〔2017〕7号）、《江苏省政府关于促进建筑业改革发展的意见》（苏政发〔2017〕151号）、《山东省人民政府办公厅关于贯彻国办发〔2016〕71号文件大力发展装配式建筑的实施意见》（鲁政办发〔2017〕28号）、江苏《省住房和城乡建设厅关于发布〈装配式混凝土结构工程质量控制要点〉的公告》（江苏省建设厅公告（2017）8号）、《深圳市住房和建设局关于公开征求〈深圳市装配式建筑工程质量安全管理工作指引（征求意

见稿〉〉意见的通告》（深建质安〔2018〕148号）、《关于印发〈南京市装配式建筑工程质量安全管理办法（试行）〉的通知》（宁建规字〔2017〕2号）等]

3.5.3　明确监管部门安全质量责任

建设行政主管部门及其委托的监督机构应根据装配式建筑的特点，依据有关法律法规和工程建设强制性标准，对工程质量和施工安全进行监督检查，并依据监督检查结果，对各方责任主体及有关单位的质量安全行为实施执法监督，将项目实施装配式建筑的情况纳入日常监督检查，有关监督检查情况应当形成书面监督记录，并在项目验收阶段对项目实施装配式建筑情况出具意见。对于装配式建筑工程现场使用的原材料和构件实体质量应进行监督抽检，抽检重点是涉及工程结构安全、重要使用功能的实体部位所使用的原材料、构配件以及实体结构检验。对于现场使用的原材料如注浆料、套筒、外墙密封胶、连接件等，每个项目监督抽检应不少于一次；对于装配式构件实体结构质量包括混凝土强度、钢筋保护层厚度、钢结构焊缝等，项目建设单位应委托有相应资质质量检测机构进行检测，质监机构应对检测报告进行核查。

当装配式建筑所使用的影响施工安全的建筑材料及构配件检查检测结果不符合要求时，应要求监理及有关责任主体单位停止装配式安装施工，将相关建筑材料配件进行补缺或更换，检查无误后方可进行后续安装施工。当工程实体质量检测和施工安全检查结果不符合要求时，应要求监理及有关责任主体单位分析原因，必要时委托第三方检测机构进一步扩大检查检测范围；当经确认检查检测结果不符合要求时，应依据有关法律法规对监理及相关责任单位、责任人进行依法处理。

[参见：江苏《省住房和城乡建设厅关于发布〈装配式混凝土结构工程质量控制要点〉的公告》（江苏省建设厅公告〔2017〕8号）、《上海市人民政府办公厅转发建设交通委等五部门关于本市进一步推进装配式建筑发展若干意见的通知》（沪府办〔2013〕52号）、贵州《省人民政府办公厅关于大力发展装配式建筑的实施意见》（黔府办发〔2017〕54号）、《深圳市住房和建设局关于公开征求〈深圳市装配式建筑工程质量安全管理工作指引（征求意见稿）〉意见的通告》（深建质安〔2018〕148号）、《关于〈南京市装配式建筑工程质量安全管理办法（试行）〉的通知》（宁建规字〔2017〕2号）等]

3.5.4　建立科学合理的质量检测或评价机制

从国家到地方层面，都在反复强调强化全过程质量控制和评价制度。《国务院办公厅关于大力发展装配式建筑的指导意见》（国办发〔2016〕71号）要求，要加强全过程监管，建设和监理等相关方可采用驻厂监造等方式加强部品部件生产质量管控；施工企业要加强施工过程质量安全控制和检验检测，完善装配施工质量保证体系；在建筑物明显部位设置永久性标牌，公示质量安全责任主体和主要责任人，加强行业监管，明确符合装配式建筑特点的施工图审查要求，建立全过程质量追溯制度，加大抽查抽测力度，严肃查处质量安全违法违规行为。

江苏多个文件在强化装配式建筑质量安全监管。在吸收南京市装配式建筑试点经验的基础上，制定装配式建筑质量管理意见，明确装配式建筑驻场监理制度和部品部件生产厂家终身责任制度。研究建筑产业现代化工程质量控制技术与工程检测技术，不断完善建筑产业现代化工程质量控制技术和方法，培育建筑产业现代化工程质量检测机构，加大技术人才培训力度，提高装配式结构工程质量检测水平[参见：江苏《省住房城乡建设厅关于印发〈2018年全省建筑业工作要点〉的通知》（苏建建管〔2018〕111号）]。江苏《省政府关于促进建筑业改革发展的意见》（苏政发〔2017〕151号）规定，探索建立工程质量性能评价指标体系及应用办法，加强工程质量过程控制，实施过程量化评估机制，工程结束后向社会公布量化结果。将一段时限内的量化累积评分与政府招投标和评奖、奖励挂钩，引导建筑业企业自觉提高工程质量。建立建设工程质量检测综合报告制度，进一步落实检测质量责任。建立建筑材料认证、评价、信息公开等制度，完善全过程工程质量追踪、定位、维护和责任追溯机制。强化对工程项目建设各环节文件资料以及电子文件的归集管理，确保建设工程档案真实、完整和准确，为落实建设工程质量责任终身制以及保障工程设施运营维护提供依据。

山东省《关于印发〈山东省装配式建筑发展规划（2018-2025）〉的通知》（鲁建节科字〔2018〕6号）规定，严格装配式建筑部品部件生产过程质量管控，实施首批预制部件生产驻厂监造制度和综合验收制度，鼓励企业开展质量管理体系认证。严格控制装配式建筑现场施工安全和工程质量，加强部品部件进场、施工安装、节点连接灌浆、密封防水等关键部位、工序质量安全管控，推行关键工序旁站监理，完善装配式建筑工程竣工验收备案制度。推行装配式建筑、成品住宅质量担保和保险，以及住宅全装修第三方监管及物业前期介入管理等制度，鼓励多种形式购买保险产品与服务，完善工程质量追责赔偿机制。

3.5.5 建立质量追溯机制

《国务院办公厅关于大力发展装配式建筑的指导意见》（国办发〔2016〕71号）文件规定，要加强行业监管，建立全过程质量追溯制度，加大抽查抽测力度，严肃查处质量安全违法违规行为。

为落实该文件要求，北京、重庆、江苏、湖南等省市在相关政策文件中也提出了装配式建筑质量追溯方面的要求。如北京市规定，要依托互联网技术，建立涵盖北京市装配式建筑项目建设管理全过程的大数据平台，实现发展改革、规划国土、住房城乡建设等部门以及相关企业的数据共享，实现工程质量可查询可追溯；江苏省提出，要研究建立建筑材料（含装配式建筑部品部件）的认证和备案管理制度，探索建立装配式建筑质量管理体系；研发装配式建筑产业信息服务平台，强化装配式建筑建设全过程质量追溯；湖南省要求各市县要按照国家、省装配式建筑相关规范规程要求，建立装配式建筑质量全过程安全保证、物联网管理信息和质量跟踪、定位、维护和责任追溯体系，强化企业质量安全主体责任和质量终身责任；福建省提出，要依托装配式建筑信息管理平台，督促各方责任主体建立全过程质量追溯制度，加大抽查抽测力度，严肃查处违法违规行为。

[参见：《北京市人民政府办公厅关于加快发展装配式建筑的实施意见》（京政办发〔2017〕8号），《重庆市人民政府办公厅关于大力发展装配式建筑的实施意见》（渝府办发〔2017〕185号），江苏《省住房城乡建设厅关于印发〈2018年全省建筑业工作要点〉的通知》（苏建建管〔2018〕111号），《湖南省人民政府办公厅关于加快推进装配式建筑发展的实施意见》（湘政办发〔2017〕28号），《河北省人民政府办公厅关于大力发展装配式建筑的实施意见》（冀政办字〔2017〕3号），《安徽省人民政府办公厅关于大力发展装配式建筑的通知》（皖政办秘〔2016〕240号），《福建省人民政府办公厅关于大力发展装配式建筑的实施意见》（闽政办〔2017〕59号），《广东省人民政府办公厅关于大力发展装配式建筑的实施意见》（粤府办〔2017〕28号），《海南省人民政府关于大力发展装配式建筑的实施意见》（琼府〔2017〕100号），《陕西省人民政府办公厅关于大力发展装配式建筑的实施意见》（陕政办发〔2017〕15号）等]

4　装配式建筑行业管理对象——企业

随着装配式建筑的不断发展，涌现了一大批装配式建筑企业，也有许多传统建筑企业正在或即将向装配式建筑企业转型。装配式建造方式是建造方式的重大变革，其事中、事后管理都与传统建造方式有很大不同，因此装配式建筑企业的管理也是一个新的重要议题。

从建筑业改革趋势上来看，"淡化企业资质，强化个人执业资格"是发展方向，企业资质管理制度面临重大改革。《国务院办公厅关于促进建筑业持续健康发展的意见》(国办发〔2017〕19号)从行业角度提出了相应要求，包括相关部门要打破区域市场准入壁垒，取消各地区、各行业在法律、行政法规和国务院规定外对建筑业企业设置的不合理准入条件；严禁擅自设立或变相设立审批、备案事项，为建筑业企业提供公平市场环境；完善全国建筑市场监管公共服务平台，加快实现与全国信用信息共享平台和国家企业信用信息公示系统的数据共享交换；建立建筑市场主体黑名单制度，依法依规全面公开企业和个人信用记录，接受社会监督。

在此背景下，要积极探索新时期装配式建筑企业管理政策手段和企业职责要求。一方面要建立相应的行业管理机制，为装配式建筑企业的健康可持续发展创造良好的环境；另一方面，企业内部管理也应结合装配式建造特点，在企业内控制度方面进行重新梳理、优化与调整，保证企业管理有序和建筑工程质量安全。

4.1　建设单位

装配式建筑是复杂的系统工程，对项目建设单位提出了更高的要求。建设单位不仅需承担自身在装配式建筑项目中的责任，也肩负着协调和监督参建各方主体单位履行合同义务，共同完成装配式建筑建设的任务。同时，建设单位的转型和升级、集成能力的提高也有助于发挥装配式建造优势，实现生产方式的变革。

4.1.1　发挥建设单位统筹协调作用

建设单位应当根据装配式建筑工程的特点，加强装配式建筑全过程管理。做好装配式混凝土建筑设计、构件生产、施工各方之间的综合管理协调工作，促进参建单位之间的紧密协作，督促各相关方严格落实装配式建筑核心指标要求。充分考虑各专业工程所需时间，科学安排时间进度。

4.1.2　原则上应采用工程总承包模式进行发包

装配式建筑原则上应采用工程总承包模式。当采用工程总承包模式时，建设单位应将项目的设计、施工、采购一并进行发包，并与工程总承包单位签订建设工程合同。建设单位应当履行支付相应工程价款的基本义务，并依法对建设工程质量负责，加强工程总承包项目的全过程管理。

4.1.3　完善承包单位评选办法

国家和地方多个装配式建筑有关政策文件规定，建设单位应根据装配式建筑项目技术实施方案、构件生产能力、代表工程业绩等优选具备能力的工程总承包企业。

建设单位应当根据现行《全国建筑设计周期定额》《建筑安装工程工期定额》等规定和工程实际，确定设计、施工工期，将合理的工期安排作为招标文件的实质性要求和条件。直接发包的，应当在合同中约定有关内容，应当将装配式混凝土建筑的预制构件制作、施工安装、装饰装修、机电安装等全部工程量纳入施工总承包管理，不得肢解发包工程，不得指定分包单位，不得违反合同约定提供建筑材料、构件及部品、部件。

工程总承包企业和建设单位应当加强风险管理，公平合理分担风险。工程总承包企业按照合同约定向建设单位出具履约担保，建设单位向工程总承包企业出具支付担保。

4.1.4　组织前期装配式建筑技术策划专项

建设单位应在项目规划审批立项之前组织开展前期装配式建筑技术策划专项工作，对项目定位、技术路线、成本控制、效率目标等做出明确要求，对项目所在区域的构件生产能力、施工装配能力、现场运输与吊装条件等进行初步技术评估。

建设单位应按照相关工程建设标准规范和要求组织开展工程设计、技术方案专家评审和施工图审查等工作。施工图设计文件变更涉及装配式建筑结构体系等重大变更的，建设单位应按照规定重新报原审查机构审查。

建设单位应在招标文件及建设工程合同中明确工程总承包单位（未实行工程总承包项目的设计、施工单位）在设计、构件生产、施工阶段应用 BIM 技术的具体要求，包括 BIM 技术应用目标、应用范围、应用内容、参建单位 BIM 应用能力、信息交换标准和要求、人员配备等内容，并给予相应的费用保障。

4.1.5　加强项目建设全过程管理

建设单位根据自身资源和能力，可以自行对工程总承包项目进行管理，也可以委托项目管理单位，依照合同对工程总承包项目进行管理。项目管理单位可以是本项目的可行性研究、方案设计或者初步设计单位，也可以是其他工程设计、施工或者监理等单位，但项目管理单位不得与工程总承包企业具有利害关系。

建设单位应针对装配式建筑的特点编制监理规划和专项监理细则，其中包括驻厂监理的派驻，加强对预制构件生产和安装质量监理，提升现场管理水平。同时还应加强对预制混凝土构件生产环节质量管控。

认真执行预制混凝土构件现场安装首段验收制度。工程总承包单位或施工单位应选择有代表性的施工段进行预制构件安装，建设单位组织工程总承包（未实行工程总承包项目的设计、施工单位）、监理和预制混凝土构件生产单位对其质量进行验收，包括对外观质量、位置尺寸偏差、连接质量、接缝防水施工质量、预留预埋件等方面进行检查，形成验收记录。

认真执行"首件验收"制度。预制混凝土构件生产单位生产的同类型首个预制混凝土构件，建设单位应组织工程总承包（未实行工程总承包项目的设计、施工单位）、监理、预制混凝土构件生产单位进行验收，合格后方可进行批量生产。

建设单位应在工程主体结构验收前，组织工程总承包（未实行工程总承包项目的设计、施工单位）、监理等单位进行装配式建筑预制率验收，形成装配式建筑预制率验收表；在竣工验收阶段组织工程总承包（未实行工程总承包项目的设计、施工单位）、监理等单位进行装配式建筑装配率验收，形成装配式建筑装配率验收表，并将装配式建筑实施情况纳入工程竣工验收报告。建设单位应负责组织单位工程质量竣工验收和工程竣工验收。

4.1.6　落实装配式建筑实施效果及申请奖励

建设单位采用装配式建筑申请面积奖励的，应在向规划部门申报建设工程设计方案及建设工程规划许可前，根据土地划拨批准文件或出让合同按有关采用装配式建筑规定向相关部门提出申请，申请核实建设项目实施装配式建筑的总面积、建筑单体预制装配率及成品住房等相关指标；同时出具承诺函，承诺严格按照申请中确定的相关指标要求实施。

4.1.7　加强项目管理人才培养

建设单位要依据装配式建筑的特点和 EPC 工程总承包模式的需要培养综合型管理人

才。管理人员对装配式建筑设计、构件生产、现场装配施工和 BIM 信息技术的熟悉和了解，有利于协调工程建设过程中的各种问题，并对项目进行全过程跟踪管理，监督管理总承包企业履行合同义务，推进装配式建筑项目顺利实施。

　　[参见:《住房城乡建设部关于进一步推进工程总承包发展的若干意见》(建市〔2016〕93 号)、《北京市住房和城乡建设委员会 北京市规划和国土资源管理委员会 北京市质量技术监督局关于加强装配式混凝土建筑工程设计施工质量全过程管控的通知》(京建法〔2018〕6 号)、上海市《关于进一步加强本市装配整体式混凝土结构工程质量管理的若干规定》(沪建质安〔2017〕241 号)、《山东省住房和城乡建设厅关于印发〈山东省装配式混凝土建筑工程质量监督管理工作导则〉的通知》(鲁建建字〔2015〕25 号)、《深圳市住房和建设局 深圳市规划和国土资源委员关于印发〈深圳市装配式建筑住宅项目建筑面积奖励实施细则〉的通知》(深建规〔2017〕2 号)、苏州《市政府办公室印发关于推进装配式建筑发展加强建设监管的实施细则（试行）的通知》(苏府办〔2017〕230 号)、南京《市政府办公厅印发南京市关于进一步推进装配式建筑发展实施意见的通知》(宁政办发〔2017〕143 号)等]

4.2　设计企业

　　对于装配式建筑而言，前期设计环节工作至关重要，涉及统筹协调建筑、结构、机电、装修等专业，直接影响到设计优化、构件成本、运输成本、现场建造速度以及建筑质量，这些都将由前期的思维和工作模式决定。设计方面存在的主要问题包括：设计能力不足，设计分包现象普遍存在，总体把控缺位；施工图、超限审查制度缺陷；基于建筑品质的评价标准体系缺失；设计行业从业的建筑师和工程师对预制混凝土技术及其特点的了解程度普遍较低；设计的标准化程度低、模块化设计应用少等。

　　近年来，在国家和地方出台的政策文件和标准规范中，对设计企业提出了具体要求，如积极应用建筑信息模型技术、提高建筑领域各专业协同设计能力、加强对装配式建筑建设全过程的指导和服务等。随着工程总承包模式的推广，设计企业要建立与工程总承包模式相对应的管理模式，积极开展相应的机构改革和结构调整，培养专业技术人员和管理人员。设计企业要尽快提升设计能力，提升设计人员装配式建筑设计理论水平和全产业链统筹把握能力，发挥设计人员主导作用，为装配式建筑提供全过程指导。

4.2.1　提升一体化集成设计水平

　　设计企业要充分发挥设计对装配式建筑的统筹作用，不断提高装配式建筑设计能力，不断提升装配式建筑专业化设计水平，特别是要加强前期技术策划阶段的分析研究工作，推广通用化、模数化、标准化设计方式，促进建筑、结构、机电专业间的协同设计能力和协调配合水平。设计单位应当加强建筑、结构、电气、设备等各专业之间的沟通协作。要研究有关装配式建筑设计的相关技术指南、标准和图集等，促进装配式建筑设计向一体化、协同化发展。

4.2.2 适应建筑师负责制的新要求

由于近十几年来建筑行业的分工条块化，导致建筑设计与项目策划和组织实施、生产和施工结合、技术和产品运用、质量和品质保证等方面的脱节现象严重，设计分包普遍，总体把控缺位。预制装配式项目的实施需要由建筑设计师来统领，实行"建筑师总负责"，对建筑师的经验和综合能力要求较高，要从建筑整体的适用性、经济性、美观性、绿色性出发，结合绿色建筑要求和预制装配手段，积极与各相关单位沟通协调，并指导项目建设。

4.2.3 重视标准化模数化设计

标准化设计是装配式建筑设计的基础，设计单位在装配式建筑的设计中，应遵循模数化原则，提高标准化的设计水平，发挥设计企业技术引领作用，通过标准化户型的模块组成，实现平面的标准化。户型的标准化在一定程度上保证了预制构件模具的重复利用率，为预制构件设计的少规格、多组合提供了可能，可有效地降低预制构件生产的成本，利于工业化建造。通过标准化设计，实现构件生产标准化和现场施工连接作业标准化。

4.2.4 加强 BIM 技术的应用

设计企业应加强 BIM 技术的应用，促进 BIM 技术贯通生产和物流、施工、装修等环节。设计企业应在进行装配式建筑设计时采用 BIM 技术，通过建立装配式建筑户型库、建立装配式建筑构件产品族库，实现设计标准化和构件规格化，促进各专业间设计协同。基于 BIM 技术所构建的设计平台进行预制构件及各类预埋预留件进行设计，利用碰撞检查与自动纠错功能，检查校对各专业施工图的设计冲突。

4.2.5 提升设计单位的质量意识

设计单位应在严格按照国家和地区有关法律法规、现行工程建设强制性标准的基础上，根据装配式建筑的设计要求进行设计，明确设计责任和义务，对装配式建筑的设计质量负责。应当对工程可能存在的重大风险控制进行专项设计，对涉及工程质量和安全的重点部位和环节进行标注，在图纸结构设计说明中明确预制构件种类、制作和安装施工说明，包括预制构件种类、常用代码及构件编号说明，对材料、质量检验、运输、堆放、存储和安装施工要求等。设计单位应当参加首层装配结构与其下部现浇结构之间节点连接部位质量验收及装配式混凝土结构子分部工程质量验收。

4.2.6　满足施工图设计深度要求

设计单位施工图设计文件的设计深度应符合《建筑工程设计文件编制深度规定》和"装配式混凝土建筑工程设计文件编制深度规定"等要求。编制设计文件还应明确装配式结构工程的结构类型、装配率、预制构件部位、预制构件种类、预制构件之间和预制构件与现浇结构连接之间的构造做法等。施工图设计应以交付全装修建筑产品为目标，满足建筑主体和全装修施工需要。设计合同对设计文件编制深度另有要求的，设计文件应同时满足设计合同要求。所出具的施工图设计文件应当对预制构件的尺寸、节点构造、装饰装修及机电安装预留预埋等提出具体技术要求。

4.2.7　提供建设全过程的指导和服务

设计人员应加强建设全过程的指导和服务，为施工、预制混凝土构件生产等环节提供技术支撑和技术指导，参与有关结构安全、主要使用功能质量问题的原因分析，以及制定相应技术处理方案。设计单位应当参加建设单位组织的设计交底，向有关单位说明设计意图，解释设计文件。交底内容包括：预制构件质量及验收要求、预制构件钢筋接头连接方式，预制构件制作、运输、安装阶段强度和裂缝验算要求，质量控制措施等。

设计单位应当按照合同约定和设计文件中明确的节点、事项和内容，提供现场指导服务，解决施工过程中出现的与设计有关的问题。当预制构件在制作、运输、安装过程中，其工况与原设计不符时，设计单位应当根据实际工况进行复核验算。

[参见：《北京市住房和城乡建设委员会 北京市规划和国土资源管理委员会 北京市质量技术监督局关于加强装配式混凝土建筑工程设计施工质量全过程管控的通知》（京建法〔2018〕6号）、天津《市建委关于发布〈天津市装配式混凝土建筑工程设计文件编制深度规定〉的通知》（津建设〔2017〕284号）、《上海市关于印发〈关于进一步加强本市装配整体式混凝土结构工程质量管理的若干规定〉的通知》（沪建质安〔2017〕241号）、《江苏省人民政府关于加快推进建筑产业现代化促进建筑产业转型升级的意见》（苏政发〔2014〕111号）、《山东省装配式混凝土建筑工程质量监督管理工作导则》（鲁建建字〔2015〕25号）、《河南省人民政府办公厅关于大力发展装配式建筑的实施意见》（豫政办

〔2017〕153号）、《深圳市住房和建设局关于公开征求〈深圳市装配式建筑工程质量安全管理工作指引（征求意见稿）〉意见的通告》（深建质安〔2018〕148号）]

4.3 部品部件生产企业

部品部件生产企业的发展与装配式建筑发展密切相关。伴随着我国装配式建筑规模的不断扩大，配套部品部件生产行业也得到同步发展。由于预制混凝土构件生产环节的质量管控对于装配式建筑的质量安全有着重要影响，因此一方面各管理主体要加强对部品部件生产企业的管理，另一方面部品部件生产企业本身也要内控管理。

2015年1月1日施行的新版《建筑业企业资质标准》已取消了混凝土预制构件生产的施工专业承包资质。在建筑业"放管服"改革不断深化的背景下，要加强"事中"和"事后"管理，确保预制部品部件质量和建设工程质量安全。

现阶段要加强工厂质量内控，实行构件出厂合格证制度，同时采用构件进场验收、现场安装首段验收、建设主管部门或者行业自律性组织的定期检查和抽查等手段。

下一步，应鼓励各地及时发布地区装配式建筑建设计划、现有预制构件厂布局和产能数据，确保区域内预制构件市场供需平衡和区域间产能的统筹。

4.3.1 充分考虑产业布局和市场需求

地方住房城乡建设部门要引导建筑行业部品部件生产企业合理布局，提高产业聚集度，培育一批技术先进、专业配套、管理规范的骨干企业，建设一批绿色、智能、可持续发展的部品部件生产基地，形成适应装配式建筑发展需要的产品齐全、配套完整的产业格局，特别是依托行业龙头企业打造装配式建筑生产示范基地，整合钢构件、内外墙板、楼板、一体化装修材料等上下游部品部件生产。支持部品部件生产企业完善产品品种和规格，促进专业化、标准化、规模化、信息化生产，优化物流管理，合理组织配送。积极引导设备制造企业研发部品部件生产装备机具，提高自动化和柔性加工技术水平。建立部品部件质量验收机制，确保产品质量，提升预制构件及部品部件的质量。

河北、山东、河南等地规定，支持产业基础较好的地区，重点发展装配式建筑产业链，积极建设集装配式建筑技术研发和部品部件生产、应用等于一体的综合产业集聚区；引导建筑行业部品部件生产企业面向省区域中心城市、节点城市合理布局支持部品部件生产企业完善产品品种和规格，实现清洁生产。

[参见：《国务院办公厅关于大力发展装配式建筑的指导意见》（国办发〔2016〕71号）、

《北京市人民政府办公厅关于加快发展装配式建筑的实施意见》(京政办发〔2017〕8号)、《河北省人民政府办公厅关于大力发展装配式建筑的实施意见》(冀政办字〔2017〕3号)、山东省《关于印发〈山东省装配式建筑发展规划(2018-2025)〉的通知》(鲁建节科字〔2018〕6号)、《河南省人民政府办公厅关于大力发展装配式建筑的实施意见》(豫政办〔2017〕153号)等]

4.3.2　积极引导企业转型

引导部品部件生产企业由产品供应商向集成商转变,鼓励部品部件生产企业调整产品结构,升级生产线。鼓励传统建材企业向装配式建筑部品部件生产企业转型,引导大型商品混凝土生产企业、钢材及传统钢结构生产企业加快技术改造,调整产品和工艺装备结构,向部品部件生产企业转型。

鼓励企业合理配置自动化流水线和固定台模;打通周边省市构件供应渠道,满足本地区装配式建筑项目建设需要;通过扬尘管理、环评控制等手段,逐步淘汰产能落后的中小型生产企业。

[参见:《上海市住房和城乡建设管理委员会关于印发〈上海市装配式建筑2016-2020年发展规划〉的通知》(沪建建材〔2016〕740号)、南京《市政府关于加快推进建筑产业现代化促进建筑产业转型升级的实施意见》(宁政发〔2015〕246号)等]

4.3.3　营造良好发展环境

部品部件生产企业的健康可持续发展需要良好的政策环境和市场环境。住房城乡建设部门和行业自律组织可探索搭建预制构配件电子平台,进行行业发展信息公开,及时发布装配式建筑建设计划、现有预制构件厂布局和产能数据,合理引导预制构件厂的增量投资规模及构件生产企业的生产计划,促进地区预制构件市场供需平衡;为本地区及其周边地区构件生产企业提供产品展示、销售信息和渠道,降低销售成本,建设单位或总承包企业可在线进行比价和构件采购。同时,依托电子平台建立构件生产企业诚信管理机制,采取激励和失信奖惩措施,公开预制构件生产厂诚信信息,实现社会监督,营造"一处失信,处处受制"的信用环境。另外,还可以借鉴河北省、山西省、无锡市、宿迁市等地的政策,协调各级公安和交通运输部门对运输超高、超宽部品部件(预制混凝土构件、钢构件等)运载车辆,在运输、交通通畅方面给予支持。

[参见:《上海市住房和城乡建设管理委员会关于印发〈上海市装配式建筑2016-2020年发展规划〉的通知》(沪建建材〔2016〕740号)、《河北省人民政府办公厅关于大力发展装配式建筑的实施意见》(冀政办字〔2017〕3号)、《山西省人民政府办公厅关于大力发展

装配式建筑的实施意见》（晋政办发〔2017〕62号）、无锡《市政府关于加快推进建筑产业现代化促进建筑产业转型升级的实施意见》（锡政发〔2016〕212号）、宿迁《市政府印发关于加快推进建筑产业现代化促进建筑产业转型升级的意见》（宿政发〔2015〕89号）等]

4.3.4　生产企业对部品部件质量负总责

预制混凝土构件生产单位应按照《装配式混凝土建筑技术标准》GB/T51231-2016等要求，加强对原材料检验、生产过程质量管理、产品出厂检验及运输等环节控制，执行合同约定的预制混凝土构件技术指标和供货要求，确保预制混凝土构件产品质量。

预制混凝土构件生产单位应加强钢筋加工、钢筋连接、钢筋骨架和钢筋网片的质量控制。预制混凝土构件生产单位应依据相关技术标准进行混凝土配合比设计，并严格按照配合比通知单进行生产，确保混凝土质量。混凝土浇筑前应进行预制混凝土构件的隐蔽工程验收，形成隐蔽验收记录并留存影像资料。

预制混凝土构件生产单位应做好预制混凝土构件外观质量、尺寸偏差、结构性能的出厂检验工作，检验合格的预制混凝土构件应按照规定进行标识并出具质量证明文件。

[参见：《北京市住房和城乡建设委员会　北京市规划和国土资源管理委员会　北京市质量技术监督局关于加强装配式混凝土建筑工程设计施工质量全过程管控的通知》（京建法〔2018〕6号）]

4.3.5　加强生产质量监管

住房城乡建设部门或者行业自律性组织要对部品部件生产企业进行定期检查和不定期抽查。成立专家巡检小组，对部品部件生产企业进行产品质量检查，发现问题及时要求企业进行整改。将检查结果及时报给住房城乡建设部门、市场管理总站、安质监总站和建设单位、施工单位，形成生产企业质量管控的倒逼机制。

4.3.6　建立装配式建筑部品部件库

建立具有通用性、兼容性、开放性特点的装配式建筑部品部件库，供全产业链共享，可以为标准化设计、规模化生产奠定重要基础，同时为建筑全生命期信息化管理提供可能性。《"十三五"装配式建筑行动方案》提出，要建立装配式建筑部品部件库，编制装配式混凝土建筑、钢结构建筑、木结构建筑、装配化装修的标准化部品部件目录，促进部品部件社会化生产。各地要积极响应此要求，激发部品部件生产企业积极性，大力发展装配式通用部品部件，建立统一的部品部件数据库，不断完善产品品种规格。

[参见：《住房城乡建设部关于印发〈"十三五"装配式建筑行动方案〉〈装配式建筑示

范城市管理办法〉〈装配式建筑产业基地管理办法〉的通知》(建科〔2017〕77 号)、《河南省人民政府办公厅关于大力发展装配式建筑的实施意见》(豫政办〔2017〕153 号)]

4.3.7　采用信息化手段实现全生命期质量追溯

鼓励预制混凝土构件生产单位采用植入芯片或粘贴二维码等电子信息标注技术标识预制混凝土构件产品信息。通过信息化手段,实现部品部件生产、安装、维护全过程质量可追溯。建立统一的部品部件标准、认证与标识信息平台,公开发布相关政策、标准、规则程序、认证结果及采信信息。建立部品部件质量验收机制,确保产品质量。

[参见:《住房城乡建设部关于印发〈"十三五"装配式建筑行动方案〉〈装配式建筑示范城市管理办法〉〈装配式建筑产业基地管理办法〉的通知》(建科〔2017〕77 号)、《北京市住房和城乡建设委员会 北京市规划和国土资源管理委员会 北京市质量技术监督局关于加强装配式混凝土建筑工程设计施工质量全过程管控的通知》(京建法〔2018〕6 号)等]

4.4　施工企业

近年来,装配式建筑施工企业经过多年研发、探索和实践积累,形成了一系列与装配式建筑相匹配的施工工艺工法。目前,装配式建筑的施工发展虽然取得了一定进展,但是整体还处于百花齐放、各自为政的状态,需要进一步的研发,并通过大量项目实践和积累来形成系统化的施工安装组织模式和操作工法。

根据《国务院办公厅关于大力发展装配式建筑的指导意见》(国办发〔2016〕71 号)提出的"装配式建筑原则上应采用工程总承包模式"要求,施工企业应及时调整自身组织架构,建立新的管理方式和工程分包模式,健全关于装配式建筑工程质量、安全、进度、成本管理体系。

下一步,要充分发挥施工企业推动作用,形成一批设计施工一体化、结构装修一体化以及预制装配式施工的工程总承包企业,促进更多施工企业向工程总承包企业转变。同时,抓好装配式建筑设计、施工质量管理;研究发布"装配式建筑施工安全质量监管要点""装配式建筑施工及验收规范""装配式建筑构造节点图集""装配式建筑检测技术标准"等文件;定期开展装配式建筑设计、施工质量检查,切实落实好建设工程五方主体质量终身责任制。

4.4.1　提高装配式建筑施工技术水平

地方住房城乡建设部门要引导企业转型,培养一批具有较高装配施工技术水平的骨干企业。鼓励施工企业注重延伸产业链条发展壮大,使其由单一施工主体发展成为含有设计、生产、施工等板块的集团型企业。重视对企业内项目经理和施工人员的培训，为企业探索成立专业的施工队伍、承接装配式建筑项目提供政策支持；加快提升装配式建筑施工安装、安全防护、质量检验、组织管理的能力和水平，完善施工工艺和工法；创新项目管理模式，着力提升整体施工效率，推行绿色施工。

4.4.2　强化施工前期准备工作质量管控

施工前，总承包单位或施工单位应当根据装配式建筑的特点编制施工组织设计、专项施工方案，施工组织设计的内容应当符合现行国家标准《建筑工程施工组织设计规范》GB/T 50502-2009 的规定，且对预制构配件场内运输及堆放、首层装配结构与其下部现浇结构连接、预制构件吊装就位及临时固定、预制构件连接灌浆、外围护预制构件接缝处密封防水、各专业管线布置等关键工序、关键部位编制专项施工方案。总承包单位或施工单位应当组织对施工组织设计进行专家评审，重点审查施工组织设计中技术方案可靠性、安全性、可行性，包括技术措施、质量安全保证措施、验收标准、工期合理性等内容，并形成专家意见。施工组织设计发生重大变更的，应按照规定重新组织专家评审。

4.4.3　对预制构件生产制作过程履行总承包质量管理责任

施工单位应当按照下列要求对预制构件生产制作过程履行施工总承包质量管理责任：对预制构件生产企业编制的构件生产制作方案进行审核确认；构件生产前，会同构件生产企业委托有资质的第三方检测机构对钢筋连接套筒与工程实际采用的钢筋、灌浆料的匹配性进行工艺检验；会同监理单位实施首批预制构件生产制作过程的驻厂监造，对首批构件的原材料试验检测、混凝土制备过程进行质量检查，参与首批构件成型制作过程的隐蔽工程和检验批的质量验收；对后续预制构件的生产制作过程，可根据进入施工现场的构件质量水平的稳定性，采取相应措施；协助产品运输过程，提供平整场地，制定吊装预案。

4.4.4　加强预制构件进场验收

施工单位应当建立健全预制构件施工安装过程质量检验制度：会同预制构件生产企业、监理单位应对预制混凝土构件的标识、外观质量、尺寸偏差以及钢筋灌浆套筒的预留位置、套筒内杂质、注浆孔通透性等进行检查，核查相关质量证明文件，并按照《混凝土结构工程施工质量验收规范》GB50204-2015 等规定进行结构性能检验。未经进场验收或进场验收不合格的预制构件，严禁使用；对进场时可不做结构性能检验的预制构件，无驻厂监督的，预制构件进场时应按照规定，对其主要受力钢筋数量、规格、间距、保护层厚度及混凝土强度等进行实体检验。

4.4.5　加强施工过程质量管理

施工单位应加强预制混凝土构件安装、预制混凝土构件与现浇结构连接节点、预制混凝土构件之间连接节点的施工过程质量管理，并加强预制外墙板接缝处、预制外墙板和现浇墙体相交处、预制外墙板预留孔洞处等细部防水和保温的质量控制。当连接钢筋位置存在严重偏差影响预制混凝土构件安装时，应会同设计人员制定专项处理方案，严禁随意切割、调整受力钢筋和定位钢筋。设备与管线施工前，工程总承包单位或施工单位应对结构构件预埋套管及预留孔洞的尺寸、位置进行复核，合格后方可施工。

4.4.6　实施预制构件首件首段验收

施工单位应选择有代表性的施工段进行预制构件安装，由建设单位组织工程总承包、监理和预制混凝土构件生产单位对其质量进行验收，包括对外观质量、位置尺寸偏差、连接质量、接缝防水施工质量、预留预埋件等方面进行检查，形成验收记录。并对资料的真实性、准确性、完整性、有效性负责，不得弄虚作假。

[参见:《北京市住房和城乡建设委员会 北京市规划和国土资源管理委员会 北京市质量技术监督局关于加强装配式混凝土建筑工程设计施工质量全过程管控的通知》(京建法〔2018〕6 号)、上海市《关于印发〈关于进一步加强本市装配整体式混凝土结构工程质量管理的若干规定〉的通知》(沪建质安〔2017〕241 号)、江苏《省住房和城乡建设厅关于发布〈装配式混凝土结构工程质量控制要点〉的公告》(江苏省住房城乡建设厅公告〔2017〕8 号)、《江苏省人民政府关于加快推进建筑产业现代化促进建筑产业转型升级的意见》(苏政发〔2014〕111 号)、《山东省装配式混凝土建筑工程质量监督管理工作导则》(鲁建建字〔2015〕25 号)、《河南省人民政府办公厅关于大力发展装配式建筑的实施意见》(豫政办〔2017〕153 号)、《深圳市住房和建设局关于公开征求〈深圳市装配式建筑工程质量安全管理工作指引（征求意见稿)〉意见的通告》(深建质安〔2018〕148 号)、南京市《关于印发〈南京市装配式建筑工程质量安全管理办法（试行)〉的通知》(宁建规字〔2017〕2 号)、南通市《关于印发〈南通市装配式混凝土结构工程质量监督管理办法〉（试行）的通知》(通质监〔2016〕16 号）等]

4.5　监理企业

建设工程监理制度的建立和实施，推动了工程建设组织实施方式的社会化、专业化，为工程质量安全提供了重要保障，是我国工程建设领域重要改革举措和改革成果。

工程监理单位是代表建设单位，依照法律、法规及有关技术标准、设计文件和建设工程承包合同等对施工质量实施监理，并对施工质量承担监理责任。随着建筑业转型升级、装配式建筑的逐步推广发展，工程监理单位面临着发展的新挑战。2017 年 7 月，住房城乡建设部发布了《关于促进工程监理行业转型升级创新发展的意见》（建市〔2017〕145 号），是为了更好发挥监理作用，促进工程监理行业转型升级、创新发展是对工程监理制度的完善。为适应装配式建筑的发展要求，上海市、江苏省、山东省、河南省、深圳市等地出台了相关文件，规定了监理单位的相关服务内容。

4.5.1 改革监理单位资质和人员管理制度

加快以简化企业资质类别和等级设置、强化个人执业资格为核心的行政审批制度改革，推动企业资质标准与注册执业人员数量要求适度分离，健全完善注册监理工程师签章制度，强化注册监理工程师执业责任落实，推动建立监理工程师个人执业责任保险制度。加快推进监理行业诚信机制建设，完善企业、人员、项目及诚信行为数据库信息的采集和应用，建立黑名单制度，依法依规公开企业和个人信用记录。

4.5.2 提升监理单位综合服务能力

推进监理单位向依靠科技技术创新转变，引导监理单位加大科技投入，采用先进检测工具和信息化手段，创新工程监理技术、管理、组织和流程，提升工程监理服务能力和水平。鼓励大型监理单位采取跨行业、跨地域的联合经营、并购重组等方式发展全过程工程咨询，培育一批具有国际水平的全过程工程咨询企业。支持中小监理单位、监理事务所进一步提高技术水平和服务水平，为市场提供特色化、专业化的监理服务。推进建筑信息模型（BIM）在工程监理服务中的应用，不断提高工程监理信息化水平。

4.5.3 拓展监理单位服务范围

监理单位为建设单位做好委托服务的同时，应进一步拓展服务主体范围，积极为市场各方主体提供专业化服务；适应政府加强工程质量安全管理的工作要求，按照政府购买社会服务的方式，接受政府质量安全监督机构的委托，对工程项目关键环节、关键部位进行工程质量安全检查。适应推行工程质量保险制度要求，接受保险机构的委托，开展施工过程中风险分析评估、质量安全检查等工作。

4.5.4 编制装配式建筑专项监理规划

结合装配式建筑的特点，项目监理单位按照相关规定编制监理规划，明确装配式建筑施工中采用旁站、巡视、平行检验等方式实施监理的具体范围和事项，并根据装配整体式混凝土结构工程体系、构件类型、施工工艺等特点编制构件施工监理实施细则。

4.5.5　加强预制构件生产监理工作

预制构件产品作为半成品，现阶段将其作为成熟的工业化产品进行质量管理还不成熟。因此，监理单位要对预制构件生产企业进行全过程监理，包括对预制构件生产企业质量保证体系进行审核、对预制构件生产企业编制的构件制作方案进行审批、对预制构件的生产制作过程采取驻厂、巡视、平行检验等措施进行监理。

监理单位对预制构件生产制作过程的监理重点：构件生产前，对钢筋连接套筒与工程实际采用的钢筋、灌浆料的匹配性工艺检验进行见证取样送检；组织施工单位实施首批预制构件生产制作过程的驻厂监造，对首批构件的混凝土制备过程进行旁站监理，对首批构件成型制作过程的隐蔽工程和检验批进行质量验收；除首批预制构件监理单位必须驻厂监造外，对进场不做结构性能检验的预制构件，监理单位应当驻厂监督其生产制作过程；对后续预制构件生产制作过程，可根据进入施工现场的构件质量水平的稳定性，采取巡视、平行检验等监理措施。

4.5.6　严把装配式建筑施工质量关

在工程开工前，审核施工单位报送的施工组织设计文件、装配式建筑专项施工方案；审核意见经总监理工程师签署后，报建设单位。施工过程中，对进入施工现场的建筑材料、预制构（配）件等进行核验，并提出审核意见；未经审核的，不得在工程上使用或者安装。对施工单位报送的检验批、分部工程、分项工程的验收资料进行审查，并提出验收意见；分部工程、分项工程未经项目监理单位验收合格，施工单位不得进入下一工序施工；加强旁站及巡视等工作，加强预制构件吊装、灌浆套筒连接等工序的监理。

适应传统建筑行业绿色、环保、可持续发展转型升级新形势、新变革，积极推进建筑监理单位转型升级，培育一批技术先进、管理规范、综合能力强的监理单位，为装配式建筑的安全、健康发展提供更好的服务。

[参见：住房城乡建设部《关于促进工程监理行业转型升级创新发展的意见》（建市〔2017〕145号），上海市《关于印发〈关于进一步加强本市装配整体式混凝土结构工程质量管理的若干规定〉的通知》（沪建质安〔2017〕241号），江苏《省住房和城乡建设厅关于发布〈装配式混凝土结构工程质量控制要点〉的公告》（江苏省住房城乡建设厅公告〔2017〕8号），《山东省装配式混凝土建筑工程质量监督管理工作导则》（鲁建建字〔2015〕25号），《河南省人民政府办公厅关于大力发展装配式建筑的实施意见》（豫政办〔2017〕153号），《深圳市住房和建设局关于公开征求〈深圳市装配式建筑工程质量安全管理工作指引（征求意见稿）〉意见的通告》（深建质安〔2018〕148号）等]

5 装配式建筑行业管理对象——人员

我国建筑业正处于转方式、调结构、促升级的发展机遇期，产业的升级需要大量高素质的管理、技术人才和装配式建筑产业工人。装配式建筑的发展带来了全行业生产方式的变化，同时也对行业人员素质、技能以及行业人才的管理、培训多方面提出了更高要求。

5.1 装配式建筑行业人员现状

随着装配式建筑的发展，在装配式建筑示范城市和示范项目的推进过程中，培养了一批能够承担装配式建筑设计、生产、施工、安装等方面工作的人才。

从装配式建筑发展的总体要求来说，从行业管理到项目设计、生产、施工、运营维护的全产业链各环节，现有从业人员都是从传统建筑行业发展而来，包括行业专家、主管部门人员、企业管理和技术人员、产业工人等，在他们从事装配式建筑的过程中或多或少受传统建造方式思维模式的影响，对装配式建筑的认知存在一定的偏差。对于装配式建筑的全面推广来说人才储备、认知水平、技术能力、综合素质等多方面都存在不足。尤其是在产业工人发展方面难度最大，其主要来源：一方面是原有传统建筑行业从业人员的转型升级；另一方面是要增强吸引力，扩大从业人员来源渠道。同时，需要面对现存的一系列问题，包括从业人员老龄化进程较快、受教育水平低、专业技术能力普遍不高、人员流动性大难以形成相对稳定的技术团队等。

近几年，从国家层面到各省市都积极出台相关政策，通过装配式建筑人才的执业资格的认定、人才培训机制的建立、高等教育专业课程的开设、加大社会宣传力度等措施，逐步突破制约装配式建筑全面推广的人才发展瓶颈。

5.2 装配式建筑人才培养

5.2.1 出台扶持政策和措施

近年来，传统建筑工人转型成为装配式建筑产业工人受到极大关注。为了鼓励相关企事业单位、专业院校、科研院所等参与装配式建筑人才培养，国家相关部门通过政府财政扶持、协调指导、评估认证等方式，鼓励装配式建筑相关单位、机构参与装配式建筑的人才培养。2016年10月21日，国务院出台了《关于激发重点群体活力带动城乡居民增收的实施意见》（国发〔2016〕56号），提出技术工人的激励计划，为建筑业工人转型提供了支持。2017年12月21日，住房城乡建设部办公厅发布《关于印发住房城乡建设行业职业工种目录的通知》（建办人〔2017〕76号），在原有《建筑业职业工种名称》的基础上，将装配式建筑领域的职业工种进行统一编码，用于指导各地开展技能培训。

5.2.2　加大人才培训力度

装配式建筑管理、设计、生产、施工、监理、检验检测、验收等方面人员的专业教育和业务培训十分重要。首先，要开展装配式建筑技能人才调查，摸清行业人才结构和需求规模，制定产业队伍发展规划，建立有利于装配式建筑人才发展的长效机制。其次，要制定从事装配式建筑工作的各类人员标准，研究设立有关装配式建筑的职业工种。最后，要加强岗位专业、职业技能和职业道德规范培训，培育新型建筑产业工人队伍。

强化人才队伍建设，提升行业人才整体能力。从国家到地方都在装配式建筑相关政策文件提出了加强人才队伍能力建设的要求，如北京、重庆、河北、山东、河南、山西等。具体的实施措施包括：在建筑行业相关专业职业资格考试和专业技术人员继续教育中增加装配式建筑相关内容；建立多层面的培训体系，开展多层次知识培训，提高行业领导干部、企业负责人、专业技术人员、经营管理人员的管理能力和技术水平；加大职业技能培训资金投入，建立培训基地，加强岗位技能提升培训，促进建筑业农民工向技术工人转型；研究适合装配式建筑发展的用工制度，合理配置装配式建筑技术工种，形成规模化、专业化的装配式建筑产业工人队伍；加强国际交流合作，积极引进海外专业人才参与装配式建筑的研发、生产和管理等。

创新人才培养模式，壮大行业专业人才规模。从国家层面到省市出台的装配式建筑相关文件，对培养装配式建筑设计、生产、施工、管理等专业人才提出相关要求，如河北、山西、陕西、深圳等省、市，具体的实施措施包括：鼓励高等院校、职业技术学校设置装配式建筑相关课程，加快培育装配式建筑专业技术人才；鼓励工程项目总承包企业和部品部件生产企业组建专业化队伍；推动装配式建筑企业开展校企合作，加强装配式建筑实践，创新人才培养模式以产学研合作教育为主体的装配式建筑教育培养模式，通过搭建企业与企业、院校与企业合作平台，联合院校与企事业单位建立装配式建筑实训基地，推广装配式建筑教育体系，其中包括人才培养基地和人才实训基地；发挥协会与联盟的作用，调动装配式建筑企业和建筑工人的积极性，大力提升装配式建筑产业工人队伍的整体素质和技术水平。

目前，我国部分省、市、地区在装配式建筑人才培养方面，已经开展了大量工作，初步取得了一定进展和成效，见表5-1。

部分地区装配式建筑人才培养推进工作　　　　　　　　　　表5-1

地区	人才培养推进措施
北京	长期召开推进装配式建筑的公益讲座，各区（县）质量监督机构以及开发、设计、施工、构件生产、科研单位的管理和技术人员参加讲座，以北京市在建项目为例，交流装配式建筑项目的技术和管理要点。 组织企业对接会，加强开发企业、设计单位与构件生产企业之间的联系，建立畅通的沟通渠道，确保项目顺利实施
上海	举办多期上海市装配式建筑专项设计技术实训基地研修班，目的在于提高管理人员和技术人员和对装配式建筑的设计水平和应用能力，保证建设工程设计文件的质量。 课程内容结合国内外装配式建筑的工程实例，分享装配式建筑关键技术和深化设计方法，总结交流装配式方案技术在实际工程实践中经验
沈阳	对开发管理人员、专业技术人员、一线施工人员三类群体，广泛开展技术讲座、专家研讨会、技术竞赛等培训活动。成功举办了中国（沈阳）现代技术产业博览会，有力推动了沈阳装配式建筑工作，形成了良好的舆论氛围
济南	推进校企合作，汇富建设开发集团有限公司与山东交通学院举行校企合作，由济南工程职业技术学院与山东万斯达集团合作的济南工程技术学院万斯达学院挂牌成立，上述两家院企合作，标志着济南市在系统培训建筑产业人才、实现院企联合方面迈出实质性一步 组织编写《装配整体式混凝土结构工程施工》和《装配整体式混凝土结构工程操作实务》两本教材，并在大专院校设立了装配式建筑专业学科，重点对专业人员进行教育和上岗培训。 组织建筑物联网系统讲座，邀请市建委相关处室、建设单位、装配式建筑基地企业参加，加深管理部门、单位及企业人员对建筑物联网系统的认识
绍兴	绍兴文理学院编写装配式建筑相关教材并开设课程，加强人才储备

现阶段，装配式建筑相关专业人才的评价、职称评审等工作在全国范围内尚未广泛开展，已经滞后于装配式建筑的发展。因此，需要积极开展装配式建筑从业人员技能评价，建立装配式建筑人才培养标准与职业鉴定体系，通过考试或评审等方式对合格人员颁发相应资格证书，取得资格证书的从业人员方可从事装配式建筑的技术和管理工作。

在装配式建筑人才评价和培育机制的道路上，深圳市取得了较多经验。在深圳市住房和建设局、深圳市人力资源和社会保障局支持和指导下，由深圳市建筑产业化协会组织，2017年9月，开始征集深圳市建筑工程（装配式建筑）高、中级专业技术资格评审委员会评委；同年12月完成首批装配式建筑高、中级工程师的评审工作；2018年5月，经广东省人力资源和社会保障厅、深圳市人力资源和社会保障局核准，深圳市建筑产业化协会发出了全国首批装配式建筑高、中级工程师专业技术资格证书。

5.3 装配式建筑专家委员会

为进一步推进装配式建筑工作，充分发挥专家的咨询、决策、指导等方面作用，加快推进建筑行业转型升级，部分省市成立了行业专家委员会，建立了相关管理制度，明确了相关职能，如北京市、上海市、江西省、长春市、深圳市、南京市等。

5.3.1 专家委员会组成

1）北京市

专家委员会由北京市住房和城乡建设委员会会同北京市规划和国土资源管理委员会等相关部门组建。专家委员会办公室设在市住房城乡建设科技促进中心，负责专家委员会日常工作。

专家委员会由规划、设计、施工、监理、部品部件生产、装修和建筑经济等领域的专家与相关行政部门的代表组成，根据需要可吸纳社会学、经济学、法学等领域的专家。

2）深圳市

专家委员会由市住房建设部门会同市规划国土、建筑工务、发展改革、财政等政府部门组建。专家委员会设秘书处，负责专家委员会的日常事务，秘书处设在市住房建设部门。

专家委员会的委员包括公务委员和非公务委员。公务委员实行部门资格制度，由市住房建设、规划国土、建筑工务、发展改革、财政等相关政府部门派一名代表组成。非公务委员由有关专家和社会人士组成。

3）南京市

专家库主要由高校、科研机构企事业单位从事建筑研发、规划、设计、生产、施工和工程管理等领域的专业技术人员组成。

5.3.2 专家委员会职责

1）北京市

《关于印发〈北京市装配式建筑专家委员会管理办法〉的通知》（京建发〔2017〕382号）规定，专家委员会职责包括：了解、研究和掌握装配式建筑相关科技发展动态，及时向有关管理部门提供信息和工作建议；参与研究和制订装配式建筑技术政策、发展规划以及重大科技项目的选题论证；承担装配式建筑领域重大项目技术引进、技术改造项目的可行性评估,提出评估意见;承担装配式建筑领域中尚无国家标准或规范可依,涉及工程技术、质量、安全类的新产品、新技术、新工艺、新设备推广项目的论证工作;承担市装配式建筑联席会议办公室和相关部门委托的其他专项工作。

2)深圳市

《深圳市住房和建设局关于印发〈深圳市建筑工业化(建筑产业化)专家委员会管理办法(试行)〉的通知》(深建字〔2015〕172号)规定,专家委员会职责包括:参与研究和制定装配式建筑政策、发展规划和实施计划,以及重大科技项目的选题论证;审议建筑工业化标准规范、技术要求、审图要点等技术文件;承担建筑工业化项目技术论证和认定工作,包括项目设计方案、造价控制、建设过程、竣工验收等环节的技术论证和认定,为相关政府部门审批提供依据;承担建筑工业化领域中创新技术引进的论证工作;了解、掌握和研究建筑工业化相关科技发展动态,及时向相关政府部门提供信息和工作建议;承担政府部门委托的其他专项工作。

3)南京市

《关于公布南京市建筑产业现代化专家库专家名单(第一批)的通知》(宁建建监字〔2016〕571号)规定,专家委员会职责包括:参与研究和制订建筑工业化发展规划、政策体系、技术纲要以及重大科技项目选题等;参与建筑产业工业化项目方案评审、论证和咨询等相关技术服务工作;承担市建筑工业化领导小组委托的其他专项工作。

5.3.3　相关要求

各省市专家委员会专家在履行管理办法规定职责的同时,应充分发挥技术专长、智力资源、技术支撑等方面的优势和作用,通过团体培训、技能培训、高效授课等多种方式积极参与到装配式建筑行业人才培训中来,传授先进的管理理论、经验、技术、工艺等,提高装配式建筑从业人员整体素质、技能水平,为人才的培养、储备作出贡献。部分省市对专家委员会的要求如表5-2所示。

部分地区装配式建筑政策文件中对专家委员会的要求　　　　　表5-2

地区	相关要求
北京	建立市装配式建筑专家委员会,参与研究制定本市装配式建筑的技术发展战略、发展规划和技术政策
山东	发挥各级装配式建筑专家委员会作用,开展技术审查、评估和论证等服务,加快对关键专利技术、重大科技创新的转化推广,经技术审查论证后,可作为工程设计、施工、验收依据

续表

地区	相关要求
江苏	省住房城乡建设主管部门成立由管理部门、企业、高等院校、科研机构专家组成的建筑产业现代化专家委员会，并分行业设立设计、部品、施工等专家小组，负责标准编制、项目评审、技术论证、性能认定等方面的技术把关和服务指导。各地要成立相应的专家委员会，在试点示范阶段，负责对本地区建筑产业现代化项目建设方案和应用技术进行论证，并为施工图审查提供参考
浙江	充分发挥各级建筑工业化专家委员会作用，开展建筑工业化技术审查、评估和论证等咨询服务
内蒙古	自治区住房城乡建设厅组织成立由管理部门、设计单位、企业、高等院校、科研机构专家组成的自治区装配式建筑专家委员会，并分行业设立设计、部品、施工等专家小组，负责技术把关和服务指导。各盟市也要成立相应的专家委员会，负责对本地区装配式建筑项目的建设方案、应用技术的论证和设计、施工进行指导
黑龙江	组建由企业、高等院校、科研机构专家组成的省装配式建筑专家委员会，负责黑龙江省装配式建筑相关规范编制、项目评审、技术论证、性能认定等方面的技术把关和服务指导

6 装配式建筑项目流程管理

6.1 装配式建筑项目政府管理流程

装配式建筑项目管理工作主要分为 5 个阶段，分别是策划决策阶段、招标投标阶段、规划设计阶段、施工阶段和交付使用阶段。此外，还有两项工作要贯穿装配式建筑项目管理的始终。一是加强装配式建筑全过程质量监管，二是推进基于信息化的装配式建筑全生命期管理。

6.1.1 策划决策阶段

装配式建筑项目策划决策应进行的管理工作如图 6-1 所示。

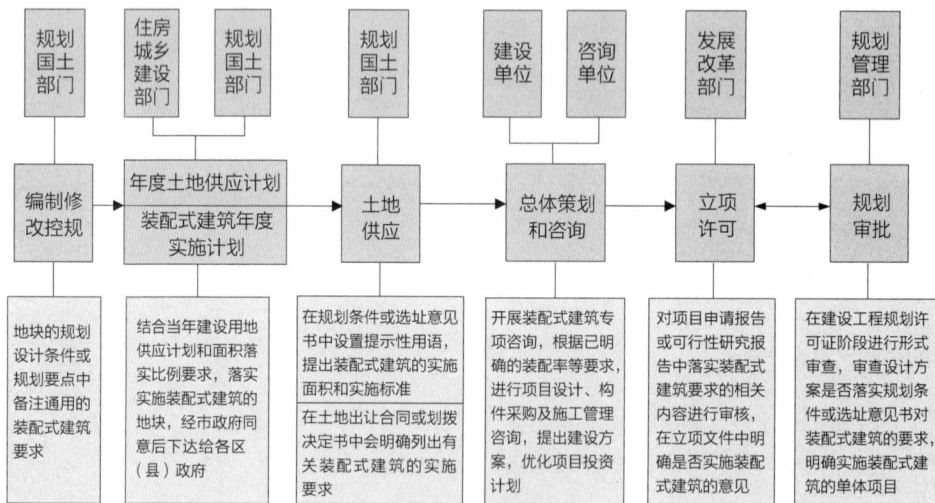

图 6-1 策划决策阶段管理工作

1）在控制性详细规划中注明装配式建筑相关要求

在编制和修改控制性详细规划时，应增加建造方式的控制内容，地块的规划设计条件或规划要点中备注通用的装配式建筑要求；在规划实施管理过程中，应将建造方式的控制内容纳入规划条件。

2）在年度土地供应计划或装配式建筑年度实施计划中落实实施地块

住房和城乡建设部门同发展改革部门和规划国土部门结合当年建设用地供应计划和面积落实比例要求，在年度土地供应计划或装配式建筑年度实施计划中落实要实施装配式建筑的地块。

3）土地供应阶段明确装配式建筑相关要求

规划国土部门在规划条件或选址意见书中设置提示性用语，提出装配式建筑的实施面积和实施标准。住房和城乡建设部门明确单体建筑装配率等指标，在土地出让合同或划拨决定书中明确列出有关装配式建筑的实施要求。

4）进行装配式建筑项目总体策划和咨询

建设单位开展装配式建筑专项咨询，根据土地出让合同或划拨决定书中已明确的装配率等要求，进行项目设计、装配式方案、构件采购及施工管理咨询，提出建设方案，优化项目投资计划。具体包括进行市场调研、对项目采用装配式建造方式的必要性和可行性进行研究、对项目产品的市场、项目建设内容及重要技术经济指标等进行分析，并对投资估算、投资方式、资金来源、经济效益等进行初步估算，尤其是对装配式建筑项目建安类费用及咨询类费用成本增量予以估算。

5）立项许可阶段明确实施装配式建筑的意见

发展改革部门对项目申请报告或可行性研究报告中落实装配式建筑要求的相关内容进行审核，在立项文件中明确是否实施装配式建筑的意见。

6）规划审批阶段明确装配式建筑实施面积和标准

规划管理部门在建设工程规划许可证阶段进行形式审查，审查设计方案是否落实规划条件或选址意见书对装配式建筑的要求，建设工程规划许可证中明确实施装配式建筑的单体。

6.1.2　招标投标阶段

招标投标阶段应进行的管理工作如图 6-2 所示。

1）推行工程总承包模式

《国务院办公厅关于大力发展装配式建筑的指导意见》（国办发〔2016〕71 号）提出，装配式建筑原则上应采用工程总承包模式。即将传统设计、施工分阶段招标的模式转变为工程总承包模式，一般为设计—采购—施工总承包模式（EPC）或者设计－施工总承包模式（D-B）。

2）明确招标要求

首先要科学设置投标条件，投标单位可以是具有相应资质等级的设计、施工或项目管

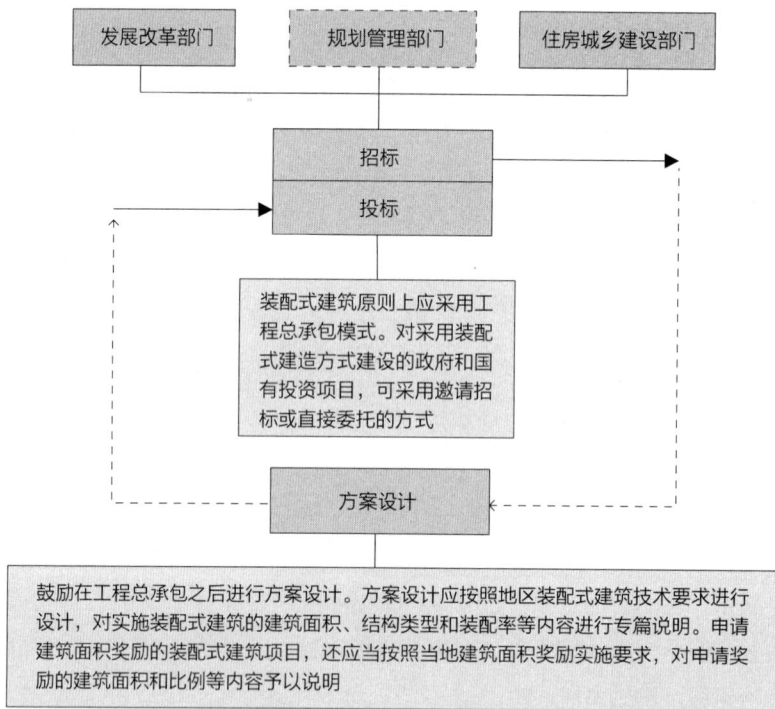

图 6-2   招标投标阶段管理工作

理单位独立或组成联合体投标。其次，要明确招标需求，说明在建设规模、建设标准、工作责任、装配式建造技术、BIM 技术等方面的要求。再次，要完善计价模式，在需求统一、明确的前提下，由投标人根据给定的概念方案（或设计方案）、建设规模和建设标准，自行编制估算工程量清单并报价。

3）创新招投标方法

要创新招标流程，完善评标方法。此外，住房和城乡建设部门应与发展改革部门积极沟通，协调确定装配式建筑项目按照技术复杂类工程项目招投标的具体办法，对采用装配式建造方式建设的政府和国有投资项目，可采用邀请招标或直接委托的方式。

6.1.3   规划设计阶段

规划设计阶段应进行的管理工作如图 6-3 所示。

1）进行装配式建筑方案设计

方案设计可在工程总承包之前或之后，鼓励在工程总承包之后进行方案设计，纳入装配式建筑全过程质量监管，也有利于工程总承包方对设计、建造把控。方案设计应按照地区装配式建筑技术要求进行设计，对实施装配式建筑的建筑面积、结构类型和装配率等内

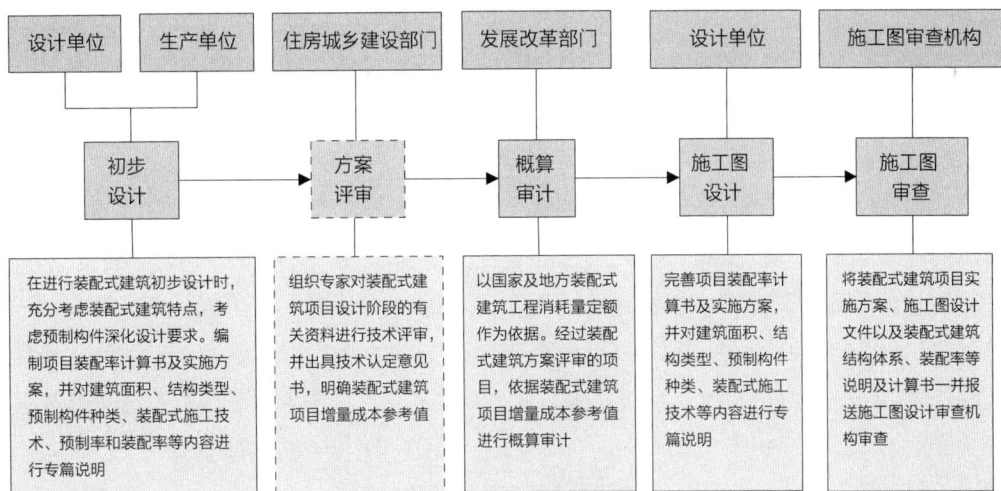

图6-3　规划设计阶段管理工作

容进行专篇说明。申请建筑面积奖励的装配式建筑项目，还应当按照当地建筑面积奖励实施要求，对申请奖励的住宅面积和比例等内容予以说明。

2）进行装配式建筑初步设计

建筑设计单位和预制构件生产单位密切配合，在进行装配式建筑初步设计时，充分考虑装配式建筑特点，考虑预制构件深化设计要求。

设计单位应当编制装配式建筑项目装配率计算书及实施方案。依法应当进行超限高层建筑工程抗震设防专项审查的项目，应当先完成专项审查。设计文件应当对实施装配式建筑的建筑面积、结构类型、预制构件种类、装配式施工技术、预制率和装配率等内容进行专篇说明。

3）开展装配式建筑方案评审

在装配式建筑发展初期，可根据地区装配式建筑发展实际情况，采用方案评审方式确保装配式建筑技术方案相对合理。由建设主管部门组织有关专家依照装配式建筑的相关要求，对装配式建筑项目设计阶段的有关资料进行技术评审，对设计方案是否落实装配式建筑要求进行审查，包括在总图和设计说明中明确装配式建筑要求，注明各单体的装配率水平等。

4）根据装配式建筑工程消耗量定额进行概算审计

建设工程投资估算、设计概算和最高投标限价（标底）的编制及审计，都应以国家及地方的建筑工程消耗量定额和计价定额为依据。

对于装配式建筑工程概算的编制和审计依据，是以2016年12月住房和城乡建设部发布的《装配式建筑工程消耗量定额》为分水岭。在此之前，只有个别地区编制并发布了关于装配式建筑工程消耗量定额的专项定额，大部分地区是依据政府发布的装配式建筑增量成本来审计；在此之后，部分省（自治区、直辖市）相继出台了装配式建筑工程消耗量专项定额或补充定额，形成了定额审计和增量成本审计并存的过渡发展局面。为促进装配式建筑的造价管理更加科学、合理，各地应不断完善装配式建筑工程的消耗量定额、计价定额编制，及时发布部品部件价格信息。

5）进行装配式建筑施工图设计

各专业设计说明和设计图纸中应有装配式建筑专项内容。设计单位在施工图纸中编制装配式建筑设计专篇，设计专篇深度达到规定要求，完善项目装配率计算书及实施方案，提供装配率计算书等，并对建筑面积、结构类型、预制构件种类、装配式施工技术等内容进行专篇说明。设计图纸需用不同图例注明预制构件的种类，标识预制构件的位置，列明所用预制构件的清单表。

6）施工图设计审查阶段严格审查装配式建筑相关要求

在施工图审查时，建设单位应将装配式建筑项目实施方案、施工图设计文件以及装配式建筑结构体系、装配率的计算说明书一并报送施工图设计审查机构审查。审查内容不仅包含建筑、结构、机电等方面，还应包括装修等方面内容。施工图审查机构对施工图设计文件落实和深化规划审批文件要求的情况进行审查，复核装配率计算文件。如涉及装配率变更的设计变更或者工程洽商，应提请建设单位重新组织专家论证或送原审查机构进行施工图审查。

6.1.4　施工阶段

装配式建筑施工阶段管理工作如图6-4所示。

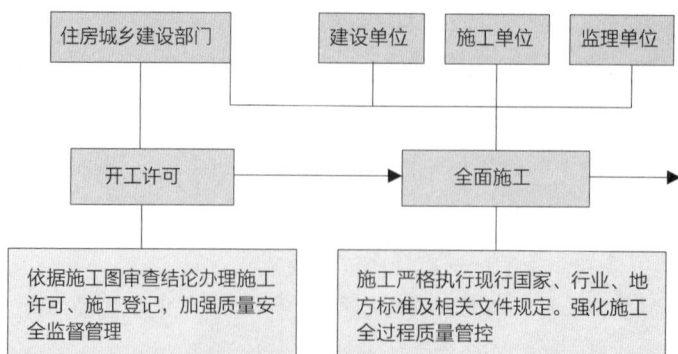

图6-4　施工阶段管理工作

　　1）依据施工图审查结论办理施工许可

　　住房和城乡建设部门依据施工图审查结论办理施工许可、施工登记，加强质量安全监督管理。

　　2）进行装配式建筑现场施工

　　装配式建筑工程项目建设应符合《装配式混凝土建筑技术标准》GB/T 51231-2016、《装配式木结构建筑技术标准》GB/T51233-2016、《装配式钢结构建筑技术标准》GB/T 51232-2016 的要求。装配式混凝土建筑施工还应执行《装配式混凝土结构技术规程》JGJ 1-2014、《钢筋套筒灌浆连接应用技术规程》JGJ355-2015、《钢筋机械连接技术规程》JGJ107-2016 等现行国家、行业、地方标准及相关文件规定。

6.1.5　交付使用阶段

　　装配式建筑交付使用阶段管理工作如图 6-5 所示。

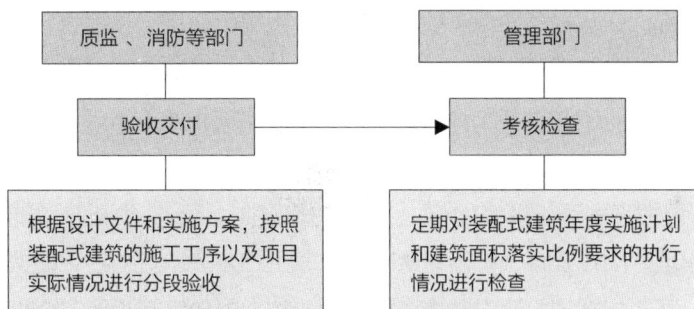

图 6-5　交付使用阶段管理工作

　　1）建立适合装配式建筑的竣工验收制度

　　依据装配式建筑设计文件和实施方案进行竣工验收。装配式混凝土结构建筑的特点之一就是同步施工，在主体结构完成后，二次结构及装饰施工能及时跟上进行交叉施工。而目前住宅验收基本上都要结构封顶后才能进行，验收通过后才能继续后续施工。

　　应根据装配式建筑的施工工序以及项目实际情况进行分段验收，由建设单位和施工单位编制分阶段验收方案，报质监部门审核（上海做法），以有效缩短总体工期，发挥装配式建筑优势，同时减少管理成本和时间成本。

　　2）加强装配式建筑考核检查

　　每年年末，管理部门可对各区（县）政府装配式建筑年度实施计划和装配式建筑面积落实比例要求的执行情况进行检查,检查结果纳入对区（县）政府年度考核内容。区（县）

房屋管理部门加强项目的梳理和确定，统筹安排实施。

6.2 装配式建筑项目政府管理实践

目前，装配式建筑发展势头良好，一些地区已初步形成规模化发展格局。如截至 2017 年底上海市已累计落实装配式建筑面积超过 4000 万平方米，产业集聚效应明显，"上海模式"得到了各方肯定。在发展过程中，各地也在积极探索适应装配式建筑发展的行业管理机制。但总体而言，适合装配式建筑特点的项目管理工作流程还未形成，各项工作还在探索过程中。下面以北京、上海两地为例，介绍装配式建筑项目政府管理的经验。

6.2.1 北京装配式建筑项目政府管理实践

北京市要求各区政府在每年建设用地供地面积总量中落实装配式建筑项目。发展改革部门在立项阶段对项目立项申请或可行性研究报告中落实装配式建筑要求的相关内容进行审核。规划管理部门在规划条件或选址意见书中设置提示性用语，提出装配式建筑的实施面积和实施标准；在方案审查阶段，对设计方案落实装配式建筑要求进行审查，包括在经济技术指标和设计说明中明确装配式建筑要求，注明项目和各单体的预制率、装配率水平等；在规划许可阶段，在规划许可证附件表格备注栏中注明各单体是否实施装配式建筑，并明确单体建筑预制率和装配率的要求。在"告知事项"部分，明确项目的装配式建筑建设要求。国土管理部门在签订土地出让合同或核发土地划拨决定书时，根据规划条件或选址意见书要求，将装配式建筑建设要求进行明确或作为附件。施工图审查机构在施工图审查阶段，对施工图设计文件落实和深化规划审批文件要求的情况进行审查，复核预制率计算文件。住房城乡建设部门依据施工图审查结论办理施工许可、施工登记，加强质量安全监督管理。此外，各区、各部门每月向北京市发展装配式建筑联席会议办公室报送工作推进情况，联席会议办公室定期发布工作动态和推进情况信息。

6.2.2 上海装配式建筑项目政府管理实践

上海市形成了市、区两级联动推进装配式建筑的工作机制，强化区县政府管理职责。市级管理部门每年明确装配式建筑的建设目标、制定相关政策，区县按照"区域统筹、相对集中"的原则负责装配式建筑项目的安排落实，每年对区县政府进行检查。以上海闵行区为例，建设和管理委员会下属各科室分工合作，各自负责相应的装配式建筑项目管理工作，如表 6-1 所示。

上海市闵行区建设和管理委员会装配式建筑项目管理分工　　　表 6-1

部门	负责监管内容	阶段
建管委市场监管科	落实本区年度装配式工作要求，对口各单位，牵头制定相关管理办法等	
建管委审批科	负责装配式建筑的图纸审查工作	规划设计
建设受理服务中心	装配式建筑报建、施工许可、验收备案	开工准备
招投标监督管理科	装配式建筑在设计、施工、监理的招标文件中予以明确或备案后进行审查	招投标
建管所安全科	装配式建筑施工过程安全监管	施工
建管所质量科	装配式建筑施工质量过程监管及竣工验收	施工及竣工验收

　　上海市房屋建设管理部门同市发改委、规划国土资源等管理部门结合当年建设用地供应计划和面积落实比例要求，编制装配式建筑年度实施计划，经市政府同意后下达给各区（县）政府。每年年末，各管理部门对各区（县）政府装配式建筑年度实施计划和建筑面积落实比例要求的执行情况进行检查，检查结果纳入对区（县）政府年度考核内容。区（县）房屋管理部门加强项目的梳理和确定，统筹安排实施。

　　上海市、区县两级监管部门加大了对施工图设计文件、预制构件生产、现场安装的抽查、巡查和专项检查的力度，严格落实责任，对达不到设计或施工标准要求的绿色建筑、装配式建筑项目不予办理施工图审查备案、竣工验收备案，确保装配式建筑项目的质量可控。同时，通过稽查制度，加强对各区县装配式建筑任务落实的考核力度。普陀区、浦东新区还通过制定专项规划，重新设置项目监管流程。

6.3　装配式建筑工程项目管理模式

　　发展装配式建筑是建造方式的重大变革，带来了工程项目管理模式的转变。与传统建造方式相比，装配式建筑建造方式体现了"三个一体化"，即"建筑结构机电装修一体化""设计加工装配一体化"和"技术管理市场一体化"，三者相互关联，相互作用。但由于目前国内建筑工程管理模式中设计、生产、施工环节严重脱节，无法适应装配式建筑发展要求。破解这一难题的关键所在就是推行设计、生产、施工一体化的工程总承包建设模式。

　　工程总承包是国际通行的工程建设项目组织实施方式。我国工程总承包主要应用在化工、石化、水利等领域。目前主要有大型产业集团、工程总承包联合体两类工程总承包主体。工程总承包是推进装配式建筑发展的必然需求，但现阶段与装配式建筑工程总承包相适应的招标投标、施工许可、竣工验收等制度还亟待完善。

装配式建造方式与传统建造方式的区别　　　　　　　　　　表 6-2

内容	传统建造方式	新型建造方式
设计阶段	设计与生产、施工脱节	一体化、信息化协同设计
施工阶段	现场湿作业、手工操作	装配化、专业化、精细化
装修阶段	毛坯房、二次装修	装修与主体结构同步
验收阶段	分部、分项抽检	全过程质量控制
管理阶段	以农民工劳务分包为主追求各自效益	工程总承包管理，全过程追求整体效益最大化

从企业而言，多数企业仍沿用施工总承包方式进行装配式建筑施工，与工程总承包相适应的企业组织架构还未建立，高效的项目管理体系也有待完善，亟待向具有工程管理、设计、采购、生产、施工能力的工程总承包企业转型。从外部环境来讲，我国建筑业实行设计和施工分开招标投标，其流程不适应实施工程总承包，无法发挥工程总承包模式的优势，装配式建筑的建造过程难以成为完整的系统工程。另外，全过程工程咨询企业亟须培育，其业务应涵盖投资咨询、勘察、设计、监理、招标代理、工程造价等，这是推行工程总承包必不可少的基础。

工程总承包模式主要有四种：EPC 模式、DB 模式、EP 模式、LSTK 模式，一般采用 EPC 模式和 DB 模式。建设单位也可以根据项目特点和实际需要，按照风险合理分担原则和承包工作内容采用其他工程总承包模式。无论哪种模式，其目的都是在实现工程功能的基础上，更好、更快、更省地推进项目建设，以下重点介绍 EPC 模式和 DB 模式。

6.3.1　EPC 模式

EPC 模式是设计（Engineering）—采购（Procurement）—施工（Construction）模式的简称。它是由一家承包商或承包商联合体对整个工程的设计、采购、施工直至交付使用进行全过程的统筹管理，也称作 EPC 工程总承包或 EPC 全过程工程总承包。在 EPC 总承包模式下，业主将项目的设计、采购、施工工作全部交由总承包商来完成。根据工程需要，在合同允许的范围内总承包商可将项目的部分工作分包出去，总承包商统筹管理，并对业主负责，这种模式对总承包商的要求比较高。业主在工程项目中参与度比较低，业主可以自行组建管理机构，也可以委托咨询单位对项目进行整体性、原则性、目标性的管控，EPC 模式下能发挥总承包商企业的管理经验和主观能动性，提高项目管理效率，可创造更多的效益。

EPC 总承包模式的主要内容为：组织管理、费用控制、进度控制、质量控制、合同管理、信息管理、沟通管理。EPC 总承包模式下业主与总承包商签订总价合同，业主参与度低。项目的设计、采购、施工工作全部由总承包商负责，并对项目的质量、成本、进度等全面负责。总承包商处于核心地位并承担项目大部分风险。根据项目情况，在合同允许的范围内，总承包商可以把设计或施工工作分包出去。EPC 总承包模式比较适用于工程设计复杂、采购量大、业主希望最大限度规避风险，同时设计、采购、施工各阶段需要深度交叉并协同工作、涉及专业较多的项目。装配式建筑设计多样化、设计施工一体化的特点与 EPC 总承包模式的核心理念相契合。EPC 总承包模式如图 6-6 所示。

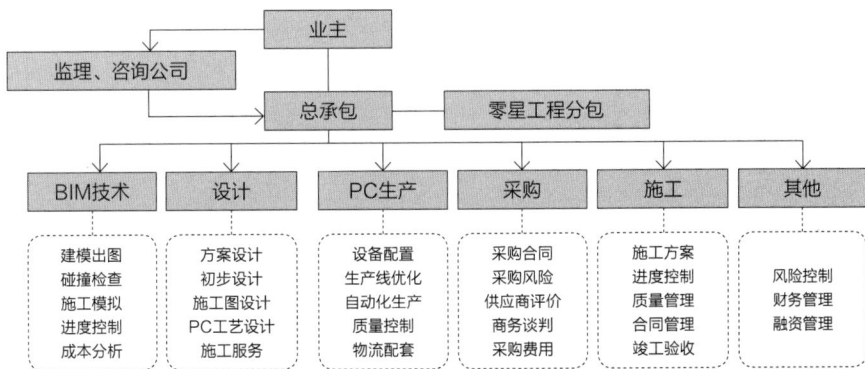

图 6-6　EPC 总承包模式结构图

BIM 技术与 EPC 总承包模式的核心理念相契合，都是项目全过程协同管理，EPC 模式下，BIM 技术贯穿项目全生命周期，将各专业各阶段信息整合到一个数据模型，在中心文件上进行各专业设计工作，各参与方通过一个信息交流平台进行交互和共享，保证信息传递的流畅性，提高项目管理效率。在 EPC 装配式建筑项目中引入 BIM 技术，项目各参与方、各专业技术人员在同一信息平台进行数据处理，实现装配式建筑设计、生产、施工的一体化信息化管理，降低沟通成本，提高协同效率，辅助实现装配式建筑的全生命期信息化管理，提高装配式建筑建造效率，促进装配式建筑的发展。

6.3.2　DB 模式

设计施工总承包模式是工程项目设计施工总承包企业根据合同规定，负责项目的设计与施工任务，并对工程项目的全过程进行负责的承包模式。参照住房和城乡建设部关于设计施工总承包的定义，设计施工总承包模式是指在工程项目可行性研究或者项目初步设计完成以后，根据具体工程的施工特点，将工程项目中的设计与施工捆绑委托给一家具有设计或施工总承包资质的企业，并最终对工程项目中的进度、安全、成本及质量全面负责。设计施工总承包模式是受业主委托，由唯一承包方按照合同约定对项目的勘察、设计、采购、施工、试运行（竣工验收）等全过程或至少包括设计和施工阶段进行工程承包的方式，其结构图如图6-7所示 [1]。DB模式主要分为4种 [2]：Develop and construction（DB承包商仅完成施工图设计和施工建造等任务）；Novation design-build（承包商负责部分初步设计、施工图设计以及施工建造等任务）；Enhanced design-build（DB承包商完成全部初步设计、施工图设计和施工建造等任务）；Traditional design-build（承包商负责所有的设计和建造工作），如图6-8所示。

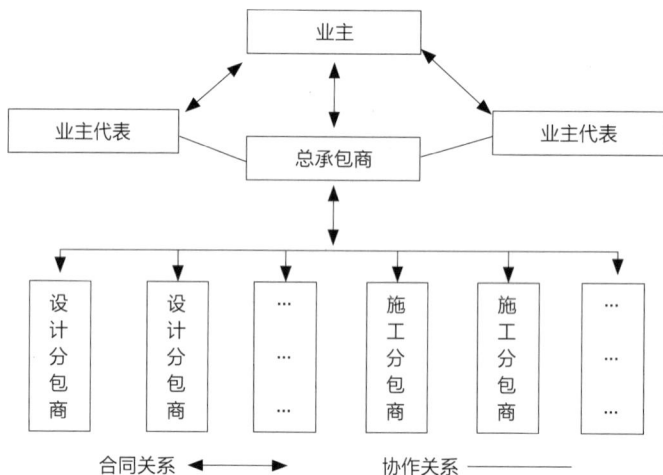

图6-7 DB模式结构图

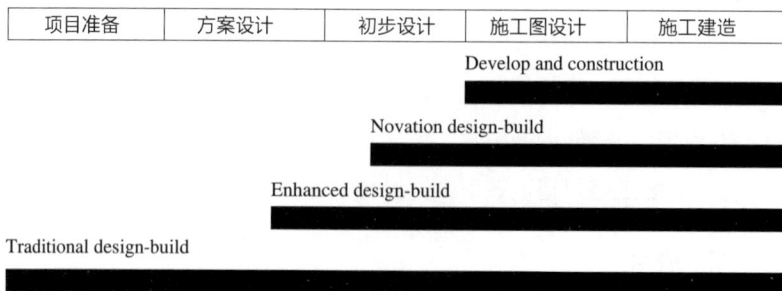

图6-8 DB模式图

[1] 曹小菊.DB项目在设计阶段的成本控制研究[D].长安大学，2016.

[2] 夏波，陈炳泉.我国设计施工总承包模式的分类研究[J].建筑经济，2008（2）：1-4.

6.4 装配式建筑建造关键环节管理要点

6.4.1 建筑设计环节

装配式建筑与传统建造方式相比,设计流程和设计要点有重大变化。在装配式建筑的设计阶段,就要统筹分析建筑、结构、机电、装修各子系统的制造和装配环节。各阶段、各专业技术和管理信息需前置,并进行全过程系统性策划,方可实现模数化协调、标准化接口、精细化预留预埋的系统性装配式建筑产品。从而实现规模化制造和精益化装配,发挥装配式建筑的综合优势。装配式建筑设计流程如图 6-9 所示。

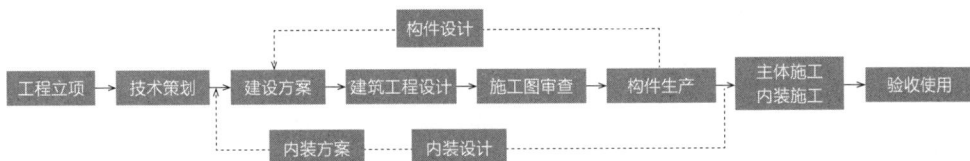

图 6-9 装配式建筑设计流程

装配式建筑的生产、安装工艺,对标准化、精细化设计提出了更高的要求。相对于传统建造方式,装配式建筑的容错能力更低,所以有些工作必须前置。如:PC 设计、精装设计等。其次,对预制构件生产有影响的专业分包,如设计、招标、采购等工作也需要前置,如:装配式方案、现场安装方案等,否则将影响预制构件中预埋件的预留预埋。装配式建筑设计分为方案设计、初步设计、施工图设计、PC 深化设计阶段,各阶段管理要点如图 6-10~ 图 6-13 所示。

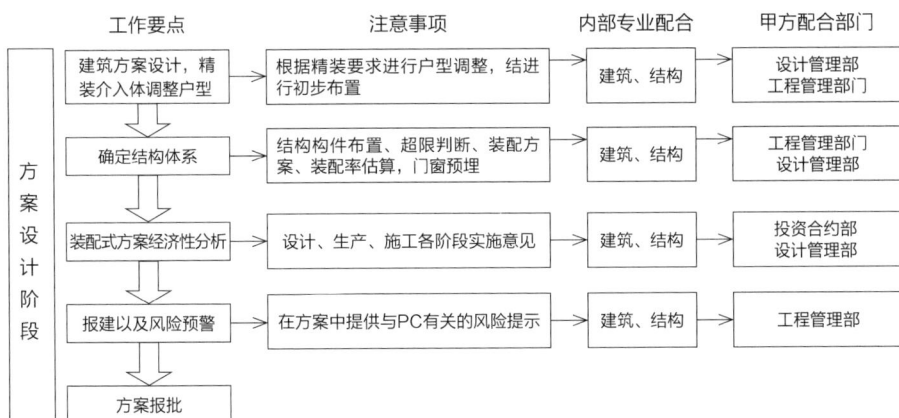

图 6-10 装配式建筑方案设计阶段管理要点

工作要点	注意事项	内部专业配合	甲方配合部门
统一设计标准及要求	制定技术措施，进行初步设计	各专业	设计管理部 工程管理部门
PC拆分方案、节点 设计、总说明	装配方案必选，精装配合，建筑提 供相应的墙身大样	各专业	工程管理部门 设计管理部
编制初步设计文本	装配式建筑设计专篇，建筑、结 构、设备等专业初步文件编制	各专业	投资合约部 设计管理部
初设报批			

（初步设计阶段）

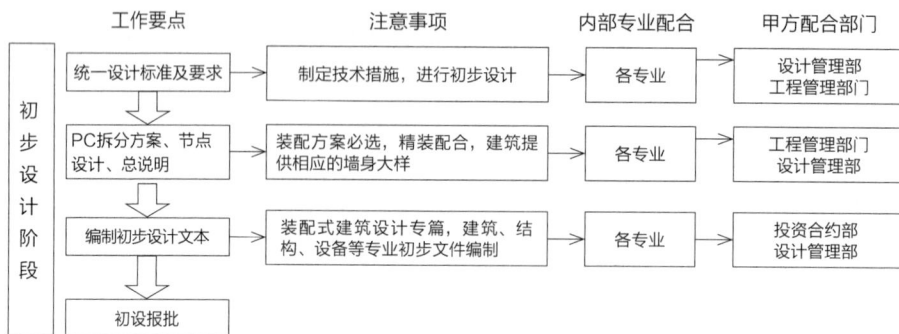

图6-11　装配式建筑初步设计阶段管理要点

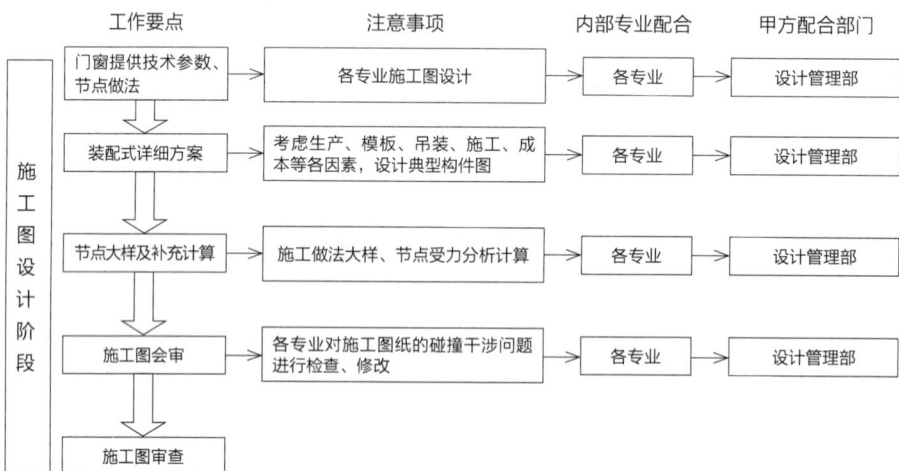

工作要点	注意事项	内部专业配合	甲方配合部门
门窗提供技术参数、 节点做法	各专业施工图设计	各专业	设计管理部
装配式详细方案	考虑生产、模板、吊装、施工、成 本等各因素，设计典型构件图	各专业	设计管理部
节点大样及补充计算	施工做法大样、节点受力分析计算	各专业	设计管理部
施工图会审	各专业对施工图纸的碰撞干涉问题 进行检查、修改	各专业	设计管理部
施工图审查			

（施工图设计阶段）

图6-12　装配式建筑施工图设计阶段管理要点

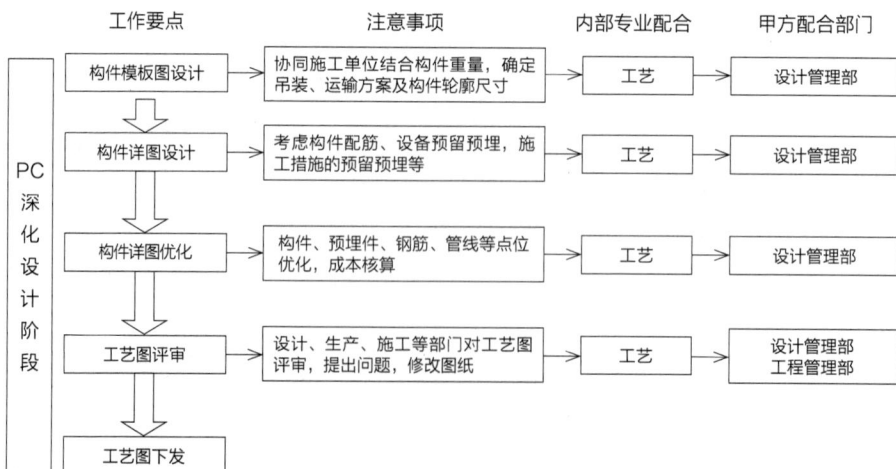

工作要点	注意事项	内部专业配合	甲方配合部门
构件模板图设计	协同施工单位结合构件重量，确定 吊装、运输方案及构件轮廓尺寸	工艺	设计管理部
构件详图设计	考虑构件配筋、设备预留预埋，施 工措施的预留预埋等	工艺	设计管理部
构件详图优化	构件、预埋件、钢筋、管线等点位 优化，成本核算	工艺	设计管理部
工艺图评审	设计、生产、施工等部门对工艺图 评审，提出问题，修改图纸	工艺	设计管理部 工程管理部门
工艺图下发			

（PC深化设计阶段）

图6-13　装配式建筑预制构件深化设计阶段管理要点

6.4.2　部品部件生产环节

　　装配式建筑部品部件生产环节可细分为部品部件生产、堆放运输等阶段。传统建造方式没有部品部件生产阶段，即使工程设计使用了预制构件，也只是现场预制加工或者施工企业附属加工厂制作。装配式建筑部品部件制造企业是独立法人，对构件产品质量负责。部品部件的工厂化生产，实现了节约用水、节约用地、节省能耗、节省材料、减少环境干扰的目的。用部品部件装配建造房屋，可提高工作效率，缩短施工周期❶。

　　部品部件生产技术要求高，只有经过一定专业化训练的工人才能胜任部品部件的生产制造工作，尤其是生产设备的操作员。部品部件制造企业根据设计院提供的现浇结构图纸制作构件详图后，组织构件生产，部品部件检测合格后方可出厂。

　　以装配式混凝土建筑为例，不同的部品部件有不同的生产工艺和生产线，可以建立叠合板生产线、外墙板生产线、梁柱生产线等。部品部件生产的模板分为台模和模具。台模固定在地面或安装在生产线轨道上，模具采用定型钢模具。定型模具分专用模具和通用模具，专用模具只能用于某种部品部件的生产，通用模具则使用于多种部品部件的生产。根据生产的部品部件不同，将模具组合成不同形式，节约了模具数量，提高了模具周转次数，降低了成本。定型模具组装完毕后，按照部品部件制作图进行钢筋绑扎和预埋件预埋，如套筒、波纹管、电线管道等，然后浇捣混凝土，并进行养护。养护的方式主要有蒸汽养护和自然养护。部品部件的堆放场地应平整坚实，并具有施工排水措施。堆放部品部件时应使部品部件与地面之间留有一定空隙。根据部品部件的刚度及受力情况，确定部品部件放置方式。楼板类部品部件一般应采用叠层平放，墙板类部品部件宜立放，部品部件之间应设置垫木。部品部件的最多堆放层数应按照构件强度、地面耐压力、构件形状和重量等因素确定。预制构件生产阶段管理要点如图6-14所示。

　　目前装配式建筑发展处于初级阶段，还没有形成独立的部品部件物流运输企业，部品部件的运输一般由部品部件制造企业提供运输服务。为推动部品部件制造与销售，部品部件制造企业往往建立自己的专业运输车队，并特制运输用钢架，保证运输安全，防止部品部件在运输过程中的损坏。

6.4.3　现场安装施工环节

　　节点连接是现场安装施工环节管理的关键。以装配式混凝土建筑为例，目前采用广泛的连接方式是套筒灌浆。钢筋套筒灌浆连接接头由带肋钢筋、套筒和灌浆料3部分组成，其连接原理是：带肋钢筋插入套筒，向套筒内灌注无收缩或微膨胀的水泥基灌浆料，充满

❶　汤晗昕.整体装配式房屋结构施工消耗量定额研究（D）.东南大学,2016

套筒和钢筋之间的间隙，灌浆料硬化后与钢筋的横肋和套筒内壁凹槽或凸肋紧密咬合，即实现上下两根钢筋有效连接。波纹管灌浆的连接原理与此类似。

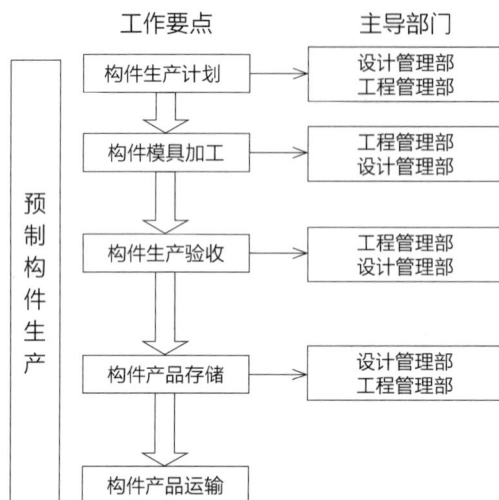

图 6-14　预制构件生产管理要点

装配式建筑现场装配施工管理要点如图 6-15 所示。工程施工过程中和竣工时需要进行质量过程验收和质量竣工验收，只有在完成质量竣工验收之后，才能办理工程接收证书和开展竣工结算。目前装配式混凝土质量验收规范尚在完善中，也是现阶段装配式建筑存在的较为突出的问题，应加紧制定各类质量验收规范，确保建筑质量与安全。

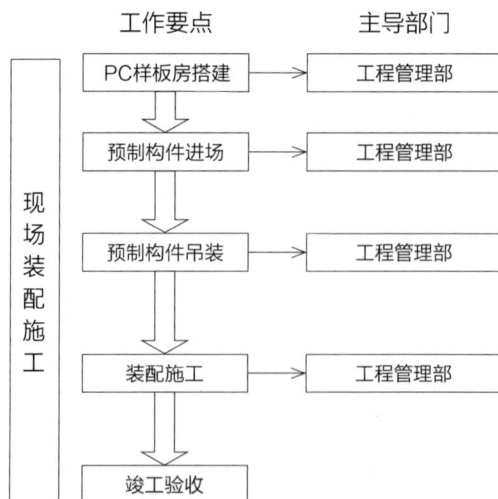

图 6-15　装配式建筑现场装配施工管理要点

7　行业管理建议及路线图

7.1　行业管理主体建议

第一，明确职责，落实部门责任。明确装配式建筑管理机构，配备数量足够的专人负责装配式建筑推进工作。明确住房城乡建设部门、发展改革、财政、国土规划等相关部门以及相关事业单位的工作分工，保障装配式建筑工作落实有力。

第二，完善工作协调机制，加强组织领导。成立工作领导小组或建立联席会议制度，形成工作合力，统筹协调推进地区装配式建筑发展。从北京、上海、济南、郑州、长沙等地的经验来看，装配式建筑工作领导小组和联席会议制度有助于组织、协调和指导全市装配式建筑发展工作，制定年度计划、分解工作任务和监督工作落实，研究解决推进发展装配式建筑工作中的重大事项。

第三，充分发挥行业自律组织作用。调动装配式建筑相关行业自律组织积极性，着力发挥其在建筑业转型升级过程中联系政府和企业的桥梁和纽带作用，促进上下游产业链贯通，提高行业自律管理能力。

第四，充分发挥第三方机构认证认可的作用。政府部门进行工程建设关键环节的行政审批，具体过程的监管可授权委托给第三方机构，或是逐步引入社会化的监管人员和组织。认证认可作为质量管理的基础手段，是市场经济运行的基础性制度安排。鼓励认证机构、实验室等经营性实体，开展装配式建筑相关产品认证，对符合认证标准的产品颁发认证证书和标志，便于利益相关方识别，提高工厂生产部品部件性能的透明度。

第五，加大管理人员培训考测力度。要开展装配式建筑管理人才专题研究，摸清管理人才发展现状及未来需求，制定装配式建筑管理人才培育相关政策措施，明确目标任务，建立有利于装配式建筑管理人才培养和发展的长效机制。尤其要加强对住房城乡建设行政主管部门和行业自律组织人员的培训，提高其行业管理能力。

第六，逐步引入信息化管理。总结上海 BIM 报建等经验，发挥信息技术在提升行业管理主体管理效能方面的作用。

7.2 装配式建筑人才管理建议

应充分利用行业专家资源，加快培养与装配式建筑发展相适应的管理人才，包括行业管理人才、企业领军人才、经营管理人员、专业技术人员和产业工人队伍等。同时，为加强人员管理，保证装配式建筑建设质量与效率，可开展以下几方面工作：

1）提升装配式建筑相关行政职能部门的服务能力

鼓励装配式建筑相关行政主管部门人员参加装配式建筑培训班、研讨会、参观考察学习等，通过学习、交流在装配式建筑行业管理和政策机制方面的经验，提高行业领导干部、管理人员、行政服务人员的管理能力和技术水平。

2）建立装配式建筑专家委员会

建议各地成立装配式建筑专家委员会，由管理部门、企业、高等院校、科研机构等专家组成，并设立设计、部品生产、施工、监理、检测等专业小组，负责标准编制、项目评审、技术论证等方面的技术把关，同时可为人才培训体系提供服务指导。

3）加强企业管理和技术人员培养

创新人才培养模式，积极引导相关高校结合实际增设装配式建筑相关课程，推动装配式建筑企业开展校企合作，采用培养新生力量和深挖现有资源的方式，一方面加快培养装配式建筑急需的高端人才，另一方面快速提升现有行业管理人员和技术人员的能力，尽快适应装配式建筑全面推广的局面。

4）培训装配式建筑产业工人

依托职业培训机构、职业院校、建筑业企业和实训基地培育紧缺技能人才，持续开展专业技术再教育。中等职业学校应结合装配式建筑部品生产、加工、运输、安装及运行维护等行业的专业需求，尽快培养各类实用型人才，建立起适应装配式建筑发展的多层次梯级技术人才队伍、产业工人队伍。

5）采用信息化监管模式

2018年5月，住房城乡建设部建筑市场监管司发布《关于征求〈建筑工人实名制管理办法（征求意见稿）〉及〈全国建筑工人管理服务信息平台数据标准（征求意见稿）〉意见的函》，明确了要建立全国建筑工人管理服务信息平台，对施工人员的从业记录、培训情况、职业技能、工作水平等进行综合管理。下一步，要加大力度利用信息化手段，创新装配式建筑相关开发、设计、施工、监理、构配件生产等相关实施企业的监管模式。制定相关企业、注册执业人员信用记录标准及管理办法等配套制度，规范信用信息记录、管理和使用。完善建设市场信用管理系统，与法人信息共享和应用系统、实有人口服务和职业资格管理系统等实现信用信息共享，加大信用信息向社会、向信用服务机构披露力度，实现装配式建筑相关人员的动态管理。

6）推广建筑师负责制

对于装配式建筑设计人员而言，为适应"完善注册建筑师制度，探索在民用建筑项目中推行建筑师负责制"的要求，要加快提升建筑师统筹管理水平，试行建筑师团队对装配式建筑施工质量进行指导和监督的新型管理模式。建议制定建筑师负责制的法规，明确执行建筑师的法律地位、权力、责任，参照国际上建筑师的服务标准，建议制定职业建筑师的服务内容、工作标准，更好地发挥建筑师在装配式建筑全产业链的协同和统筹管理作用。

7.3　装配式建筑项目管理工作流程建议

1）土地供应与立项审批

以出让方式供应土地的商品住宅项目在用地招拍挂出让前，由规划土地部门组织前期出让征询，房管部门在反馈征询意见时，除原有的配套条件等内容外，还应将是否实施装配式建筑的意见反馈规划土地部门，规划土地部门在编制出让文件时应当注明，并在土地出让合同的特别约定中增设这一内容，明确由受让人按照执行。

以划拨方式供应土地的共有产权房、公共租赁房等保障性住房，由相关管理部门在项目认定文件中明确是否实施装配式建筑的意见，用地单位在向规划土地部门申请办理划拨用地批文时，必须提交相关管理部门的认定文件。

以划拨方式供应土地的政府投资的公共建筑，由发展改革部门在立项文件中明确是否实施装配式建筑的意见，用地单位在向规划土地部门申请办理划拨用地批文时，必须提交发展改革部门的立项文件。

2）招投标管理

《国务院办公厅关于大力发展装配式建筑的指导意见》（国办发〔2016〕71号）提出，装配式建筑原则上应采用工程总承包模式。将传统设计、施工分阶段招标的模式转变为工程总承包招标模式，一般为设计 - 采购 - 施工总承包模式（EPC）或者设计—施工总承包模式（D—B）。

建议探索建立基于BIM的电子评标系统。在招标和投标阶段包括以下方面：建模或模型导入、施工方案编制和优化（模拟）、施工进度方案编制和优化、资源和资金方案编制和优化、施工专项方案编制和优化、标书文件编制工具（招标、投标）、网上招投标系统、施工进度计划编制软件、场地布置方案编制软件、计价软件等。在评标阶段，需要进行施工方案比选评审、施工5D评审、资源计划评审、施工专项方案评审、设计方案评审，应当具备电子（远程）评标系统、BIM技术标评审子系统。

3）构件生产管理

（1）建立通用部件体系

建立标准化、系列化、通用化的构件体系。一方面，对用户方来说，可根据其对建筑的不同需求，组成各种不同的住宅建筑；另一方面，对构件生产方来说，可以满足企业构件生产相对稳定的要求，不会因为构件产品规格的随时变动，使工厂生产受到影响。

（2）构件生产专业化

标准化、系列化、通用化的构配件，应该作为商品，在专业化工厂中生产。一方面，只有专业化生产，才能不断采用新技术、新材料、新工艺，提高质量和产量，满足工业化大生产的要求；另一方面，构配件作为商品生产，才可以使工厂生产保持均衡和稳定，保证平时有一定的储备周转量，以满足施工的需要。构配件要实现商品生产就必须改变"加工订货"的传统方式，解决好周转材料、流动资金和中间仓储等问题。

（3）对建筑部件实行质量认证制度

日本在 1974 年已由住宅部件开发中心制定了以开发通用部件为目的的"优良住宅建筑部件（BL 部件）审定制度"，该制度提出了通用部件所要求的最低性能和应考虑的模数协调尺寸体系，厂家可以自由的设计和价格应征、接受审查，以获得优良部件认证，在制品上贴以"部件"标签。截至 1990 年，通过"优良住宅部件"认证的生产厂家共 663 家，认证的部件共 1418 类。目前有的日本专家甚至认为，发展建筑工业化的最理想的顺序应是发展建材生产工业化—部件化—建筑物的全面工业化。我国可以借鉴日本的经验，对建筑部件实行质量认证制度，对使用材料和构件质量不合格的部件强制淘汰，对优良部件进行认证，对企业给予鼓励。

4）施工管理

（1）构建与装配式建筑相匹配的施工企业市场准入管理体系

预制构件现场装配式的施工方式与传统现场湿作业的施工方式有很大区别，随着装配式建筑的发展，应构建与装配式建筑生产方式相匹配的企业管理体系，加紧出台一些相关的规章、制度，比如：制定与装配式建筑施工方式相匹配的设计施工一体化工企业市场准入管理体系，在这种体制下的市场准入管理与传统的施工资质管理对考核的标准应有所区别，可以突出考察施工企业的构件安装能力等方面。

（2）完善构件质量检验及安装验收标准

为保证装配式建筑施工的质量，一方面要有针对进场构件质量的验收，这是保证施工质量的第一关；另一方面，还要有构件装配质量的验收标准，避免因技术不成熟和施工操作水平引起各种施工误差，对结构的整体受力状态产生不利影响，甚至影响结构的安全性。对构件质量进行验收需要制定相应的构件质量验收标准；对构件的安装质量进行验收，也要依据相应的构件安装质量验收标准，合理选择结构测点，正确采集质量数据，对重点节点、连接缝的连接质量进行监控。所以，为促进装配式建筑的发展，应加紧完善相关验收标准。

（3）施工机械的合理使用及管理

施工机械正走向标准化、通用化、系列化。既要注意发展大型机械，又要注意发展中小型机械，以及轻便灵巧、一机多能的小型机具。既要提高主要工种的机械化程度，也要相应提高非主要工种的机械化程度。同时，根据工业化施工现场的实际情况，编制好施工组织设计，合理安排劳动力和机械，做好构件的运输、起吊、安装三者之间的统筹安排，简化机械操作顺序，并按施工工艺要求对机械进行合理的配套，充分发挥主、副机械的作用，防止停工待料，窝工现象的发生，以提高建筑机械化施工的综合经济效果。

（4）加强装配式建筑装配工法、工艺的研究

科研院所和施工单位应重视与工业化施工体系相配套工法、工艺的研究和技术积累，并着力于形成相应的技术体系。

5）运营维护

建议采用 BIM 等信息化技术进行装配式建筑的运营维护，在运营维护阶段的管理中，BIM 技术可以随时监测有关建筑使用情况、容量、财务等方面的信息。通过 BIM 文档完成建造施工阶段与运营维护阶段的无缝交接和提供运营维护阶段所需要的详细数据。

在物业管理中，BIM 软件与相关设备进行连接，通过 BIM 数据库中的实时监控运行参数，判断设备的运行情况，进行科学管理决策，并根据所记录的运行参数进行设备的能耗、性能、环境成本绩效评估，及时采取控制措施。BIM 与 RFID 技术的有效结合，可以在门禁系统方面得到有效利用。

在装配式建筑改（扩）建过程中，BIM 技术可以针对建筑结构的安全性、耐久性进行分析与检测，避免结构损伤，还可依据此判断模型结构构件是否可以二次利用，减少材料资源的消耗。

7.4　装配式建筑信息化管理建议

以装配式建筑为重要依托，通过建筑信息模型（BIM）、建筑物联网平台、人工智能、虚拟仿真技术等信息技术的集成应用，实现规划 - 设计 - 采购 - 施工 - 竣工 - 交付 - 运维全过程数据的实时连接、识别、检索、回传，提供全过程全产业链信息化管理解决方案，并据此建立动态监管和行业统计制度，推进装配式建筑项目、企业、人员的档案和台账等信息库建设，实现信息化管理。

7.4.1　推广应用建筑信息模型技术

推进 BIM 技术在装配式建筑规划、勘察、设计、生产、施工、装修、运行维护全过程的集成应用。在三维可视条件下建设装配式建筑标准化部品部件库,开展模拟拼装、部品部件协调检查、工程量数据分析等工作,提高施工图设计精度和施工效率,打造"互联网 +BIM+ 工程建设和城市管理"融合发展新模式(图 7-1)。

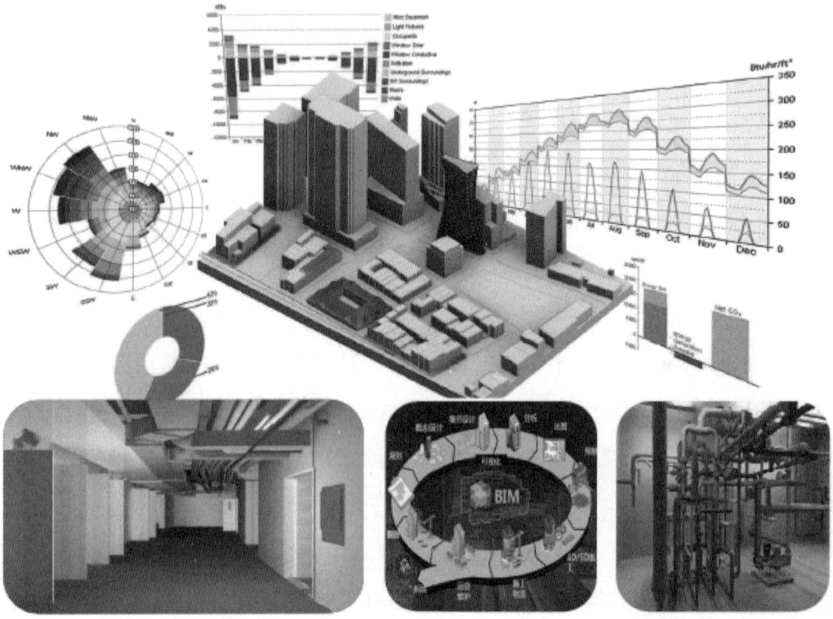

图 7-1　基于 BIM 的装配式建筑设计支持

7.4.2　建立基于 BIM 的装配式建筑部品部件库

不断提高装配式建筑结构构件、围护系统、设备管线及装饰装修部品的标准化程度,完善产品品种规格,大力发展通用部品部件,促进专业化、标准化、规模化、信息化生产。

建立装配式建筑部品部件库,定期发布"装配式建筑标准化部品部件目录",研究提出各类标准化部品部件的参数化、系列化规格尺寸,引导生产企业通过规模化生产逐步降低价格,建立标准化部品部件在质量和价格方面的竞争优势。

7.4.3　建立并完善信息化管理系统

建立信息化监管系统。按照装配式建筑的实施要求,在报建、施工图审查、施工许可、验收等环节设置管理节点，并在施工图审查备案证书、竣工验收备案证书上标注装配式建筑面积、结构体系、装配率等信息，实现数据即时上传、汇总、监测及电子归档管理等，确保装配式建筑项目得到有效实施和监管，同时也为智慧城市建设奠定基础。

打造信息化运营平台。建立装配式建筑研发、设计、智造、施工、维护、培训等新生态链所需要的信息平台，充分利用 BIM 技术、物联网、云计算、3D 打印、传感技术和监控技术，并与工厂 MES、ERP 等系统无缝对接，优化生产控制、库存控制及物流、采购、分销管理等，实现从工厂柔性制造与精益智造到建筑施工及后期运维的建筑全生命期信息化管理。以信息化运营平台为基础，逐步融合信息技术、通信技术、智能控制技术，将装配式建筑智慧平台与智慧城市其他功能系统互联互通，促进装配式建筑绿色物流体系接轨智慧物流、智慧交通，装配式建筑融合智慧安防，装配式建筑协同智慧市政工程建设。

7.4.4 开展全生命期工程质量追溯

以单个构件为基本管理单元，以无线射频 RFID 芯片（或二维码）为跟踪手段，记录原材料进场、生产过程检验、入库检验、装车运输、施工安装、监理验收及后期运营全过程信息，建立装配式建筑全生命期质量数据，实现装配式建筑质量溯源和统计分析。建筑运营过程中，通过智能识别问题部品部件所在区域，自动提取参数信息，精准追溯相关责任人。系统运用成熟后，可逐步形成装配式建筑大数据，成为集政府监管、企业管理、建设项目管理、大数据分析为一体的装配式建筑大数据平台（图 7-2）。

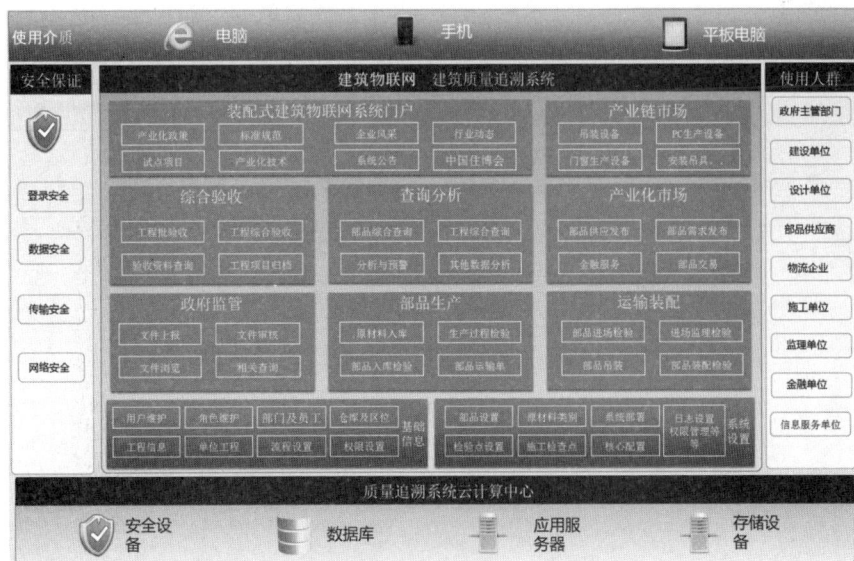

图 7-2 装配式建筑全生命期质量追溯系统功能架构

7.4.5 完善建设市场信用管理系统

制定装配式建筑相关企业、注册执业人员信用记录标准及管理办法等配套制度，规范信用信息记录、管理和使用。市场信用管理系统、法人信息共享和应用系统以及管理信息系统等实现信用信息共享，加大向社会、向信用服务机构披露信用信息力度。

7.5 行业管理路线图

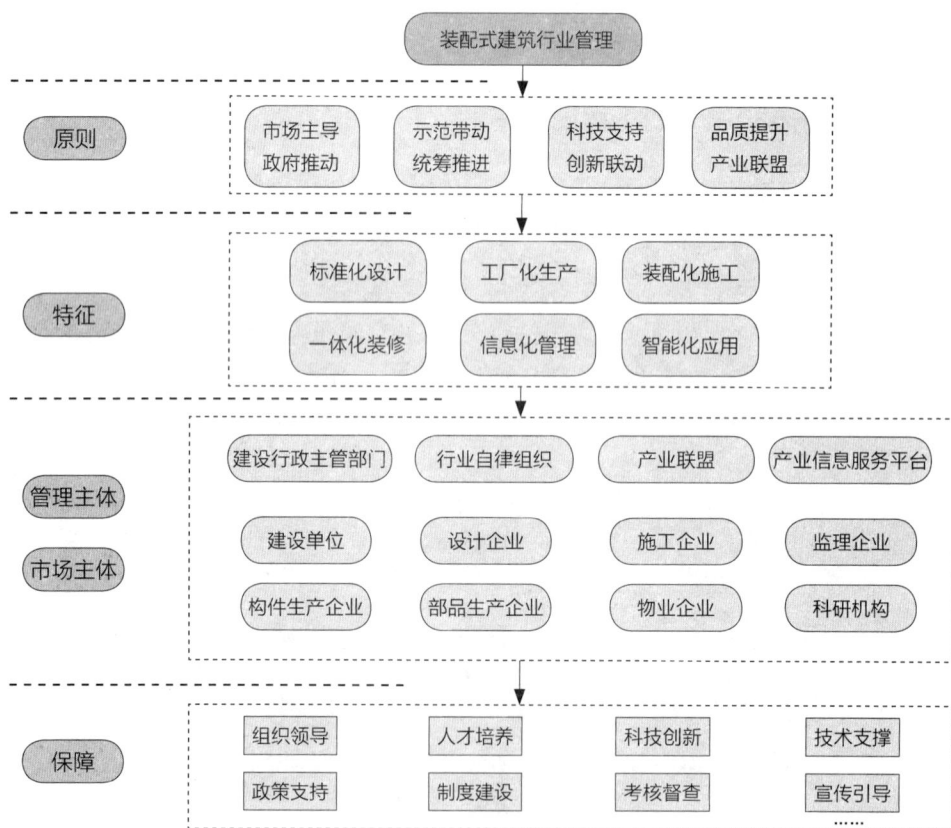

图 7-3 装配式建筑行业管理路线图

装配式建筑发展行业政策篇

8 装配式建筑相关政策总体情况

近年来，国家和地方陆续出台了一系列推进装配式建筑发展的经济政策、技术政策和保障措施，营造了良好的政策氛围。政府从多个层面提升装配式建筑全产业链能力，引导建设需求，完善标准规范，推动企业转型创新，加大技术研发力度，加快人才队伍建设，为装配式建筑发展提供了良好市场环境。

8.1 中共中央、国务院政策

8.1.1 中共中央、国务院关于装配式建筑的主要政策

大力发展装配式建筑是住房城乡建设领域贯彻习近平总书记要求，推进绿色发展的重要举措。党中央、国务院高度重视装配式建筑的发展，中央城市工作会议以来，我国装配式建筑进入全面发展期。《中共中央国务院关于进一步加强城市规划建设管理工作的若干意见》（中发〔2016〕6号）提出，要发展新型建造方式，大力推广装配式建筑，力争用10年左右时间，使装配式建筑占新建建筑比例达到30%。《国务院办公厅印发关于大力发展装配式建筑的指导意见》（国办发〔2016〕71号）明确了指导思想、基本原则、发展目标、重点任务和保障措施。这是我国今后一段时间发展装配式建筑的纲领性文件。上篇1.2.1进行了详述。

中共中央、国务院关于装配式建筑的主要政策　　　　　　　　　　　表8-1

时间	文件名称	相关内容
2016年 2月6日	中共中央 国务院关于进一步加强城市规划建设管理工作的若干意见（中发〔2016〕6号）	大力推广装配式建筑，减少建筑垃圾和扬尘污染，缩短建造工期，提升工程质量。制定装配式建筑设计、施工和验收规范。完善部品部件标准，实现建筑部品部件工厂化生产。鼓励建筑企业装配式施工，现场装配。建设国家级装配式建筑生产基地。加大政策支持力度，力争用10年左右时间，使装配式建筑占新建建筑的比例达到30%。积极稳妥推广钢结构建筑。在具备条件的地方，倡导发展现代木结构建筑

续表

时间	文件名称	相关内容
2017年 9月5日	中共中央 国务院关于开展质量提升行动的指导意见（中发〔2017〕24号）	大力发展装配式建筑，提高建筑装修部品部件的质量和安全性能
2016年 9月27日	国务院办公厅关于大力发展装配式建筑的指导意见（国办发〔2016〕71号）	我国发展装配式建筑纲领性文件，明确了指导思想、基本原则、工作目标等总体要求；列出了八项重点任务；提出了加强组织领导、加大政策支持、强化队伍建设、做好宣传引导等保障措施
2016年 12月20日	国务院关于印发"十三五"节能减排综合工作方案的通知（国发〔2016〕74号）	实施绿色建筑全产业链发展计划，推行绿色施工方式，推广节能绿色建材、装配式和钢结构建筑
2017年 2月21日	国务院办公厅关于促进建筑业持续健康发展的意见（国办发〔2017〕19号）	提出要推广智能和装配式建筑，大力发展装配式混凝土和钢结构建筑，在具备条件的地方倡导发展现代木结构建筑

8.1.2　分区推进、逐步推广的发展路径

2016年9月27日，《国务院办公厅关于大力发展装配式建筑的指导意见》（国办发〔2016〕71号）明确提出，根据不同地区的经济社会发展状况和产业技术条件，划分重点推进地区、积极推进地区和鼓励推进地区，因地制宜、循序渐进，以点带面、试点先行，及时总结经验，形成局部带动整体的工作格局。以京津冀、长三角、珠三角三大城市群为重点推进地区，常住人口超过300万的其他城市为积极推进地区，其余城市为鼓励推进地区，详见表8-2、表8-3。

重点推进地区城市列表　　　　　　　　　　　　　表8-2

城市群		主要城市
京津冀城市群	直辖市	北京、天津
	河北省	雄安新区、石家庄、唐山、秦皇岛、邯郸、邢台、保定、张家口、承德、沧州、廊坊、衡水
长三角城市群	直辖市	上海
	江苏省	南京、无锡、常州、苏州、南通、盐城、扬州、镇江、泰州
	浙江省	杭州、宁波、绍兴、湖州、嘉兴、金华、台州、舟山
	安徽省	合肥、芜湖、马鞍山、铜陵、安庆、滁州、宣城、池州
珠三角城市群	广东省	广州、深圳、珠海、佛山、韶关、肇庆、江门、惠州、汕尾、河源、清远、东莞、中山、云浮

积极推进地区城市列表 ❶ 表 8-3

省份	城市
直辖市	重庆
山西省	太原
辽宁省	沈阳、大连
吉林省	长春
黑龙江省	哈尔滨
山东省	济南、青岛
河南省	郑州
湖北省	武汉
湖南省	长沙
四川省	成都
云南省	昆明
陕西省	西安
江西省	南昌
广西壮族自治区	南宁
贵州省	贵阳
福建省	厦门
新疆维吾尔自治区	乌鲁木齐

8.1.3 推进装配式建筑发展的主要会议

2015 年 12 月，时隔 37 年之后，中央城市工作会议在北京召开，奠定了未来我国城市建设发展的思路。会议提出：要大力推动建造方式创新，以推广装配式建筑为重点，通过标准化设计、工厂化生产、装配化施工、一体化装修、信息化管理、智能化应用，促进建筑产业转型升级。自此，我国装配式建筑进入全面发展期。

2016 年 3 月 5 日两会期间，国务院总理李克强在《2016 年政府工作报告》中进一步

❶ 根据《关于大力发展装配式建筑的指导意见》，装配式建筑积极推进地区为常住人口超过300万的其他城市。人口数据来源为各地2017年国民经济和社会发展统计公报。

强调，积极推广绿色建筑和建材，大力发展钢结构和装配式建筑，加快标准化建设，提高建筑工程标准和质量。

2016 年 9 月 14 日，国务院总理李克强在国务院常务会议中提出"决定大力发展装配式建筑，推动产业结构调整升级"。

2016 年 9 月 30 日，国务院新闻办公室举行了《国务院办公厅关于大力发展装配式建筑的指导意见》政策吹风会，住房和城乡建设部总工程师陈宜明、建筑节能与科技司司长苏蕴山介绍了我国发展装配式建筑有关情况，对发展装配式建筑的目的、必要性、优越性、主要任务、实施步骤、需要注意和研究解决的问题及相关政策进行了解读。

2017 年 2 月 8 日，国务院总理李克强在主持召开国务院常务会议上提出深化建筑业"放管服"改革，推广智能和装配式建筑。

图 8-1　《国务院办公厅关于大力发展装配式建筑的指导意见》政策吹风会

中共中央、国务院关于装配式建筑的主要会议　　　　　　　　　　表 8-4

时间	重要会议	相关内容
2015 年 12 月 20 日	中央城市工作会议	以推广装配式建筑为重点，积极推广钢结构建筑，在具备条件的地区倡导发展木结构建筑
2016 年 3 月 5 日	李克强总理《2016 年政府工作报告》	强调大力发展钢结构和装配式建筑，加快标准化建设，提高建筑技术水平和工程质量
2016 年 9 月 14 日	李克强总理主持召开国务院常务会议	决定大力发展装配式建筑，推动产业结构调整升级
2016 年 9 月 30 日	国务院新闻办公室举行国务院政策例行吹风会	介绍大力发展装配式建的情况，对《关于大力发展装配式建筑的指导意见》相关内容进行解读
2017 年 2 月 8 日	李克强总理主持召开国务院常务会议	深化建筑业"放管服"改革，推广智能和装配式建筑

8.2　住房和城乡建设部政策

住房和城乡建设部积极贯彻党中央国务院的决策部署，高度重视装配式建筑发展，出台了一系列政策文件，进一步细化工作目标，明确重点任务和保障措施，有力推动了全国装配式建筑的健康稳步发展。

8.2.1　出台一系列政策落实党中央国务院的决策部署

2017 年 3 月 1 日，《住房和城乡建设部关于印发〈建筑节能与绿色建筑发展"十三五"规划〉的通知》（建科〔2017〕53 号），提出要大力发展装配式建筑，加快建设装配式建筑生产基地，培育设计、生产、施工一体化龙头企业；完善装配式建筑相关政策、标准及技术体系；积极发展钢结构、现代木结构等建筑结构体系，并提出到 2020 年城镇装配式建筑占新建建筑比例超过 15% 的发展目标。

2017 年 3 月 23 日，《住房和城乡建设部关于印发〈"十三五"装配式建筑行动方案〉〈装配式建筑示范城市管理办法〉〈装配式建筑产业基地管理办法〉的通知》（建科〔2017〕77 号），全面落实"国办发〔2016〕71 号"文件提出的各项目标和任务。《"十三五"装配式建筑行动方案》提出，到 2020 年，全国装配式建筑占新建建筑的比例达到 15%以上，其中重点推进地区达到 20% 以上，积极推进地区达到 15% 以上，鼓励推进地区达到 10% 以上；培育 50 个以上装配式建筑示范城市，200 个以上装配式建筑产业基地，500 个以上装配式建筑示范工程，建设 30 个以上装配式建筑科技创新基地。

2017 年 4 月 26 日，《住房和城乡建设部关于印发〈建筑业发展"十三五"规划〉的通知》（建市〔2017〕98 号），把"推动建筑产业现代化"作为"十三五"时期主要任务之一，着重强调了要推广智能和装配式建筑，强化技术标准引领保障作用，加强关键技术研发支撑。

工程总承包方面，2016 年 5 月 20 日，《住房城乡建设部关于进一步推进工程总承包发展的若干意见》（建市〔2016〕93 号）提出，政府投资项目和装配式建筑应当积极采用工程总承包模式。2017 年 5 月 4 日，住房城乡建设部发布国家标准《建设项目工程总承包管理规范》，目的是提高建设项目工程总承包管理水平，促进建设项目工程总承包管理的规范化，推进建设项目工程总承包管理与国际接轨。2017 年 7 月 13 日，《住房城乡建设部办公厅关于工程总承包项目和政府采购工程建设项目办理施工许可手续有关事项的通知》（建办市〔2017〕46 号）提出，对依法通过竞争性谈判或单一来源方式确定供应商的政府采购工程建设项目，应严格执行《中华人民共和国建筑法》《建筑工程施工许可管理办法》等规定，对符合申请条件的，应当颁发施工许可证。

技术政策方面，2016 年 12 月 15 日，《住房和城乡建设部关于印发〈装配式混凝土结构建筑工程施工图设计文件技术审查要点〉的通知》（建质函〔2016〕287 号）出台，这是指导和规范装配式混凝土结构建筑工程施工图设计文件审查工作的专项文件。2016 年 12 月 23 日，《住房和城乡建设部关于印发〈装配式建筑工程消耗量定额〉的通知》（建标〔2016〕291 号），满足了装配式建筑工程计价的需要。2017 年 1 月 10 日，住房城乡建设部发布了国家标准《装配式混凝土建筑技术标准》GB/T51231-2016、《装配式钢结构建筑技术标准》GB/T51232-2016、《装配式木结构建筑技术标准》GB/T51233-2016；2017 年 12 月 12 日，发布了国家标准《装配式建筑评价标准》GB/T51129-2017；这些技术政策和标准的出台为装配式建筑发展提供了坚实的技术保障。

住房和城乡建设部关于装配式建筑的主要政策　　　　　　　　　　表 8-5

时间	文件名称	相关内容
2016 年 12 月 15 日	住房和城乡建设部关于印发《装配式混凝土结构建筑工程施工图设计文件技术审查要点》的通知（建质函〔2016〕287 号）	指导和规范装配式混凝土结构建筑工程施工图设计文件的审查工作
2017 年 3 月 1 日	住房和城乡建设部关于印发《建筑节能与绿色建筑发展"十三五"规划》的通知（建科〔2017〕53 号）	大力发展装配式建筑，加快建设装配式建筑生产基地，培育设计、生产、施工一体化龙头企业；完善装配式建筑相关政策、标准及技术体系；积极发展钢结构、现代木结构等建筑结构体系
2017 年 3 月 23 日	住房和城乡建设部关于印发《"十三五"装配式建筑行动方案》《装配式建筑示范城市管理办法》《装配式建筑产业基地管理办法》（建科〔2017〕77 号）	进一步明确阶段性工作目标，落实重点任务，强化保障措施，突出抓规划、抓标准、抓产业、抓队伍，促进装配式建筑全面发展
2017 年 4 月 26 日	住房和城乡建设部关于印发建筑业发展"十三五"规划的通知（建市〔2017〕98 号）	住房和城乡建设部组织编制了《建筑业发展"十三五"规划》，明确了今后五年建筑业发展的主要目标和未来发展方向

8.2.2　多次召开工作会议推进装配式建筑工作

2016 年 11 月 19 日，住房和城乡建设部在上海召开全国装配式建筑工作现场会。各省、自治区住房和城乡建设厅，直辖市建委，重点推进地区和城市政府分管负责人以及装配式建筑典型企业、专家学者代表共计 300 余人参加了大会。时任住房和城乡建设部党组书记、部长陈政高在会上指出，装配式建筑是建造方式的重大变革，要充分认识发展装配式建筑的重大意义，下一步要重点抓好七项工作，努力实现装配式建筑的新突破。

此外，部分省市与会人员就本地区装配式建筑的发展情况进行了汇报和经验交流。

2017年3月，住房和城乡建设部在长沙组织召开了全国装配式建筑工作会议，各地住房城乡建设部门代表、相关企业负责人和专家共150余人出席了会议，共同研讨装配式建筑政策、技术发展情况，交流各地装配式建筑发展经验，部署装配式建筑推进工作。

2017年12月15日，住房和城乡建设部举行"推进装配式建筑平稳健康发展"新闻发布会，住房和城乡建设部建筑节能与科技司司长苏蕴山介绍了装配式建筑发展情况，提出下一步住房城乡建设部将按照"一体两翼，两大支撑"❶的工作思路，进一步提升装配式建筑品质，平稳健康推动产业发展，不断增强人民群众的获得感，为住房城乡建设领域绿色发展提供重要支撑。

图8-2　在上海召开全国装配式建筑工作现场会　　图8-3　在长沙召开全国装配式建筑工作会议

8.2.3　举办专业展会加强政策研讨和技术交流

在住房城乡建设部的大力支持下，中国国际住宅产业暨建筑工业化产品与设备博览会（简称"中国住博会"）已成功举办了十六届。创办20余年来，中国住博会见证了我国装配式建筑的发展历程，已成为引领行业发展的风向标，是国内装配式建筑领域极具影响力的年度盛会。中国住博会期间，同步举办全国装配式建筑交流大会、装配式建筑工作座谈会等系列会议，系列会议邀请国内外知名专家代表共聚一堂，就我国装配式建筑的发展建言献策。各地建设行政主管部门、有关开发、科研、设计、施工、建材部品生产企业等相关人员积极参会，共同探讨未来中国装配式建筑发展方向和途径。通过系列政策研讨和技术交流活动，落实党中央国务院十八大以来一系列重大决策部署、特别是贯彻建设行业绿色发展理念，展示了住房城乡建设领域最新技术和产品成果，已成为促进我国建设行业提高"中国建造"水平的催化剂和充分展示企业自主创新能力的大舞台。

❶　一体两翼，两大支撑：以成熟可靠适用的装配式建筑技术标准体系为"一体"，发展EPC工程总承包模式和BIM信息化技术为"两翼"，创新体制机制管理和促进产业发展为"支撑"。

图 8-4 中国住博会系列会议

8.3 地方政策

随着国家政策的出台，各地政府积极响应，密集出台了一系列政策文件，营造了大力推动装配式建筑发展的良好政策氛围。截至 2017 年底，全国 31 个省（自治区、直辖市）已全部出台了促进装配式建筑发展的政策文件，明确了装配式建筑发展的工作目标、重点任务、支撑政策和保障措施，并陆续出台了装配式建筑发展规划，统筹推进各项工作有序开展。

从发展目标看，各地装配式建筑的发展目标大多分阶段、分重点，主要涵盖以下几个方面：建立装配式建筑技术体系；完善装配式建筑标准体系；规模化推广装配式建筑；培育示范城市及产业基地；推广成品住宅；发展部品部件；建设试点示范项目；提升质量和性能，协同推广绿色节能建筑、住宅性能认定等；开展宣传培训；提升四节一环保水平等。其中，省级层面推进思路较为宏观，强调技术体系、质量和性能等；市级层面推进目标较为具体，具有较强的操作性，强调装配式建筑发展规模和龙头企业支撑。

从政策措施看，主要包括六个方面：一是在土地出让环节明确装配式建筑面积的比例要求，如规定一定规模以上的新建建筑全部采用装配式建造方式，或在年度土地供应计划中确保一定比例的装配式建造方式。二是多种财政补贴方式支持装配式建筑试点项目建设，包括利用科技创新专项资金、节能专项资金等。三是对装配式建筑项目建设和销售予以支持，如将装配式建筑增量成本同步列入建设项目成本；在商品房预售环节给予支持；对于装配式建筑方式建造的商品房项目给予面积奖励等。四是通过税收金融政策予以扶持，如将构配件生产企业纳入高新技术产业，享受相关财税优惠政策；对装配式建筑项目给予贷款扶持政策。五是大力鼓励发展建筑全装修，各地积极推进新建住宅一次装修到位或菜单式装修，开发企业对全装修住宅负责保修，并逐步建立装修质量保险保证机制。六是以政府投资工程为主大力推进装配式建筑试点示范项目建设，如北京、上海、重庆、深圳等地都提出了鼓励保障性住房采用装配式技术和建筑全装修的支持政策。

31 个省（自治区、直辖市）出台的装配式建筑主要政策　　　表 8-6

省（自治区、直辖市）	文件名称	文号	颁布时间
北京市	北京市人民政府办公厅关于加快发展装配式建筑的实施意见	京政办发〔2017〕8 号	2017 年 2 月 22 日
天津市	天津市人民政府办公厅印发关于大力发展装配式建筑实施方案的通知	津政办函〔2017〕66 号	2017 年 7 月 7 日
河北省	河北省人民政府印发《加快推进钢结构建筑发展方案》	—	2016 年 6 月 8 日
河北省	河北省人民政府办公厅关于大力发展装配式建筑的实施意见	冀政办字〔2017〕3 号	2017 年 1 月 13 日
山西省	山西省人民政府办公厅关于大力发展装配式建筑的实施意见	晋政办发〔2017〕62 号	2017 年 6 月 7 日
内蒙古自治区	内蒙古自治区人民政府办公厅关于大力发展装配式建筑的实施意见	内政办发〔2017〕156 号	2017 年 9 月 28 日
辽宁省	辽宁省人民政府办公厅关于大力发展装配式建筑的实施意见	辽政办发〔2017〕93 号	2017 年 8 月 26 日
吉林省	吉林省人民政府办公厅关于大力发展装配式建筑的实施意见	吉政办发〔2017〕55 号	2017 年 7 月 14 日
黑龙江省	黑龙江省人民政府办公厅关于推进装配式建筑发展的实施意见	黑政办规〔2017〕66 号	2017 年 11 月 24 日
上海市	上海市人民政府办公厅转发建设交通委等五部门关于本市进一步推进装配式建筑发展若干意见的通知	沪府办〔2013〕52 号	2013 年 8 月 15 日
江苏省	江苏省人民政府关于加快推进建筑产业现代化促进建筑产业转型升级的意见	苏政发〔2014〕111 号	2014 年 10 月 31 日
江苏省	省政府办公厅关于建立全省建筑产业现代化推进工作联席会议制度的通知	苏政传发〔2014〕243 号	2014 年 12 月 30 日

续表

省（自治区、直辖市）	文件名称	文号	颁布时间
浙江省	浙江省人民政府办公厅关于推进绿色建筑和建筑工业化发展的实施意见	浙政办发〔2016〕111号	2016年8月31日
	浙江省人民政府关于加快推进住宅全装修工作的指导意见	浙政办发〔2016〕141号	2016年11月18日
	浙江省人民政府办公厅关于印发浙江省建筑产业现代化"十三五"规划的通知	浙政办发〔2016〕157号	2016年12月6日
安徽省	安徽省人民政府办公厅关于大力发展装配式建筑的通知	皖政办秘〔2016〕240号	2016年12月28日
福建省	福建省人民政府办公厅关于大力发展装配式建筑的实施意见	闽政办〔2017〕59号	2017年5月31日
江西省	江西省人民政府关于推进装配式建筑发展的指导意见	赣府发〔2016〕34号	2016年8月18日
山东省	山东省人民政府办公厅关于贯彻国办发〔2016〕71号文件大力发展装配式建筑的实施意见	鲁政办发〔2017〕28号	2017年1月13日
河南省	河南省人民政府办公厅关于大力发展装配式建筑的实施意见	豫政办〔2017〕153号	2017年12月7日
湖北省	省人民政府办公厅关于大力发展装配式建筑的实施意见	鄂政办发〔2017〕17号	2017年3月16日
湖南省	湖南省人民政府办公厅关于加快推进装配式建筑发展的实施意见	湘政办发〔2017〕28号	2017年5月24日
广东省	广东省人民政府办公厅关于大力发展装配式建筑的实施意见	粤府办〔2017〕28号	2017年4月12日
广西壮族自治区	关于大力推广装配式建筑促进我区建筑产业现代化发展的指导意见	桂建管〔2016〕64号	2016年8月22日
海南省	海南省人民政府关于大力发展装配式建筑的实施意见	琼府〔2017〕100号	2017年12月22日
重庆市	重庆市人民政府办公厅关于印发重庆市钢结构产业创新发展实施方案（2016-2020年）的通知	渝府办发〔2016〕202号	2016年9月26日
	重庆市人民政府办公厅关于大力发展装配式建筑的实施意见	渝府办发〔2017〕185号	2017年12月15日
四川省	四川省人民政府办公厅关于大力发展装配式建筑的实施意见	川办发〔2017〕56号	2017年6月13日

续表

省（自治区、直辖市）	文件名称	文号	颁布时间
贵州省	省人民政府办公厅关于大力发展装配式建筑的实施意见	黔府办发〔2017〕54号	2017年9月30日
云南省	云南省人民政府办公厅关于大力发展装配式建筑的实施意见	云政办发〔2017〕65号	2017年6月6日
西藏自治区	西藏自治区人民政府办公厅关于推进高原装配式建筑发展的实施意见	藏政办发〔2017〕143号	2017年11月14日
陕西省	陕西省人民政府办公厅关于大力发展装配式建筑的实施意见	陕政办发〔2017〕15号	2017年3月29日
甘肃省	甘肃省人民政府办公厅关于大力发展装配式建筑的实施意见	甘政办发〔2017〕132号	2017年8月2日
青海省	青海省人民政府办公厅关于推进装配式建筑发展的实施意见	青政办〔2017〕141号	2017年8月7日
宁夏回族自治区	自治区人民政府办公厅关于大力发展装配式建筑的实施意见	宁政办发〔2017〕71号	2017年4月18日
新疆维吾尔自治区	关于大力发展自治区装配式建筑的实施意见	新政办发〔2017〕187号	2017年9月30日
	兵团办公厅关于大力发展兵团装配式建筑的实施意见	新兵办发〔2017〕122号	2017年7月12日

8.4　钢结构建筑相关政策

钢结构建筑与传统现浇钢筋混凝土建筑相比，具有节约资源、减少污染、施工速度快、抗震性能好及易回收等优点。我国钢结构建筑发展经历了起步阶段、缓慢发展、节约用钢、合理用钢、推广应用、鼓励用钢的漫长时期，"十三五"以来国家出台了一系列的政策文件，大力发展钢结构建筑，各地相关政策陆续落地，钢结构建筑逐步进入全面发展期。

8.4.1　近年来国家层面的钢结构建筑政策

2016年2月，《中共中央 国务院关于进一步加强城市规划建设管理工作的若干意见》（中发〔2016〕6号）和《国务院关于钢铁行业化解过剩产能实现脱困发展的意见》（国发〔2016〕6号）提出发展钢结构建筑。2017年，《住房和城乡建设部关于印发建筑节能与绿色建筑发展"十三五"规划的通知》（建科〔2017〕53号）中提出积极发展钢结

构建筑;《住房城乡建设部关于印发建筑业发展"十三五"规划的通知》（建市〔2017〕
98 号）中明确提出大力发展钢结构建筑，引导新建公共建筑优先采用钢结构，积极稳妥
推广钢结构住宅。

近年来国家层面的钢结构建筑相关政策　　　　　　　　　　　　　　　　表 8-7

发布单位	文件名称	相关内容
中共中央国务院	中共中央国务院关于进一步加强城市规划建设管理工作的若干意见（中发〔2016〕6 号）	积极稳妥推广钢结构建筑
国务院办公厅	国务院办公厅关于转发发展改革委住房城乡建设部绿色建筑行动方案的通知（国办发〔2013〕1 号）	提出"推广适合工业化生产的预制装配式混凝土、钢结构等建筑体系，加快发展建设工程的预制和装配技术，提高建筑工业化技术集成水平。"
工业和信息化部、住房和城乡建设部	工业和信息化部 住房城乡建设部关于印发《促进绿色建材生产和应用行动方案》的通知（工信部联原〔2015〕309 号）	提出"发展钢结构建筑和金属建材。在文化体育、教育医疗、交通枢纽、商业仓储等公共建筑中积极采用钢结构，发展钢结构住宅。工业建筑和基础设施大量采用钢结构。在大跨度工业厂房中全面采用钢结构。推进轻钢结构农房建设。""推广预拌砂浆，研发推广钢结构等装配式建筑应用的配套墙体材料。""研究制定建材下乡专项财政补贴和钢结构部品生产企业增值税优惠政策。"
国务院	国务院关于钢铁行业化解过剩产能实现脱困发展的意见（国发〔2016〕6 号）	推广应用钢结构建筑，结合棚户区改造、危房改造和抗震安居工程实施，开展钢结构建筑推广应用试点，大幅提高钢结构应用比例。
住房和城乡建设部	装配式钢结构建筑技术标准	为规范我国装配式钢结构建筑的建设，按照适用、经安全、绿色、美观的要求，全面提高装配式钢结构建筑的环境效益、社会效益和经济效益，制定本标准
	住房城乡建设部关于印发《"十三五"装配式建筑行动方案》《装配式建筑示范城市管理办法》《装配式建筑产业基地管理办法》的通知（建科〔2017〕77 号）	突破钢结构建筑在围护体系、材料性能、连接工艺等方面的技术瓶颈。积极开展《装配式混凝土建筑技术标准》《装配式钢结构建筑技术标准》《装配式木结构建筑技术标准》以及《装配式建筑评价标准》宣传贯彻和培训交流活动。编制装配式混凝土建筑、钢结构建筑、木结构建筑、装配化装修的标准化部品部件目录
	住房城乡建设部关于印发建筑业发展"十三五"规划的通知（建市〔2017〕98 号）	大力发展钢结构建筑，引导新建公共建筑优先采用钢结构，积极稳妥推广钢结构住宅

8.4.2 近年来部分省市发布的钢结构建筑政策

随着国家政策的出台，各地政府也积极响应，出台了一系列政策文件。部分省市出台了关于加快发展钢结构建筑的指导意见，提出在城乡建设中大力推广钢结构建筑发展，积极推动钢结构建筑产业基地建设，形成一定规模的建筑钢结构产业集群，促进钢结构建筑产业化和规模化发展。

近年来部分省市发布的钢结构建筑相关政策   表 8-8

发布地区	文件名称	相关内容
重庆市	重庆市人民政府关于加快钢结构推广应用及产业创新发展的指导意见（渝府发〔2016〕2号）	提出到2020年，全市钢结构产业集群基本形成，规模以上钢结构企业销售产值突破200亿元，形成1~2家创新能力强、有核心竞争力和总承包资质、年销售产值超过50亿元的行业龙头企业，成为国家钢结构推广应用示范区和重要的钢结构产业基地；全市钢结构产值占建筑业总产值比重达到8%以上，政府投资新建的公共、公益性建筑应用钢结构比重达到50%，社会投资新建的公共建筑应用钢结构比重达到15%，新建市政建筑钢结构比重达到50%；每年推进不少于10项试点项目，钢结构用钢本地采购率提高到70%，每年化解本地钢铁产能150万吨以上
河北省	河北省人民政府印发《加快推进钢结构建筑发展方案》	明确提出把钢结构建筑作为河北省发展装配式建筑的主攻方向。坚持分类施策：在大跨度工业厂房、仓储设施中要全力推广钢结构；在适宜的市政基础设施中优先采用钢结构；在公共建筑中大力推广钢结构；在住宅建设中积极稳妥地推进钢结构。对新开工建设的城镇钢结构商品住宅和农村居民自建钢结构住房项目，予以100元/平方米的补贴，弥补增量成本；钢铁生产企业进行钢结构建筑技术改造享受技改资金支持
	河北省人民政府办公厅关于大力发展装配式建筑的实施意见（冀政办字〔2017〕3号）	提出力争用10年左右的时间，使全省装配式建筑占新建建筑面积的比例达到30%以上，形成适应装配式建筑发展的市场机制和环境，建立完善的法规、标准和监管体系，培育一大批设计、施工、部品部件规模化生产企业、具备现代装配建造技术水平的工程总承包企业以及与之相适应的专业化技能队伍。张家口、石家庄、唐山、保定、邯郸、沧州市和环京津县（市、区）率先发展，其他市、县加快发展
	关于颁布《河北省装配式钢结构工程定额（试行）》的通知（冀建工〔2018〕15号）	为推进河北省建筑产业现代化发展，满足建筑工业化生产的计价需要，合理确定和有效控制工程造价

续表

发布地区	文件名称	相关内容
云南省	云南省住房和城乡建设厅关于加快发展钢结构建筑的指导意见（云建设〔2015〕355号）	提出在全省城乡建设中大力推广使用钢结构建筑，把云南省的钢结构建筑产业打造成为西南领先，具有辐射周边国家能力的新兴建筑产业。用3～5年的时间，建立健全钢结构建筑主体和配套设施从设计、生产到安装的完整产业体系。"十三五"期间，力争新建公共建筑选用钢结构建筑达15%以上，不断提高城乡住宅建设中钢结构使用比例
甘肃省	甘肃省住房与城乡建设厅关于推进建筑钢结构发展与应用的指导意见（甘建科〔2016〕31号）	提出通过持续不断地努力，争取在"十三五"期间，甘肃省建筑钢结构产业快速发展，培育形成1、2家具有较强实力的钢结构产业集团，并初步形成具有一定规模建筑钢结构配套产业集群，在大跨、超高建筑采用钢结构或钢－混凝土混合结构的比例超过70%，钢结构住宅得到一定程度应用
江苏省	省住房和城乡建设厅关于印发《江苏省"十三五"建筑产业现代化发展规划》的通知（苏建科〔2017〕151号）	发挥江苏省钢铁产能和钢结构产业集聚优势，大力推广钢结构建筑应用，加快装配式混凝土建筑与钢结构建筑的融合发展。积极推动钢结构住宅发展，有序推进轻钢结构农房建设，在建设工地、临时设施等加快推进集装箱组合建筑。推动政府投资的公共建筑，以及单体建筑面积超过2万平方米的机场、车站、宾馆、饭店、商场、写字楼等大型公共建筑全面应用钢结构，推动工业建筑和市政交通设施广泛应用钢结构，积极推动钢结构产业基地建设，形成一定规模的建筑钢结构产业集群，促进钢结构产业化和规模化。大力提升钢结构企业总承包能力，提高钢结构生产应用和技术集成水平
安徽省	关于加快推进钢结构建筑发展的指导意见	提出在全省城乡建设中大力推广钢结构建筑发展，把安徽省的钢结构建筑产业打造成为中部领先、辐射周边的新兴建筑产业。用3～5年时间，逐步完善政策制度、技术标准和监管体系，培育5～8家具有较强实力的钢结构产业集团，并初步形成具有一定规模的建筑钢结构配套产业集群，建立健全钢结构建筑主体和配套设施从设计、生产到安装的完整产业体系，实现全省规模以上钢结构企业销售产值突破300亿元。"十三五"期间，力争新建公共建筑选用钢结构建筑比例达20%以上，不断提高城乡住宅建设中钢结构使用比例
四川省	四川省人民政府关于推进建筑产业现代化发展的指导意见（川府发〔2016〕12号）	政府投资的办公楼、保障性住房、医院、学校、体育馆、科技馆、博物馆、图书馆、展览馆、棚户区危旧房改造工程、历史建筑保护维护加固工程，大跨度、大空间和单体面积超过2万平方米的公共建筑，全面应用钢结构等
杭州市	杭州市钢结构产业创新发展三年行动计划（2013-2015）》	指出"突破重大关键技术，着力推进大跨度钢结构、多高层（超高层）钢结构建筑（含住宅）、桥梁钢结构（含高架桥）、海洋钢结构等领域产业化进程。到2015年，全市钢结构产业规模以上企业实现销售产值达到210亿元，年平均增长10%左右，产值利润率达8%，形成3～4家创新能力强、具有自主品牌和总承包资质、年销售产值近百亿元的行业龙头企业"

8.5 木结构建筑相关政策

2016 年,"国办发〔2016〕71 号"文件发布,提出因地制宜发展现代木结构建筑,在具备条件的地区倡导发展现代木结构建筑。表 8-9 为近年来国家层面出台的木结构建筑相关政策列表。

近年来国家层面发布的木结构建筑相关政策   表 8-9

发布机构	文件名称	相关内容
国务院办公厅	国务院办公厅关于大力发展装配式建筑的指导意见(国办发〔2016〕71 号)	在具备条件的地方倡导发展现代木结构建筑
工业和信息化部、住房和城乡建设部	工业和信息化部 住房城乡建设部关于印发《促进绿色建材生产和应用行动方案》的通知(工信部联原〔2015〕309 号)	发展木结构建筑。促进城镇木结构建筑应用,推动木结构建筑在政府投资的学校、幼托、敬老院、园林景观等低层新建公共建筑,以及城镇平改坡中使用。推进多层木－钢、木－混凝土混合结构建筑,在以木结构建筑为特色的地区、旅游度假区重点推广木结构建筑。在经济发达地区的农村自建住宅、新农村居民点建设中重点推进木结构农房建设
国家发展改革委、住房和城乡建设部	国家发展改革委 住房城乡建设部关于印发城市适应气候变化行动方案的通知(发改气候〔2016〕245 号)	政府投资的学校、幼托、敬老院、园林景观等新建低层公共建筑采用木结构
住房和城乡建设部	住房城乡建设部关于印发建筑节能与绿色建筑发展"十三五"规划的通知(建科〔2017〕53 号)	积极发展现代木结构建筑结构体系
住房和城乡建设部	住房城乡建设部关于印发"十三五"装配式建筑行动方案》《装配式建筑示范城市管理办法》《装配式建筑产业基地管理办法》的通知(建科〔2017〕77 号)	制定全国木结构建筑发展规划,明确发展目标和任务,确定重点发展地区,开展试点示范。具备木结构建筑发展条件的地区可编制专项规划
住房和城乡建设部	住房城乡建设部关于印发建筑业发展"十三五"规划的通知(建市〔2017〕98 号)	在具备条件的地方,倡导发展现代木结构,鼓励景区、农村建筑推广采用现代木结构

8.6 建筑全装修和装配化装修相关政策

推行建筑全装修，实行成品交房，是推动供给侧结构性改革、满足人民群众对美好生活需要的重要内容，有利于减少污染、节约资源，保证房屋结构安全、改善人居环境。近年来，党中央、国务院高度重视装配式建筑的发展，推进建筑全装修是发展装配式建筑的重要内容之一，多份重要文件都提出了推进建筑全装修发展的具体要求。

2017年9月5日，《中共中央 国务院关于开展质量提升行动的指导意见》（中发〔2017〕24号）提出大力发展装配式建筑，提高建筑装修部品部件的质量和安全性能。国家层面上的政策支持，为建筑全装修的发展奠定了良好的政策基础。

《国务院办公厅关于大力发展装配式建筑的指导意见》（国办发〔2016〕71号）提出要积极推广标准化、集成化、模块化的装修模式，提高装配化装修水平。倡导菜单式全装修，满足消费者个性化需求。

《"十三五"装配式建筑行动方案》提出推进建筑全装修，推行装配式建筑全装修成品交房。各省（区、市）住房城乡建设主管部门要制定政策措施，明确装配式建筑全装修的目标和要求。推行装配式建筑全装修与主体结构、机电设备一体化设计和协同施工。全装修要提供大空间灵活分隔及不同档次和风格的菜单式装修方案，满足消费者个性化需求。完善《住宅质量保证书》和《住宅使用说明书》文本关于装修的相关内容。加快推进装配化装修，提倡干法施工，减少现场湿作业。推广集成厨房和卫生间、预制隔墙、主体结构与管线相分离等技术体系。建设装配化装修试点示范工程，通过示范项目的现场观摩与交流培训等活动，不断提高全装修综合水平。

2017年4月26日，《住房城乡建设部关于印发建筑业发展"十三五"规划的通知》（建市〔2017〕98号）明确要求，到2020年新开工全装修成品住宅面积达到30%，为各地的住宅全装修发展提供了目标依据。

2017年12月12日，住房和城乡建设部发布《装配式建筑评价标准》GB/T 51129-2017，明确提出装配式建筑的基本要求之一为采用全装修，并提出宜采用装配化装修。

2018年，中国工程建设标准化协会发布《关于印发〈2017年第二批工程建设协会标准制订、修订计划〉的通知》（建标协字〔2017〕031号）。根据此通知，住房和城乡建设部科技与产业化发展中心（住宅产业化促进中心）等单位编制了《建筑工业化内装工程技术规程》，并于2018年6月完成送审稿。

随着国家政策的出台，各地政府也积极响应，密集出台了一系列政策文件，营造了大力推动建筑全装修发展的良好政策氛围。很多地方政府出台了相应政策，明确提出发展目标，引导和鼓励新建商品住宅一次装修到位或采用菜单式装修模式，分步实施，逐步达到取消毛坯房、直接向消费者提供全装修成品住房的目标。

北京市提出"凡新纳入北京市保障房年度建设计划的项目（含自住型商品住房）全面推行全装修成品交房"，并于 2018 年 7 月发布北京地方标准《居住建筑室内装配式装修工程技术规程》；上海市提出"2017 年 1 月 1 日起，外环线以内城区新建商品住宅实施全装修比例达到 100%，其他地区达到 50%"，并于 2018 年 3 月发布上海地方标准《住宅室内装配式装修工程技术标准》；浙江省提出"到 2020 年底，浙江新建多层和高层住宅将基本实现全装修"；山东省"要求新建高层、小高层住宅 2018 年全装修覆盖率 100%"；辽宁省提出"到 2020 年底，全省新建住宅中全装修面积比例不低于 50%"。

从国家政策到地方政策，制定的相关措施主要包括以下几个方面：一是各级政府都明确提出发展建筑全装修，其中直辖市、计划单列市等社会经济产业基础较好的地区提出了较高的全装修建筑占比要求；二是加大标准规范研发力度，围绕设计、施工装配、监理、竣工管理环节出台住宅全装修标准规范；三是要求研究出台适合于保障性住房、商品住房的全装修技术体系和监管模式，推进实施建筑全装修与结构、机电和设备设计一体化；四是对住宅全装修给予金融、税收等方面的扶持政策，如对开发企业和购房者的税收优惠政策；五是加大宣传引导力度，通过媒体、网络、舆论等方式宣传建筑全装修优势，监督开发商销售行为，转变消费者观念，引导其购买全装修住房。

建筑全装修及装配化装修重要政策（按出台时间顺序）　　　　　表 8-10

时间	文件名称	相关内容
2002 年 7 月 18 日	建设部关于印发《商品住宅装修一次到位实施导则》的通知（建住房［2002］190 号）	从住宅开发、装修设计、材料和部品的选用、装修施工等多方面提出指导意见建议
2008 年 8 月 1 日	住房城乡建设部关于进一步加强住宅饰装修管理的通知（建质［2008］133 号）	进一步指出要完善扶持政策，推广全装修住房
2013 年 6 月 9 日	住房城乡建设部关于发布行业标准《住宅室内装饰装修工程质量验收规范》的公告（第 49 号）	着力破解了全装修领域有施工标准无验收标准的难题
2016 年 9 月 27 日	国务院办公厅关于大力发展装配式建筑的指导意见（国办发［2016］71 号）	推进建筑全装修。实行装配式建筑装饰装修与主体结构、机电设备协同施工，积极推广标准化、集成化、模块化的装修模式，促进集成化技术应用，提高装配化装修水平；倡导菜单式全装修，满足消费者个性化需求

续表

时间	文件名称	相关内容
2017 年 3 月 23 日	住房城乡建设部关于印发《"十三五" 装配式建筑行动方案》《装配式建筑示范 城市管理办法》《装配式建筑产业基地管 理办法》的通知（建科〔2017〕77 号）	推行装配式建筑全装修成品交房，加 快推进装配化装修，不断提高全装修综 合水平
2017 年 4 月 26 日	住房城乡建设部关于印发建筑业发展 "十三五"规划的通知（建市〔2017〕98 号）	明确要求，到 2020 年新开工全装修成 品住宅面积达到 30%
2017 年 9 月 5 日	中共中央　国务院关于开展质量提升行 动的指导意见（中发〔2017〕24 号）	大力发展装配式建筑，提高建筑装修部 品部件的质量和安全性能
2017 年 12 月 12 日	《装配式建筑评价标准》GB/T51129- 2017	装配式建筑应采用全装修，宜采用装配 化装修

部分省市出台的建筑全装修及装配化装修相关政策　　　　　表 8-11

省、自治区、 直辖市	文件名称	相关内容
北京市	关于实施保障性住 房全装修成品交房若 干规定的通知（京建 法〔2015〕17 号）	自 2015 年 5 月 1 日起，由市保障房建设投资中心新建、收 购的项目率先全面推行全装修成品交房；自 2015 年 10 月 31 日起，凡新纳入我市保障性住房年度建设计划的项目（含自住 型商品住房）全面推行全装修成品交房。提出规划部门要将全 装修成品交房要求写入规划条件，加强引导设计单位对实施装 配式装修的项目采用土建装修一体化标准设计。对于通过划拨 和协议出让方式取得土地的项目，在项目土地供应文件中予以 明确；建立监管制度和完整的验收制度
天津市	天津市人民政府办 公厅印发关于大力发 展装配式建筑实施方 案的通知（津政办函 〔2017〕66 号）	大力倡导住宅全装修交付使用，推进装配式建筑项目采用装 配化装修技术，逐步提高全装修比例。保障性住房、政府投资 项目应率先采用装配化装修技术，推行装配式建筑装饰装修与 主体结构、机电设备一体化设计和协同施工，实现全装修交付； 房地产开发项目鼓励实施装配化装修，推行菜单式装修方式， 满足居民个性化需求。推进整体厨卫、绿色轻质多功能复合墙 体材料、绿色装修材料、设备管线集成化技术、装修与墙体保 温一体化等的规模化应用，提高装配化装修水平
河北省	河北省人民政府关 于推进住宅产业现代 化的指导意见（冀政 发〔2015〕5 号）	倡导工业化装修方式，实施土建和装修一体化，鼓励采用菜 单式集体委托方式进行装修，促进个性化装修和产业现代化装 修相统一。推进商品住房全装修；住宅产业现代化项目实行一 次性装修到位，在交付使用时所有功能空间的固定面全部铺装 或装饰、管线及终端安装完成，厨房和卫生间的基本设备全部 安装完成

续表

省、自治区、直辖市	文件名称	相关内容
上海市	关于进一步加强本市新建全装修住宅建设管理的通知（沪建建材〔2016〕688号）	从2017年1月1日起，凡出让的本市新建商品房建设用地，全装修住宅面积占新建商品住宅面积（三层及以下的低层住宅除外）的比例为：外环线以内的城区应达到100%，除奉贤区、金山区、崇明区之外，其他地区应达到50%。奉贤区、金山区、崇明区实施全装修的比例为30%，至2020年应达到50%。本市保障性住房中，公共租赁住房（含集中新建和商品住房中配建）的全装修比例为100%
江西省南昌市	关于规范南昌市城区新建全装修住宅销售管理的通知（洪房规〔2018〕1号）	开发企业在销售新建全装修住宅前，应建造样板房，向购房人展示交房标准及样板房室内环境质量检测合格报告。样板住宅房须与设计、商品房买卖合同有关装修条款内容保持一致，新建全装修住宅交付时不能低于对应样板房工艺、质量和标准
	南昌市人民政府关于南昌市推进全装修住宅建设工作的实施意见（洪府发〔2017〕67号）	2018年，东湖区、西湖区、青山湖区、青云谱区、高新开发区、经济技术开发区、红谷滩新区等城区新开工住宅完成全装修的比例不少于10%，到2020年达到25%，2025年达到50%以上的目标；2018年，新建区、湾里区、南昌县、安义县、进贤县等县区新开工住宅完成全装修的比例不少于5%，到2020年达到20，2025年达到40%以上的目标
山东省	关于转发省住房城乡建设厅山东省建筑设计和装修服务业转型升级实施方案的通知（鲁政办字〔2016〕211号）	积极推进装配式建筑和装饰产品工厂化生产，建立适应工业化生产的标准体系。大力推广住宅精装修，推进土建装修一体化，推广精装房和装修工程菜单式服务，减少业主购房后二次装修造成的材料浪费、环境污染和安全隐患。2017年设区城市新建高层住宅实行全装修，2020年新建高层、小高层住宅淘汰毛坯房。装饰设计和选材上体现低碳、环保、节能理念，加强材料检测和室内空气质量控制，室内空气质量不达标的不得交付使用
湖北省	省人民政府关于促进全省建筑业改革发展二十条意见（鄂政发〔2018〕14号）	自2019年1月1日起，全省各城市新建商品住宅中，全面推行一体化装修技术
海南省	海南省人民政府关于继续落实"两个暂停"政策进一步促进房地产市场健康发展的通知（琼府〔2016〕113号）	项目规划设计须符合控制性详细规划，以及绿色建筑、绿色生态小区、海绵型建筑与小区标准，且项目内部设计有较为完善的配套设施，包括文体设施、活动中心、商业网点、社区服务配套设施等。从2017年7月1日起，各市县商品住宅项目要全部实行全装修

续表

省、自治区、直辖市	文件名称	相关内容
海南省	海南省住房和城乡建设厅关于印发《海南省商品住宅全装修管理办法》（试行）的通知（琼建质〔2017〕131号）	提出了全装修应当按绿色建筑及其装配式建造的要求实施，积极推广应用绿色建材和绿色建造方式，加快推进以"标准化设计、工厂化生产、装配式施工、成品化装修、信息化管理"为特征的建筑产业现代化，全面提升海南省商品住宅的质量品质。装修工程作为单位工程的分部工程，纳入住宅工程基本建设程序和质量安全管理
四川省成都市	成都市建设行业大气污染防治十条措施（成建委〔2016〕526号）	从2017年起，将成品住宅建设要求纳入土地出让建设条件，大力发展成品住宅，大幅度减少装修粉尘、噪音以及建筑垃圾。力争到2020年底，中心城区、成都高新区和成都天府新区新建商品住宅中成品住宅比例达到80%。大力推行标准化、集成化、模块化等装配式装修，鼓励整体卫浴和厨房等部品模块化运用，以及集成吊顶、设备管线等内装工业化生产方式的应用，全市住宅装修装配化率逐年提高
	成都市成品住宅年度建设规划（2017-2022）（成办发〔2017〕36号）	以中心城区作为重点区域，加快推进成都市成品住宅建设发展，构建"重点引领，梯度控制，全域并进"的成品住宅发展格局
河南省	关于加快发展成品住宅的指导意见（豫建房管〔2017〕23号）	在新开工住宅中逐年提高成品住宅比例，到2020年，新开工全装修成品住宅占新建住宅面积比例，省辖市及城乡一体化示范区争取达到80%，郑州航空港综合实验区争取全覆盖，县城要达到60%以上
	河南省住房和城乡建设厅关于加快发展成品住宅的通知（豫建〔2015〕190号）	新建商品住宅应在规划设计阶段明确对成品住宅的要求。公共租赁住房、酒店式公寓必须按成品住宅标准建设。成品住宅实行土建、装修一体化设计与管理，可根据不同层次需求开展"菜单式"、"订制式"的装修服务模式。各市、县要积极实施成品住宅示范工程，引导骨干房地产开发企业试点先行，给予相应的优惠政策支持，加快形成成品住宅装修的成套技术和通用化的部品体系，全面提高成品住宅开发建设整体水平
安徽省	安徽省人民政府办公厅关于加快推进建筑产业现代化的指导意见（皖政办〔2014〕36号）	加快推进新建住宅全装修，在主体结构设计阶段统筹完成室内装修设计，大力推广住宅装修成套技术和通用化部品体系，减少建筑垃圾和粉尘污染。引导房地产企业以市场需求为导向，提高全装修住宅的市场供应比重。推广菜单式装修模式，推出不同价位的装修清单，满足消费者个性化需求。合理确定不同类型保障性住房装修标准，保障性住房、建筑产业现代化示范项目全部实施全装修。房地产开发项目未按土地出让合同要求实施全装修的，不予办理竣工备案手续。实施住宅全装修分户验收制度，落实保修责任，切实保障消费者利益

续表

省、自治区、直辖市	文件名称	相关内容
安徽省合肥市	合肥市绿色建筑发展条例	符合条件的新建民用建筑应当按照装配式建筑实施建设，装配式建筑应当按照全装修成品房要求建设。逐步推行，并实施分户验收制度。鼓励全装修住房设计与施工一体化、土建与内装一体化，推进适用材料及部品的应用，推广内装工业化生产方式，提高全装修住宅整体质量
湖南省长沙市	长沙市人民政府办公厅关于进一步推进新建商品住宅全装修建设的通知（长政办函〔2018〕37号）	芙蓉区、天心区、岳麓区、开福区、雨花区行政区域内新供地的商品住宅项目，采用全装修建设交付的比例不低全装修住房于70%；望城区、长沙县、浏阳市、宁乡市行政区域内新供地的商品住宅项目，采用全装修建设交付的比例不低于30%。并且同时加强建设销售管理，加大政策扶持力度，强化监管惩处机制
浙江省	浙江省人民政府关于加快推进住宅全装修工作的指导意见（浙政办发〔2016〕141号）	各市、县（市、区）中心城区范围内，出让或划拨国有土地上的新建住宅，推行全装修，实现成品交房。其他区域内的新建住宅，以及已出让或划拨国有土地上尚未交付的住宅，积极鼓励实行全装修和成品交房。各地可结合实际，明确其他区域内住宅全装修和成品交房的实施范围和实施时间，加快推动住宅全装修全覆盖
宁夏回族自治区	自治区人民政府办公厅关于大力发展装配式建筑的实施意见（宁政办发〔2017〕71号）	积极推广建筑装修的标准化、集成化、模块化，推动传统装修方式向装配化转型发展。大力提倡住宅全装修交付使用，提高全装修建筑比例。推进整体厨房、卫生间以及设备管线集成化技术、预制装配式轻质隔墙等的规模化应用。从2017年起，推进装配式建筑实行菜单式全装修，提高装配化装修水平

9　需求引导政策

9.1　需求引导政策措施

装配式建筑需要达到一定规模才能发挥其市场竞争优势，因此提供足够的市场需求至关重要。需求引导政策主要有两类：一是政府投资项目优先采用装配式建筑；二是将有条件的区域纳入重点推广区域。

9.1.1　政府投资项目优先采用装配式建筑

从各地发展装配式建筑的经验来看，政府投资项目中率先采用装配式建筑可有力推动装配式建筑项目的落地实施。一方面，政府投资项目为装配式建筑企业提供了市场，保证了一定的市场规模；另一方面，装配式建造的政府投资项目起到了示范带头作用，提振行业信心。该政策为装配式建筑规模化应用奠定了重要基础，是各地普遍采用的效果较好的政策之一。

广西壮族自治区《关于大力推广装配式建筑促进我区建筑产业现代化发展的指导意见》（桂建管〔2016〕64号）规定，在保障性住房等国有投资项目中明确一定比例的项目采用建筑产业现代化方式建设。

《深圳市住房和建设局关于加快推进装配式建筑的通知》（深建规〔2017〕1号）规定，政府投资建设的具备条件的学校、医院、养老院等公共建筑项目，率先推进装配式建筑。

《沈阳市人民政府办公厅关于印发沈阳市大力发展装配式建筑工作方案的通知》（沈政办发〔2018〕28号）规定，由政府投资的建筑工程、市政工程项目要优先采用装配式方式建设，相关要求在土地行政划拨时提出，相关内容由项目建设单位和责任部门在方案设计中体现并在项目提报和工程建设审批环节中落实。政府投资的办公、学校、医院等公建项目，要采用装配式混凝土或钢结构方式建设，预制装配率达到40%以及全装修；公园景观建筑等要优先采用装配式木结构方式建设。

《长沙市人民政府办公厅关于进一步推进装配式建筑发展的通知》（长政办函〔2017〕177号）规定，全市政府投资类房建项目采用装配式技术建造，单体建筑预制装配率原则上不低于50%。

9.1.2　划分实施装配式建筑的重点区域和领域

发展装配式建筑，不同区域应结合地区社会经济发展和产业技术水平，因地制宜地展开装配式建筑项目建设。《国务院办公厅关于大力发展装配式建筑的指导意见》（国办发〔2016〕71号）规定，"坚持分区推进、逐步推广。根据不同地区的经济社会发展状况和产业技术条件，划分重点推进地区、积极推进地区和鼓励推进地区，因地制宜、循序渐进，以点带面、试点先行，及时总结经验，形成局部带动整体的工作格局。"装配式建筑发展初期，各地宜将有条件的区域作为装配式建筑重点推广区域，在重点区域内强制实施，让有条件的区域先发展起来，积累经验，进而规模化推广。

《上海市住房和城乡建设管理委员会关于印发〈上海市装配式建筑2016-2020发展规划的通知〉》（沪建建材〔2016〕740号）规定，"十三五"期间，全市符合条件的新建建筑原则上采用装配式建筑。全市装配式建筑的单体预制率达到40%以上或装配率达到60%以上。外环线以内采用装配式建筑的新建商品住宅、公租房和廉租房项目100%采用全装修，实现同步装修和装修部品构配件预制化。

《重庆市人民政府办公厅关于大力发展装配式建筑的实施意见》（渝府办发〔2017〕185号）提出，按照分区推进、逐步推广的原则，明确主城各区及涪陵区、永川区、南川区、綦江区、荣昌区为重点发展区域，万州区、黔江区、长寿区、江津区、合川区、大足区、璧山区、铜梁区、潼南区为积极发展区域，其他区县（自治县，以下统称区县）为鼓励发展区域，大力发展装配式混凝土结构、钢结构及现代木结构建筑，力争到2020年全市装配式建筑面积占新建建筑面积的比例达到15%以上，到2025年达到30%以上。

《深圳市住房和建设局关于加快推进装配式建筑的通知》（深建规〔2017〕1号）规定，下列项目应当实施装配式建筑：（一）新出让的住宅用地项目；（二）纳入"十三五"开工计划（含棚户区改造和城市更新等配建项目）独立成栋，且截至2016年6月27日尚未取得《建设用地规划许可证》的人才住房和保障性住房项目。深圳北站商务中心区、坪山中心区、宝安中心区、国际低碳城、大运新城等重点区域，率先推进装配式建筑。

《长沙市人民政府办公厅关于进一步推进装配式建筑发展的通知》（长政办函〔2017〕177号）规定，全市新供地商品房项目分区域、阶段推进。重点推进区域：湖南湘江新区、长沙高新区、长沙经开区、芙蓉区、天心区、岳麓区、开福区、雨花区三环线以内区域。新供地的商品房项目全部采用装配式技术进行建造，单体建筑预制装配率原则上不低于50%。

9.2　需求引导政策影响机理分析

目前，装配式建筑市场还处于发展初期，市场准入门槛与配套机制不够完善、标准化设计未能贯穿始终、规模化效应没有体现，产业链配套不够完善。由于装配式建筑以工业化房屋产品为导向，没有标准化、规模化就没有市场竞争力，优势得不到充分发挥。但装配式建筑代表了建筑业可持续发展的方向，因此需要政府率先试点，建立市场机制、推广标准化设计、完善产业链等，以点带面，示范引领，推动装配式建筑发展。

此外，消费者对装配式建筑关注度和了解程度不够，开发商建设装配式建筑项目的意愿不高。市场需求才是装配式建筑发展的根本动力，只有巨大市场才能充分调动企业的积极性和自主性，这就需要通过政府通过相关政策引导市场发展，建立和完善装配式建筑市场机制。需求引导政策对装配式建筑的影响机理分析示意图见图9-1。

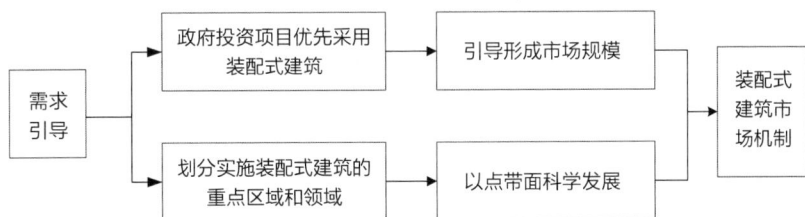

图9-1　需求引导政策对装配式建筑的影响机理分析

9.3　需求引导政策实施效果

市场需求量的大小对装配式建筑发展规模有着重要影响。通过明确实施装配式建筑的范围和重点区域，为产业集聚和部品部件生产企业的落地投产提供了一定的市场需求。随着装配式建筑的发展，装配式建筑的实施范围可进一步扩大，为装配式建筑市场提供更加丰富的项目来源。此外，因地制宜地划定装配式建筑推广重点区域的政策有力推动了装配式建筑规模化发展，促进产业布局更加合理，有利于推动区域内及周边装配式建筑产业链企业发展。

10　土地支持政策

10.1　土地支持政策措施

根据《国务院办公厅关于大力发展装配式建筑的指导意见》（国办发〔2016〕71号）提出，在土地供应中，可将发展装配式建筑的相关要求纳入供地方案，并落实到土地使用合同中。北京、上海、深圳、重庆、济南等城市都已出台相关政策，将装配式建筑相关政策要求纳入土地出让前置条件或将装配式建筑列入土地竞拍评分项等。

10.1.1　纳入土地出让条件

在土地出让条件中，纳入装配式建筑相关要求，可以从源头上确保装配式建筑的项目落地，全国大多数省市都将该政策纳入了装配式建筑相关文件。

《北京市人民政府办公厅关于加快发展装配式建筑的实施意见》（京政办发〔2017〕8号）规定，自2017年3月15日起，通过招拍挂文件设定相关要求，对以招拍挂方式取得城六区和通州区地上建筑规模5万平方米（含）以上国有土地使用权的商品房开发项目应采用装配式建筑；在其他区取得地上建筑规模10万平方米（含）以上国有土地使用权的商品房开发项目应采用装配式建筑。

2014年，上海市《关于推进本市装配式建筑发展的实施意见》（沪建管联〔2014〕901号）规定总建筑面积10万平方米以上的新建商品住宅项目和总建筑面积3万平方米以上或单体建筑面积2万平方米以上的新建商业、办公等公共建筑项目应全部采用装配式建筑，并在土地供应条件中明确相关内容。2016年7月，《上海市住房和城乡建设委员会关于本市装配式建筑单体预制率和装配率计算细则（试行）的通知》（沪建建材〔2016〕601号）进一步规定，自2016年起，符合条件（除"总建筑面积5000平方米以下新建公建项目、新建居住建筑，总建筑面积2000平方米以下的新建工业厂房、配套办公、研发等，建设项目的构筑物及配套附属设施等，技术特殊不适宜采用装配式建筑的建设项目"之外）的新建民用、工业建筑应全部按装配式建筑要求实施，建筑单体预制率不应低于40%或单体装配率不低于60%。建筑高度100米以上的新建居住建筑，落实装配式单体预制率不低于15%或单体装配率不低于35%。2016年9月，《上海市住房和城乡建设管理委员会关于印发〈上海市装配式建筑2016-2020发展规划的通知〉》（沪建建材

〔2016〕740 号）又提出，强化装配式建筑的推进力度，继续以土地供应环节为抓手，严格落实出让地块的装配式建筑建设要求；把装配式建筑的建设要求纳入土地征询和建管信息系统平台，畅通相关管理部门信息交互渠道，对全市装配式建筑落实情况进行动态管理。

《重庆市人民政府办公厅关于大力发展装配式建筑的实施意见》（渝府办发〔2017〕185 号）规定，国土房管部门要根据规划设计条件，将装配式建筑发展专业规划的有关要求纳入供地方案，落实到土地出让条件中。

宁夏《自治区人民政府办公厅关于大力发展装配式建筑的实施意见》（宁政办发〔2017〕71 号）规定，各市、县（区）人民政府应根据当地装配式建筑发展规划和目标任务，按照逐年递增的原则，在每年建设用地供地面积总量中，落实一定比例面积的装配式建筑，在土地供应时的规划条件中明确，并列入土地出让合同（或划拨决定书）中。对以招拍挂方式供地的建设项目，在建设项目供地面积总量中保障装配式建筑面积不低于 20%；对以划拨方式供地、政府投资的公益性建筑、公共建筑、保障性安居工程，在建设项目供地面积总量中保障装配式建筑面积不少于 30%。

湖北《省人民政府办公厅关于大力发展装配式建筑的实施意见》（鄂政办发〔2017〕17 号）规定，以装配式建筑项目落地为重点，在土地出让条件中要明确装配式建筑面积比例、装配率等指标要求。

《海南省人民政府关于大力发展装配式建筑的实施意见》（琼府〔2017〕100 号）规定，将推进装配式建筑发展要求与土地出让条件相结合，分年度将控制性指标纳入土地供地计划和控制性详细规划；并根据专项规划拟定可操作的年度建设计划。

《青海省人民政府办公厅关于推进装配式建筑发展的实施意见》（青政办〔2017〕141 号）规定，国土部门要研究制定促进装配式建筑发展的差别化用地政策，装配式建筑产业基地用地应按照工业用地供地；以出让方式供地的装配式建筑项目，可按土地出让合同约定分期缴纳土地出让金，期限按照国家有关政策规定执行。

南京《市政府办公厅印发南京市关于进一步推进装配式建筑发展实施意见的通知》（宁政办发〔2017〕143 号）规定，以公开招拍挂出让方式供地的建设项目，市级土地储备运作主体向市产业办征询装配式建筑控制指标的意见，新五区土地储备运作主体向区产业办征询相关意见。市（区）产业办按有关规定反馈是否采用装配式建筑及具体控制指标要求的书面意见。市（区）国土部门根据反馈意见将装配式建筑相关指标要求在土地出让合同中予以明确。

《深圳市住房和建设局关于加快推进装配式建筑的通知》（深建规〔2017〕1 号）规定，新出让的住宅用地项目应当实施装配式建筑。

《青岛市人民政府办公厅转发市城乡建设委关于进一步推进建筑产业化发展意见的通

知》(青政办发〔2014〕17 号)规定，对集中建设以划拨方式供地的政府投资建筑和以招拍挂方式供地的建设项目，在建设条件意见书中明确提出是否实施产业化的意见，并明确预制装配化率、一次性装修面积比例等内容。将建设条件意见书纳入土地招拍挂文件，并在土地出让合同中明确约定。

10.1.2　优先保障用地

通过对装配式建筑相关项目与企业优先保障用地，可以推动装配式建筑相关项目的实施，鼓励企业进行产能布局与技术研发创新。

《河北省人民政府办公厅关于大力发展装配式建筑的实施意见》（冀政办字〔2017〕3 号）提出，将装配式建筑园区和基地建设纳入相关规划，优先安排建设用地。国土资源部门应当落实该控制性详细规划，在用地上予以保障。

《浙江省人民政府办公厅关于推进绿色建筑和建筑工业化发展的实施意见》（浙政办发〔2016〕111 号）提出，各地应根据建筑工业化发展的目标任务和土地利用总体规划、城市（镇）总体规划，在每年的建设用地计划中按下达任务确定的面积，安排专项用地指标，重点保障建筑工业化基地（园区）建设用地。对列入省重点项目计划的建筑工业化基地用地，各地应优先安排用地计划指标。

《甘肃省人民政府办公厅关于大力发展装配式建筑的实施意见》（甘政办发〔2017〕132 号）提出，各市州政府要优先保障装配式建筑项目、部品部件生产企业和产业基地、研发中心建设用地。

《青海省人民政府办公厅关于推进装配式建筑发展的实施意见》（青政办〔2017〕141 号）提出，优先保障用地，各地区应根据装配式建筑发展目标任务，优先保障装配式建筑项目和装配式产业基地土地供应。城乡规划部门在编制和修改控制性详细规划时，应增加建造方式的控制内容，在规划实施管理过程中，应将建造方式的控制内容纳入规划条件和选址意见书中。

《青岛市人民政府办公厅转发市城乡建设委关于进一步推进建筑产业化发展意见的通知》（青政办发〔2014〕17 号）提出，对进入青岛市的建筑产业化生产企业，其项目用地根据城市规划，按高新技术项目确定；在使用年度建设用地指标时，经市政府同意后可给予政策支持。

苏州《市政府印发关于加快推进建筑产业现代化发展的实施意见的通知》（苏府〔2016〕123 号）提出，加强建筑产业现代化企业生产基地和建设项目用地保障。市国土部门对列入市级年度重大项目投资计划的生产基地优先安排用地指标；结合产业现代化发展目标和经营性土地出让计划，每年安排满足建设装配式建筑项目的建设用地，根据住建部门提出的预制装配化率、成品住房比例要求，在土地出让文件中予以明确。

武汉《市人民政府关于进一步加快发展装配式建筑》的通知（武政规〔2017〕8号）提出，在土地出让、项目招投标等方面，优先支持具有工程管理、设计、施工、生产、采购能力的建筑产业现代化龙头企业、产业联合体和大型产业化集团。

10.1.3　列入土地竞拍评分项

为了鼓励创新，建设绿色、环保、宜居的高品质建筑产品，在土地竞争激烈的一线城市，将装配式建筑、绿色发展等相关要求列入竞拍条件中，有利于引导房地产开发企业积极采用装配式建筑。

北京市在土地招拍挂中，采用限房价、竞地价、竞自持面积、竞高标准建设方案的模式，土地出让方组织专家组成评选委员会对竞买人投报的高标准商品住宅建设方案进行评分，其中"装配式建筑实施比例"占25分（满分100分）。

上海市在土地招拍挂中，新增土地出让评分制，在评标过程中评定房地产企业的综合实力，包括经济实力（30分）、技术资质（20分）、项目经验（50分）三个方面，项目经验是评定企业在一线城市的开发业绩，其中装配式建筑、绿色建筑、全装修各占5分，总计占15%的比重。

10.2　土地支持政策影响机理分析

土地政策对装配式建筑发展的推动作用明显，原因在于充分调动了开发企业的主动性，其影响机理可归结为三个方面：一是设立拿地门槛，激发开发商的积极性。将装配式建筑要求纳入土地出让条件，强制与鼓励并举的土地政策使房地产开发企业为取得土地使用权而必须采用装配式建筑，从市场和产业链的源头推动了装配式建筑的有效落地，解决市场机制和主动性的问题。二是优先保障用地，鼓励开发企业实施装配式建筑，也鼓励生产施工进行装配式建筑部品部件工厂建设与技术研发，在建设用地紧张的大环境下，优先保障装配式建筑产业链相关项目的用地，鼓励具备装配式建筑相关技术优势的企业优先获得开发用地，从而使得更多的装配式建筑产业链项目落地实施。三是列入土地竞拍评分项，此项政策将实施"装配式建筑"比例、能力列入土地竞标的评分部分，促使企业为求在竞标中胜出，重视装配式建筑的业绩积累和技术实力，并提出高标准装配式建筑实施方案。以上三个方面是对市场的合理引导与竞争机制的灵活运用，把实施装配式建筑等条件作为土地使用权出让的附加竞争条件，有效促进了房地产开发企业建设高品质建筑。从长期来看，开发企业为获得土地，必然强化装配式建筑方面的投入，通过推进企业产品的标准化和系列化，逐步实现规模化，有效提升实施装配式建筑的效率和效益，带来实际的经济利益，增强企业实施装配式建筑的内生动力，逐步完善推进装配式建筑发展的市场机制。土地支持政策对装配式建筑的影响机理分析示意图见图 10-1。

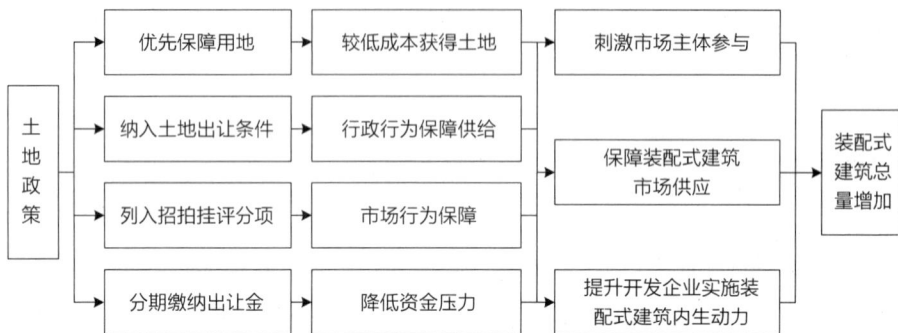

图 10-1　土地政策对装配式建筑的影响机理分析

10.3　土地支持政策实施效果分析

在土地供应阶段将发展装配式建筑的相关要求纳入供地方案，并落实到土地使用合同中，属于强制推动政策的典型代表，近年来多个城市的实践经验表明，此项政策推动力度非常大，此项措施在操作层面具备较强可行性，且实际上隐含了用地价补贴装配式建筑增量成本，由于地价高，容易被政府、企业和社会接受，是现阶段推动装配式建筑较为有效的政策之一。因此这一政策也被纳入《国务院办公厅关于大力发展装配式建筑的指导意见》（国办发〔2016〕71 号）中。

需要注意的是部分开发企业机械执行土地出让条件中的最低装配率要求，单纯追求完成装配率指标，忽视了装配式建筑科学发展路径，没有理清装配率与追求的效率、效益之间的关系，导致技术方案不合理，造成直接建设成本增量过高、现场管理难度增大等问题，对装配式建筑的推广造成不利的影响。

11　规划支持政策

11.1　规划支持政策措施

2010 年 3 月，北京市率先出台了建筑面积激励奖励措施，包括装配式建筑项目预制外墙面积不计面积和符合要求的给予 3% 以内的建筑面积奖励等。继北京之后，上海、沈阳、深圳、长沙等地陆续出台了建筑面积奖励或豁免政策，对激发市场活力起到积极效果，对装配式建筑发展起到了推动作用。

11.1.1　外墙预制部分不计入建筑面积

把装配式建筑外墙预制部分不计入建筑面积，从技术规范层面对面积测量规则进行调整，一方面体现出了装配式建筑的工业化产品特性，另一方面从提高了装配式建筑的使用率，对开发企业和消费者都具有吸引力，很多地方都出台了相关政策。

《北京市人民政府办公厅关于加快发展装配式建筑的实施意见》（京政办发〔2017〕8 号）规定，实施范围内的装配式建筑项目，在计算建筑面积时，建筑外墙厚度参照同类型建筑的外墙厚度。建筑外墙采用夹心保温复合墙体的，其夹心保温墙体外叶板水平投影面积不计入建筑面积。

《河北省人民政府办公厅关于大力发展装配式建筑的实施意见》（冀政办字〔2017〕3 号）规定，采用装配式建造方式的商品住宅项目，在办理规划审批手续时，其外墙预制部分的建筑面积（不超过规划总建筑面积的 3%）可不计入成交地块的容积率。

《甘肃省人民政府办公厅关于大力发展装配式建筑的实施意见》（甘政办发〔2017〕132 号）规定，按照装配式方式建造的，其外墙预制部分建筑面积可不计入面积核算，但不应超过总建筑面积的 3%。

南京《市政府办公厅印发南京市关于进一步推进装配式建筑发展实施意见的通知》（宁政办发〔2017〕143 号）规定，对采用装配式建筑达到第四条相关具体控制指标要求且使用预制外墙的项目或建筑单体，其使用预制外墙体的水平截面积可不计入容积率核算的建筑面积，但其不计入容积率的建筑面积应不超过相对应地面以上规划总建筑面积的 2%。

广西壮族自治区《关于大力推广装配式建筑促进我区建筑产业现代化发展的指导意见》

（桂建管〔2016〕64 号）规定，对主动采用建筑产业现代化建设方式且预制装配率达到
30% 的商品住房项目，规划管理部门在办理规划审批时，依据住房城乡建设管理部门出
具的意见，其外墙预制部分可不计入建筑面积，但不超过该栋住宅地上建筑面积的 3%。

贵州《省人民政府办公厅关于大力发展装配式建筑的实施意见》（黔府办发〔2017〕
54 号）规定，满足装配式建筑要求的商品房项目，墙体预制部分的建筑面积（不超过规
划总建筑面积的 3% ~ 5%）可不计入成交地块的容积率核算；同时满足装配式建筑和住
宅全装修要求的商品房项目，墙体预制部分的建筑面积（不超过规划总建筑面积的 5%）
可不计入成交地块的容积率核算；因采用墙体保温技术增加的建筑面积，不计入容积率核
算的建筑面积。

武汉《市人民政府关于进一步加快发展装配式建筑的通知》（武政规〔2017〕8 号）规定，
在办理规划审批时，其外墙装配式部分建筑面积（不超过规划总建筑面积的 3%）不计入
成交地块的容积率核算。

《太原市人民政府办公厅关于印发太原市加快推动装配式建筑发展实施方案的通知》
（并政办发〔2017〕98 号）规定，主动采用装配式建造的住宅项目，在办理规划审批手续时，
项目预制外墙可不计入建筑面积，但不超过装配式住宅 ±0.00 以上地面计容建筑面积的 3%。

11.1.2 给予容积率奖励

容积率奖励可直接增加房地产开发企业销售面积和销售收入，能较好地激发开发企业
的积极性，尤其是在房价较高的城市，激励效果更为明显。

《北京市人民政府办公厅关于加快发展装配式建筑的实施意见》（京政办发〔2017〕
8 号）规定，对于未在实施范围内的非政府投资项目，凡自愿采用装配式建筑并符合实施
标准的，给予实施项目不超过 3% 的面积奖励。

上海市《关于推进本市装配式建筑发展的实施意见》（沪建管联〔2014〕901 号）规
定，自愿实施装配式建筑的项目给予不超过 3% 的容积率奖励；装配式建筑外墙采用预制
夹心保温墙体的，给予不超过 3% 的容积率奖励。《上海市住房和城乡建设管理委员会关
于印发＜上海市装配式建筑 2016-2020 年发展规划的通知＞》（沪建建材〔2016〕740 号）
再次强调，积极落实现有规划奖励激励政策。

《湖南省人民政府办公厅关于加快推进装配式建筑发展的实施意见》（湘政办发〔2017〕
28 号）规定，实行容积率奖励。对房地产开发项目，主动采用装配式方式建造且装配率
大于 50% 的，经报相关职能部门批准，其项目总建筑面积的 3% ~ 5% 可不计入成交地
块的容积率核算。

《深圳市住房和建设局 深圳市规划与国土资源委员会关于印发＜深圳市装配式建筑住

宅项目建筑面积奖励实施细则〉的通知》（深建规〔2017〕2 号）规定，奖励建筑面积不超过符合装配式建筑相关技术要求的住宅规定建筑面积的 3%，最多不超过 5000 平方米，奖励建筑面积无需修改已有法定规划。奖励后的容积率不得超过《深圳市城市规划标准与准则》中规定的容积率上限。

《青岛市人民政府办公厅转发市城乡建设委关于进一步推进建筑产业化发展意见的通知》（青政办发〔2014〕17 号）规定，达到装配式建筑工程装配率认定标准的项目，在尚未批复建设工程设计方案的前提下，给予不超过实施产业化的各单体规划建筑面积之和 3% 的建筑面积奖励。

苏州《市政府印发关于加快推进建筑产业现代化发展的实施意见的通知》（苏府〔2016〕123 号）规定，在符合相关法律法规和规范标准的前提下，市规划部门会同住房城乡建设部门对采用预制装配式技术的建设项目制定容积率奖励政策。

11.2　规划支持政策影响机理分析

规划支持政策主要有两种方式，一是对采用装配式建筑且达到一定装配率的项目，其外墙预制部分可不计入建筑面积。一般建筑面积核算方式是以建筑外墙外表面为基准，这样传统建筑薄抹灰工艺的外保温保护层只有 1 ~ 2cm，而装配式建筑的外页板一般为 5 ~ 7cm，在相同的计算规则下，装配式建筑的使用率显然要低，影响市场和开发商的积极性。该奖励政策从技术政策层面解决了装配式建筑面积测量方面的问题。二是给予容积率奖励，对装配式建筑项目，奖励一定数量的建筑面积，容积率可提高一定比例。容积率的提高，本质上还是给予了开发商一定的资金奖励。

规划支持政策在一定程度上弥补了装配式建筑增量成本，从而有效提升了开发企业的实施意愿。规划支持政策对装配式建筑的影响机理分析示意图见图 11-1。

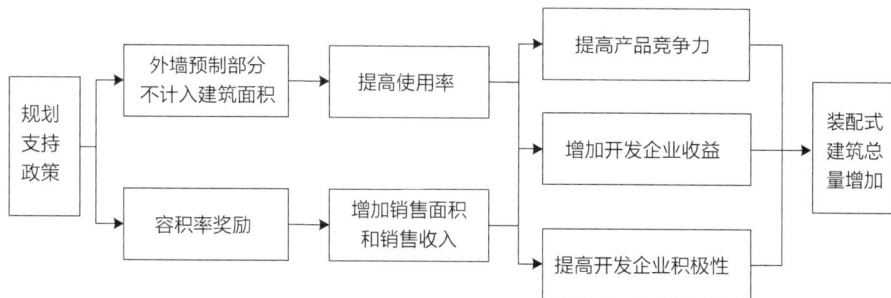

图 11-1　规划方面政策对装配式建筑的影响机理分析

11.3　规划支持政策实施效果分析

规划支持政策在一定程度上平衡了实施装配式建筑带来的增量成本，降低了装配式建筑的开发成本，提高了开发收益，激发了房地产开发企业实施装配式建筑积极性和主动性，加快了装配式建筑的推广进度，扩大了装配式建筑的实施规模。

规划支持政策在执行过程中存在一些障碍问题，一是建设审批流程不调整的情况下，如果按照原容积率要求开展设计，项目方案设计结束后进行装配式建筑相关论证，通过论证后再重新进行方案设计和容积率核算，程序多且复杂，会将项目整体进度拖后 1 ～ 2 个月；二是相关部门的配合问题，部分地区的国土规划等相关部门对该政策存在疑虑，政策执行情况不佳。下一步，要落实规划支持政策，需要调整优化装配式建筑项目管理流程，相关部门之间要加强沟通协调。

12　财政支持政策

12.1　财政支持政策措施

财政方面的扶持政策包括：一是增量成本纳入建设成本；二是设立专项资金补贴工程项目或是扩大专项资金使用范围；三是加大科研支持资金投入。

12.1.1　增量成本纳入建设成本

装配式建筑增量成本纳入建设成本，对规范装配式建筑建设管理起到一定作用，在提供投资成本审批依据的同时，减少了相关税费负担，对降低装配式建筑成本增量具有一定的作用。

《河北省人民政府办公厅关于大力发展装配式建筑的实施意见》（冀政办字〔2017〕3号）规定，政府投资或主导的项目采用装配式建造方式的，增量成本纳入建设成本。

《深圳市住房和建设局关于加快推进装配式建筑的通知》（深建规〔2017〕1号）规定，装配式建筑的增量成本计入项目建设成本。

武汉《市人民政府关于进一步加快发展装配式建筑的通知》（武政规〔2017〕8号）的通知规定，按照装配式方式建造的政府投资的公共建筑和独立成栋的保障性住房，其因采用装配式方式建造所增加的成本计入项目建设成本。

12.1.2　给予财政资金奖励

为了推动装配式试点示范项目的落地，发挥其示范引领作用，部分地区采用财政资金补贴的形式进行激励，取得了显著的成效。

《北京市人民政府办公厅关于加快发展装配式建筑的实施意见》（京政办发〔2017〕8号）规定，由财政部门研究制定装配式建筑项目专项奖励政策，对于实施范围内的预制率达到50%以上、装配率达到70%以上的非政府投资项目予以财政奖励；对于未在实施范围的非政府投资项目，凡自愿采用装配式建筑并符合实施标准的，按增量成本给予一定比例的财政奖励。

上海《关于印发〈上海市建筑节能和绿色建筑示范项目专项扶持办法〉的通知》（沪建材联〔2016〕432号）规定，符合装配整体式建筑示范的项目（居住建筑装配式建面积 3 万平方米以上，公共建筑装配式建筑面积 2 万平方米以上；装配式建筑单体预制率应不低于 45% 或装配率不低于 65%，且具有两项以上的创新技术应用），每平方米补贴 100 元。装配整体式建筑单个示范项目最高补贴 1000 万元，其他单个示范项目最高补贴 600 万元。涉及建筑节能和绿色建筑示范项目专项扶持资金在市节能减排专项资金中安排。

《江苏省人民政府关于加快推进建筑产业现代化促进建筑产业转型升级的意见》（苏政发〔2014〕111 号）规定，拓展省级建筑节能专项引导资金支持范围，重点支持采用装配式建筑技术、获得绿色建筑标识的建设项目和成品住房。江苏《省住房城乡建设厅 省财政厅关于组织申报 2017 年度省级节能减排（建筑产业现代化）专项引导资金的通知》（苏建计〔2017〕78 号）进一步规定，拓展省级建筑节能专项引导资金支持范围，对省级建筑产业现代化示范城市中省辖市补助不超过 5000 万元 / 个，县（市、区）不超过 3000 万元 / 个。示范基地补助不超过 100 万元 / 个，示范项目补助不超过 250 万元 / 个。

《长沙市人民政府办公厅关于进一步推进装配式建筑发展的通知》（长政办函〔2017〕177 号）规定，对实施装配式建筑且预制装配率达到 50%（含）以上的商品房项目（土地挂牌已明确装配式建筑要求的除外），经建设单位申请、建设主管部门审定后，由财政部门给予 100 元 / 平方米的资金补贴，补贴政策施行时限为两年。具体补贴办法由市住房城乡建设委牵头另行制定。

《泉州市人民政府办公室关于印发泉州市推进建筑产业现代化试点实施方案的通知》（泉政办〔2016〕90 号）规定，符合市政府《关于贯彻落实省政府进一步推动工业稳增长促转型十一条措施的通知》（泉政文〔2014〕24 号）规定条件的，可向经信部门申请专项资金补助，即按项目规定建设期内购置主要生产性设备或技术投资额不高于 5% 的比例给予补助，最高限额为 100 万元。

《沈阳市关于建筑产业化示范工程补贴资金实施办法》（沈建〔2016〕148 号）的规定，符合条件的建筑产业化示范工程项目，建设单位享受 100 元 / 平方米的补助，同一项目最高补贴 500 万元。

《深圳市住房和建设局关于加快推进装配式建筑的通知》（深建规〔2017〕1 号）规定，利用市建筑节能发展资金，重点扶持装配式建筑和 BIM 应用。经认定符合条件的示范项目、研发中心、重点实验室和公共技术平台，按规定予以资助。

《青岛市人民政府办公厅转发市城乡建设委关于进一步推进建筑产业化发展意见的通知》（青政办发〔2014〕17 号）规定，装配式建筑生产企业在园区内租用标准化厂房的，园区所在地政府给予 2 年以上的租金补贴；在园区之外生产经营的，给予一定的经济和服务支持。

12.1.3　加大科研支持资金投入

当前国内尚未形成适合不同地区、不同抗震等级要求、围护体系适宜、施工简便、工艺工法成熟、适宜规模推广的装配式建筑技术体系，需要加大科研支持力度。

《天津市人民政府办公厅印发关于大力发展装配式建筑实施方案的通知》（津政办函〔2017〕66 号）规定，将装配式建筑关键技术研究纳入天津市重点研发计划科技支撑重点项目征集指南，在同等条件下优先支持。

《河北省人民政府办公厅关于大力发展装配式建筑的实施意见》（冀政办字〔2017〕3 号）规定，扩大科技创新项目扶持资金支持范围，将装配式建筑发展列入各级科技计划指南重点支持领域。支持钢铁生产企业进行钢结构建筑生产技术改造，优先列入省工业企业技术改造项目库，对符合条件的项目，给予一定的技改资金支持。支持装配式建筑标准编制工作，对参与编制省级及以上标准的给予资金支持。

宁夏《自治区人民政府办公厅关于大力发展装配式建筑的实施意见》（宁政办发〔2017〕71 号）规定，在装配式建筑技术领域研究方面，要坚持企业研发主体地位，引导企业开展自主创新，以企业为主体组建 2 家以上自治区级工程（技术）研发中心，增强科技创新在产业发展中的引领作用，并通过自治区重点研发计划和科技基础条件建设计划，对装配式建筑技术领域研究项目和自治区工程（技术）研发中心予以扶持。

12.2　财政支持政策影响机理分析

通过对装配式建筑试点示范项目和相关企业给予补贴，实现较为精准激励。通过加大科研资金投入，引导企业自主创新，减轻企业研发资金压力，可以推动装配式建筑持续健康发展。

从长远来看，对项目和开发企业直接的财政支持，难以培育装配式建筑的可持续市场机制，政府财政压力也较大，只能作为前期为迅速推动装配式建筑试点项目、形成示范效应的一种短期的激励手段。

而对装配式建筑科研进行长期资金支持，可有效促进装配式建筑的管理水平、技术水平得到提升，充分发挥装配式建筑的优势，为消费者提供高品质的装配式建筑。财政支持政策对装配式建筑的影响机理分析示意图见图 12-1。

```
                    ┌──────────┐
              ┌────▶│ 增量成本纳入 │
              │      │ 建设成本    │
              │      └──────────┘
              │                      ┌────────┐      ┌──────────┐
              │              ┌──────▶│ 降低开发成本 │────▶│ 调动企业积极性 │
┌────────┐    │      ┌──────────┐   └────────┘      └──────────┘   ┌──────┐
│ 财政政策 │───┼────▶│ 财政资金奖励 │                                   │ 装配式 │
└────────┘    │      └──────────┘                                   │ 建筑总 │
              │                                                     │ 量增加 │
              │      ┌──────────┐   ┌──────────┐     ┌──────────┐   └──────┘
              └────▶│ 加大科研资金 │──▶│ 引导企业自主创新 │───▶│ 降低建造成本 │
                    │ 投入      │   └──────────┘     └──────────┘
                    └──────────┘
```

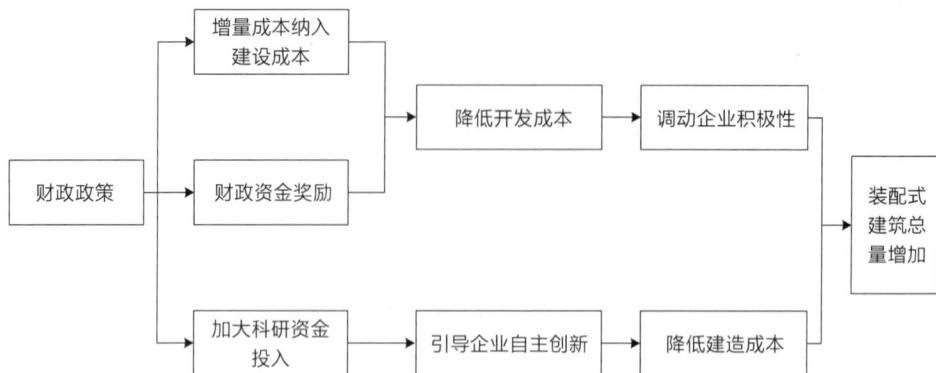

图 12-1　财政支持政策影响机理图

12.3　财政支持政策实施效果分析

装配式建筑的财政支持政策，极大地鼓舞了装配式建筑产业链企业参与的积极性。

增量成本纳入建安成本，解决了投资核算的依据问题，企业在项目投资审批、销售价格审核时有据可依。

资金奖励政策的落实，缓解了企业因增量成本带来的畏难情绪，直接刺激了开发、施工、生产等企业实施装配式建筑的积极性，效果良好。科研资金的支持，有力推动了装配式建筑技术的创新发展，各地装配式建筑新技术、新产品的研发和应用取得了一定成果。

13　税收支持政策

13.1　税收支持政策措施

税收支持政策主要分 3 类：一是支持装配式建筑相关新技术、新产品、新工艺研发的税收优惠政策，包括鼓励符合条件的装配式建筑企业申报高新技术企业，和装配式建筑相关研发费用在计算应纳税所得额时加计扣除；二是符合新型墙体材料目录的企业可享受增值税即征即退优惠政策；三是将装配式建筑纳入西部大开发税收优惠范围。

13.1.1　新技术、新产品、新工艺研发的税收优惠政策

《国务院办公厅关于大力发展装配式建筑的指导意见》（国办发〔2016〕71 号）提出，"支持符合高新技术企业条件的装配式建筑部品部件生产企业享受相关优惠政策"。根据科技部、财政部、国家税务总局发布的《高新技术企业认定管理办法》，高新技术企业是指在《国家重点支持的高新技术领域》内，持续进行研究开发与技术成果转化，形成企业核心自主知识产权，并以此为基础开展经营活动，在中国境内（不包括港、澳、台地区）注册一年以上的居民企业。装配式建筑是建造方式的变革，许多企业开展了大量装配式建筑相关技术与产品研发，并成功研制了具有自主知识产权的技术与产品。鼓励装配式建筑企业申报高新技术企业，有助于引导其加大研发投入，推动行业科技进步。

据此，北京、天津、辽宁、山东等 24 个省、自治区、直辖市出台了相应政策。此外，部分地区还提出了"装配式建筑企业开发新技术、新产品、新工艺发生的研究开发费用，可以在计算应纳税所得额时加计扣除"政策，也发挥了较好的推动作用。

《北京市人民政府办公厅关于加快发展装配式建筑的实施意见》（京政办发〔2017〕8 号）规定，符合高新技术企业条件的装配式建筑部品部件生产企业，经认定后可依法享受相关税收优惠政策。

《天津市人民政府办公厅印发关于大力发展装配式建筑实施方案的通知》的通知（津政办函〔2017〕66 号）规定，经认定为高新技术企业的装配式建筑企业，减按 15% 的税率征收企业所得税，装配式建筑企业开发新技术、新产品、新工艺发生的研究开发费用，可以在计算应纳税所得额时加计扣除。

《河北省人民政府办公厅关于大力发展装配式建筑的实施意见》（冀政办字〔2017〕

3 号）规定，符合条件的装配式建筑企业享受战略性新兴产业、高新技术企业和创新性企业扶持政策。

《广东省人民政府办公厅关于大力发展装配式建筑的实施意见》（粤府办〔2017〕28 号）规定，符合条件的装配式建筑部品部件生产企业，经认定为高新技术企业的，可按规定享受相关优惠政策。

宁夏《自治区人民政府办公厅关于大力发展装配式建筑的实施意见》（宁政办发〔2017〕71 号）规定，对企业用于新技术、新材料、新工艺的研究开发费用，可按规定实行企业所得税税前加计扣除。

武汉《市人民政府关于进一步加快发展装配式建筑》（武政规〔2017〕8 号）的通知规定，企业为开发建筑产业现代化新技术、新产品、新材料、新工艺发生的研发费用，符合条件的除可以在税前列支外，并享受加计扣除政策；有关技术转让、技术开发和与之相关的技术咨询、技术服务业务取得的收入，免征增值税，符合条件的技术转让所得可享受减免企业所得税优惠政策。

苏州《市政府印发关于加快推进建筑产业现代化发展的实施意见的通知》（苏府〔2016〕123 号）规定，优先推荐拥有成套装配式建筑技术体系和自主知识产权的优势企业申报高新技术企业，由市科技、财政、税务等部门依法依规给予其高新技术产业政策及相关税收优惠政策。

《沈阳市人民政府办公厅关于印发沈阳市大力发展装配式建筑工作方案的通知》（沈政办发〔2018〕28 号）规定，优先推荐拥有成套装配式建筑技术体系和自主知识产权的优势企业申报高新技术企业。

13.1.2　符合条件企业可享受增值税即征即退优惠政策

《财政部 国家税务总局关于新型墙体材料增值税政策的通知》（财税〔2015〕73 号）规定，对纳税人销售自产的列入《享受增值税即征即退政策的新型墙体材料目录》的新型墙体材料，实行增值税即征即退 50% 的政策。

《甘肃省人民政府办公厅关于大力发展装配式建筑的实施意见》（甘政办发〔2017〕132 号）规定，符合《享受增值税即征即退的新型墙体材料目录》和《资源综合利用产品和劳务增值税税收优惠目录》的墙体材料和部品部件生产企业，按规定享受税收优惠政策。

武汉《市人民政府关于进一步加快发展装配式建筑》（武政规〔2017〕8 号）的通知规定，水泥混凝土预制构件视同新型墙体材料，可按照相关规定享受增值税减免等优惠政策。

13.1.3　纳入西部大开发税收优惠范围

《财政部海关总署国家税务总局关于深入实施西部大开发战略有关税收政策问题的通知》（财税〔2011〕58号）规定，对西部地区内资鼓励类产业、外商投资鼓励类产业及优势产业的项目在投资总额内进口的自用设备，在政策规定范围内免征关税；自2011年1月1日至2020年12月31日，对设在西部地区的鼓励类产业企业减按15%的税率征收企业所得税。

该通知所称西部地区包括重庆市、四川省、贵州省、云南省、西藏自治区、陕西省、甘肃省、宁夏回族自治区、青海省、新疆维吾尔自治区、新疆生产建设兵团、内蒙古自治区和广西壮族自治区。其中部分省市将装配式建筑相关企业纳入了税收优惠政策范围。

贵州《省人民政府办公厅关于大力发展装配式建筑的实施意见》（黔府办发〔2017〕54号）规定，对符合西部大开发税收优惠政策条件的装配式建筑部品部件生产企业以及相关仓储、加工、配送一体化服务企业，依法按税率缴纳企业所得税。

《南宁市人民政府关于加快推动装配式建筑发展实现建筑产业现代化的实施意见》（南府规〔2017〕2号）规定，符合装配式建筑高新技术企业和装配式建筑工程装备制造、部品部件的生产企业，可享受国家西部大开发政策、国家沿边金融综合改革试验区政策、国家支持广西经济社会发展政策、广西北部湾经济区开放开发政策和《南宁市人民政府关于印发南宁市加快新型工业化跨越发展的若干政策措施的通知》（南府发〔2014〕22号）等有关政策规定的税率优惠。

《赣州市人民政府关于推进装配式建筑发展的实施意见》（赣市府发〔2017〕13号）规定，对节能环保材料预制装配式建筑构件生产企业和钢筋加工配送等装配式建筑部品构件仓储、加工、配送一体化服务企业，符合西部大开发税收优惠政策条件的，依法减按15%税率缴纳企业所得税。

13.2　税收支持政策影响机理分析

税收支持政策影响主要分为3个方面，一是装配式建筑相关新技术、新产品、新工艺研发的税收优惠政策，即符合规定的装配式建筑企业可以减少企业所得税税率、计算应纳税所得额时加计扣除研发费用等，增强了企业研发意愿，有利于提高企业自主创新水平；二是符合新型墙体材料目录的企业可享受增值税即征即退优惠政策，为部品部件生产企业带来了直接的经济效益，起到了很好的激励作用；三是纳入西部大开发税收优惠范围，对符合优惠政策的项目或企业进行一定程度的税收减免，在一定程度上弥补装配式建筑的增量成本。以上退税、减税、免税等政策的实施，可降低建设过程中间环节税费成本，对推动传统建筑业全产业链企业参与装配式建筑的发展、促进企业转型升级具有积极的引导作用。

税收支持政策具备两个优势，既可有效地覆盖整个产业链环节，具备市场化手段可持续的优势，又可以达到精准、直接、快速的扶持目的。由于税收支持政策与企业管理、技术水平等综合能力紧密相关，可以真正让有研发意愿和实力的装配式建筑企业享受到相关政策奖励。税收支持政策对装配式建筑的影响机理分析示意图见图 13-1。

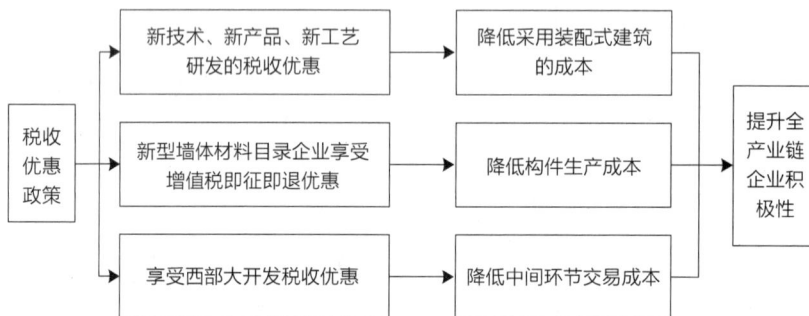

图 13-1　税收支持政策影响机理图

13.3　税收支持政策实施效果分析

多个省、市探索推行了与装配式建筑相关的企业可享受高新技术企业优惠政策，并明确了科技、财政、税务等相关部门工作职责，推动政策切实落地，对符合条件的企业在税收上给予退、减、免的优惠，政策实施效果明显，在推动企业加快新技术、新产品、新工艺的研发方面取得了一定成果。

但在上述税收政策落实过程中，由于部分省市制定的实施细则较为滞后，政策落实过程中需要与科技、税收等部门进行充分的沟通、协商，时间成本较高，实施过程存在一定的难度。另外，一些省市出台了建筑全装修税收优惠政策，对推广建筑全装修起到了较好的推动作用。

14　金融支持政策

14.1　金融支持政策措施

目前，各地出台的金融支持政策主要有 5 类：一是优先向金融机构推介；二是将装配式建筑部品部件评价标识信息纳入政府采购、招投标、融资授信等环节的采信系统；三是对装配式建筑项目、企业优先放贷；四是对装配式建筑项目进行贷款贴息；五是对购买装配式建筑项目的消费者增加贷款额度和贷款期限。

14.1.1　优先向金融机构推介

甘肃、苏州等地通过组织银企对接会等手段向金融机构优先推荐装配式建筑企业。甘肃省明确以省政府金融办为责任单位落实此政策，苏州市提出推介条件为纳入建筑产业现代化优质诚信企业名录的企业。

《甘肃省人民政府办公厅关于大力发展装配式建筑的实施意见》（甘政办发〔2017〕132 号）规定，发挥建设行业社会组织的作用，通过组织银企对接会、提供企业名录等多种形式向金融机构推介，对符合条件的企业加大信贷支持力度，提升金融服务水平。

苏州《市政府印发关于加快推进建筑产业现代化发展的实施意见的通知》（苏府〔2016〕123 号）规定，对纳入建筑产业现代化优质诚信企业名录的企业，有关行业主管部门应通过组织银企对接会、提供企业名录等多种形式向金融机构推介，争取金融机构支持。

14.1.2　将装配式建筑相关信息纳入采信系统

为了鼓励装配式建筑部品部件企业开展评价标识工作，部分省市出台了将装配式建筑部品部件评价标识信息纳入政府采购、招投标、融资授信采信系统的政策。所谓授信就是金融机构（主要指银行）对客户授予的一种信用额度，在这个额度内客户向银行借款可减少烦琐的贷款检查。将装配式建筑部品部件评价标识信息纳入融资授信采信系统，提高了企业信用额度，一定程度上增强了企业的融资竞争力。

《赣州市人民政府关于推进装配式建筑发展的实施意见》（赣市府发〔2017〕13 号）规定，对绿色装配式构配件生产和应用企业给予贷款贴息，将绿色装配式构配件评价标识信息纳入政府采购、招投标、融资授信等环节的采信系统。

《威海市人民政府办公室关于大力发展装配式建筑的实施意见》（威政办发〔2017〕7 号）规定，推进装配式部品部件评价标识信息纳入政府采购、招投标、融资授信等环节的采信系统。

14.1.3 优先放贷

一般来说，金融机构的优先放贷对象为产品利润相对较高、产生效益快的企业，但为了鼓励金融机构加大对装配式建筑行业企业的支持，多个省市要求鼓励金融机构对符合相应条件的装配式建筑企业提供信贷优先政策支持，包括在贷款额度、审批速度上有所倾斜，拓宽抵质押物的种类和范围等。

《河北省人民政府办公厅关于大力发展装配式建筑的实施意见》（冀办字〔2017〕3 号）规定，对建设装配式建筑园区、基地、项目及从事技术研发等工作且符合条件的企业，金融机构要积极开辟绿色通道，加大信贷支持力度，提升金融服务水平。

《吉林省人民政府办公厅关于大力发展装配式建筑的实施意见》（吉政办发〔2017〕55 号）规定，鼓励各类金融机构对符合条件的企业积极开辟绿色通道、加大信贷支持力度，提升金融服务水平。

宁夏《自治区人民政府办公厅关于大力发展装配式建筑的实施意见》（宁政办发〔2017〕71 号）规定，各金融机构对纳入装配式建筑优质诚信企业名录的企业加大信贷支持力度，对符合装配式建筑发展政策的项目开发企业、技术研发机构优先给予信贷支持。

《云南省人民政府办公厅关于大力发展装配式建筑的实施意见》（云政办发〔2017〕65 号）规定，鼓励金融机构加大对装配式建筑产业的信贷支持力度，开辟绿色通道，提供多样化金融服务。鼓励各类社会资本及相关产业投资基金参与装配式建筑产业发展，引导各类风险资本参与装配式建筑产业发展。

14.1.4 贷款贴息

贷款贴息是一种优惠贷款，是用于指定用途并由国家或银行补贴其利息支出的一种银行专项贷款。多个省市提出，为了更加有效地发挥金融机构作用，降低装配式建筑全产业链企业的生产、研发等成本，针对装配式建筑企业或项目可提供贷款贴息支持政策。

《山东省人民政府办公厅关于贯彻国办发〔2016〕71 号文件大力发展装配式建筑的实施意见》（鲁政办发〔2017〕28 号）规定，各级财政要研究推动装配式建筑发展的政策，对具有示范意义的工程项目给予支持，符合条件的，可参照重点技改工程项目，享受贷款贴息等税费优惠政策。

宁夏《自治区人民政府办公厅关于大力发展装配式建筑的实施意见》（宁政办发

〔2017〕71号）规定,自治区财政应当进一步优化财政资金投入方式,实施贴息等扶持政策,强化资金撬动作用,充分调动市场资源配置作用,促进企业加快实现转型升级。

《长春市人民政府办公厅关于加快发展装配式建筑的实施意见》（长府办发〔2017〕45号）规定，通过采取贷款贴息、财政补贴等扶持方式，加快装配式建筑项目的示范和推广。

《赣州市人民政府关于推进装配式建筑发展的实施意见》（赣市府发〔2017〕13号）规定，对引进国外高端设备和先进技术的，由市财政在国家、省贴息补助的基础上按《赣州市进口贴息资金管理暂行办法》（赣市财建字〔2014〕68号）给予配套补助。

14.1.5　增加贷款额度和贷款期限

消费者对于贷款额度和贷款期限十分敏感，对购买装配式建筑消费者增加贷款额度、延长贷款期限的政策，对于激发开发企业落实装配式建筑的积极性，具有较为显著的作用，也能有效提高市场购买主体对装配式建筑的接受度。

《广东省人民政府办公厅关于大力发展装配式建筑的实施意见》（粤府办〔2017〕28号）规定，对购买已认定为装配式建筑项目的消费者优先给予信贷支持。使用住房公积金贷款购买已认定为装配式建筑项目的商品住房，公积金贷款额度最高可上浮20%，具体比例由各地政府确定。

苏州《市政府印发关于加快推进建筑产业现代化发展的实施意见的通知》（苏府〔2016〕123号）规定，鼓励消费者购买建筑产业现代化商品住房，对购买预制装配式商品住房和成品住房的家庭，按照差别化住房信贷政策积极给予支持。

《浙江省人民政府办公厅关于推进绿色建筑和建筑工业化发展的实施意见》（浙政办发〔2016〕111号）规定，使用住房公积金贷款购买装配式建筑的商品房，公积金贷款额度最高可上浮20%，具体比例由各地政府确定。购买成品住宅的购房者可按成品住宅成交总价确定贷款额度。对实施装配式建造的农民自建房，在个人贷款服务、贷款利率等方面给予支持。

山东省《关于印发〈山东省装配式建筑发展规划（2018-2025）〉的通知》（鲁建节科字〔2018〕6号）规定，对使用按揭贷款购买全装修商品住宅的，房价款计取基数包含装修费用。使用住房公积金贷款购买装配式住宅,按照差别化住房信贷政策积极给予支持，最高贷款额度可上浮20%，具体比例由各地确定。

14.2　金融支持政策影响机理分析

优先向金融机构推介的政策使得符合条件的装配式建筑企业相较传统建筑企业增加了

竞争优势；将装配式建筑部品部件评价标识信息纳入政府采购、招投标、融资授信采信系统的政策，提高了企业信用额度。以上 2 项政策一定程度上增强了企业的融资竞争力，提高了获得贷款的可能性。

优先放贷政策在一定程度上缩短了装配式建筑企业和项目获得资金的时间；贷款贴息使得企业利息支出减少。优先放贷和贷款贴息政策有利于降低资金成本。

对购买装配式建筑的消费者增加贷款额度和贷款期限，降低了购房者的购房成本，提升了装配式建筑的市场竞争力，增加了装配式建筑的市场需求。开发企业以市场为导向，装配式建筑的市场接受度提高，反过来又会调动开发企业的积极性，鼓励企业开展装配式建筑相关研发、生产的工作。

金融支持政策对装配式建筑的影响机理分析示意图见图 14-1。

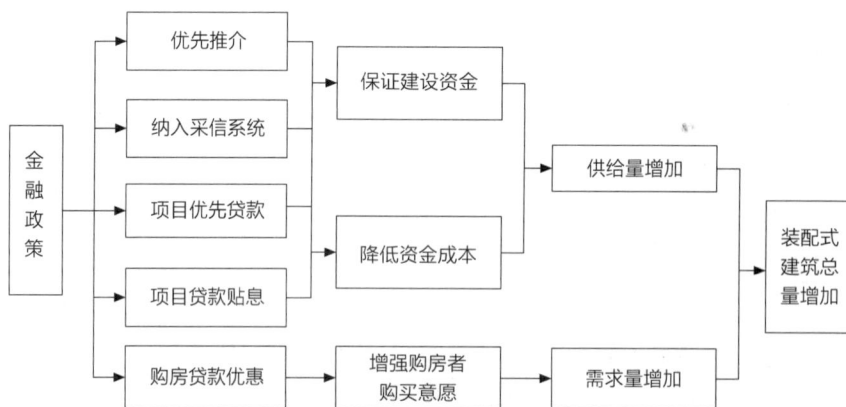

图 14-1　金融支持政策对装配式建筑的影响机理分析

14.3　金融支持政策实施效果分析

河北、山东、宁夏、吉林等地通过实施金融优先推介、优先放贷等政策，降低了装配式建筑相关企业的融资难度和融资成本，并通过贷款贴息降低了成本，有利于传统建筑企业向装配式建筑企业转型。

山东、江西等地把装配式建筑部品部件评价标识信息纳入政府采购、招投标、融资授信等环节的采信系统，该政策在实际操作层面还未得到有效落实，但对于部品部件生产企业起到了很好的引导作用，推动了相关企业在技术研发、产品升级、质量管控等方面加大投入，提高产品质量，也将有力推动部品部件产品标准和认证、标识体系的建立。

增加消费者的贷款额度和期限，现阶段对消费者带来的消费决策影响尚不明显，但已经起到了很好的宣传作用，使更多的消费者有兴趣了解装配式建筑。

在政策实际操作过程中，建设行政主管部门一方面需要与金融部门、金融机构进行大量的沟通协调，确保政策落地；另一方面，需要扩大政策的宣传范围和提高推广力度，让消费者了解政策内容，逐渐提高装配式建筑的市场竞争力。

15　建设环节支持政策

15.1　建设环节支持政策措施

建设环节支持政策主要有 5 类：一是招投标倾斜政策；二是提前办理房地产预售许可证；三是纳入审批绿色通道；四是鼓励科技创新与评奖评优；五是为部品部件运输提供交通支持。

15.1.1　招投标倾斜政策

《国务院办公厅关于大力发展装配式建筑的指导意见》（国办发〔2016〕71 号）提出，推行工程总承包，装配式建筑原则上应采用工程总承包模式，可按照技术复杂类工程项目招投标。招投标倾斜政策对于企业有很好的激励作用。北京、天津、重庆、江苏等多个省市提出，装配式建筑项目可按照技术复杂类工程项目招投标，部分地区明确了可采用邀请招标方式，并对工程总承包单位有所倾斜。

《北京市人民政府办公厅关于加快发展装配式建筑的实施意见》（京政办发〔2017〕8 号）规定，装配式建筑原则上应采用工程总承包模式，可按照技术复杂类工程项目招投标。工程总承包企业要对工程质量、安全、进度、造价总负责。

江苏《省住房和城乡建设厅关于印发〈江苏省装配式建筑（混凝土结构）项目招标投标活动的暂行意见〉的通知》（苏建规字〔2016〕1 号）提出，对江苏省内国有投资或国有投资为主的装配式建筑项目，当装配式建筑预制率（±0.00 以上部分，预制混凝土构件总体积占全部混凝土总体积的比率）不小于 30% 时，装配式建筑主体结构设计、施工、监理招标可采用邀请招标。

《深圳市住房和建设局关于加快推进装配式建筑的通知》（深建规〔2017〕1 号）规定，装配式建筑项目优先采用设计 – 采购 – 施工（EPC）总承包、设计 – 施工（D–B）总承包等项目管理模式。具有工程总承包管理能力和经验的企业（包括设计、施工、开发、生产企业单独或组成联合体），可以承接 EPC 工程总承包、设计 – 施工总承包项目，实施时具体的设计、施工任务由相应资质的单位承担。招标人采用竞价预选招标或竞价批量招标方式，择优选择工程总承包单位。

《保定市人民政府办公厅关于加快推进保定市装配式建筑发展的实施意见》（保政办函

〔2018〕48 号）规定，在施工当地没有或只有少数几家住宅产业现代化生产施工企业的，国有资产投资项目招标时可以采用邀请招标方式进行。

15.1.2　提前办理房地产预售许可证

提前办理房地产预售许可证的政策，本质上加速了装配式建筑开发企业的资金回流，降低了开发企业资金压力和融资成本，有利于激发开发商开展装配式建筑项目建设的积极性。

《北京市人民政府办公厅关于加快发展装配式建筑的实施意见》（京政办发〔2017〕8 号）规定，采用装配式建筑的商品房开发项目在办理房屋预售时，可不受项目建设形象进度要求的限制。

《天津市人民政府办公厅印发关于大力发展装配式建筑实施方案的通知》（津政办函〔2017〕66 号）规定，采用装配式建筑的商品房项目，施工部位达到首层室内地坪标高且符合办理条件的，可申请办理商品房销售许可证。

广西壮族自治区《关于大力推广装配式建筑促进我区建筑产业现代化发展的指导意见》（桂建管〔2016〕64 号）规定，投入开发建设资金达到工程建设总投资的 25% 以上、施工进度达到正负零，可申请办理《商品房预售许可证》。优先安排基础设施和公共设施配套工程。

《深圳市住房和建设局　深圳市规划和国土资源委员会　深圳市发展和改革委员会关于印发〈深圳市装配式建筑发展专项规划（2018-2020）〉的通知》（深建字〔2018〕27 号）进一步规定，扩大建筑面积奖励和提前预售实施范围，优化奖励政策流程。

《石家庄市人民政府关于加快推进钢结构建筑发展的意见》（石政发〔2016〕55 号）规定，采用钢结构方式建设的商品住房项目，在办理《商品房预售许可证》时，允许将预制构件投资计入工程建设总投资额，纳入进度衡量。

武汉《市人民政府关于进一步加快发展装配式建筑的通知》（武政规〔2017〕8 号）规定，按照装配式建造方式开发建设的商品房项目，其预售资金监管比例按照 15% 执行；小高层及以上建筑结构主体施工达到总层数三分之一以上，且已确定施工进度和竣工交付日期的，即可办理预售许可证。

《保定市人民政府办公厅关于加快推进保定市装配式建筑发展的实施意见》（保政办函〔2018〕48 号）规定，对投入开发建设资金达到工程建设总投资的 25% 以上、施工进度达到正负零，可申请办理《商品房预售许可证》。

15.1.3　纳入审批绿色通道

住房城乡建设部《"十三五"装配式建筑行动方案》规定，装配式建筑工程可参照重点工程报建流程纳入工程审批绿色通道。

广西壮族自治区《关于大力推广装配式建筑促进我区建筑产业现代化发展的指导意见》（桂建管〔2016〕64号）规定，报建手续开辟绿色通道，可以采用平方米包干价方式确定工程总造价预算进行施工图合同备案。

《深圳市住房和建设局　深圳市规划和国土资源委员会　深圳市发展和改革委员会关于印发〈深圳市装配式建筑发展专项规划（2018-2020）〉的通知》（深建字〔2018〕27号）规定，装配式建筑工程参照重点工程报建流程纳入工程审批绿色通道，相关部门在办理工程建设项目立项、建设用地规划许可、建设工程规划许可、环境影响评价、施工许可、商品房预售许可等相关审批手续时，对装配式建筑项目给予优先办理。

《青岛市人民政府办公厅转发市城乡建设委关于进一步推进建筑产业化发展意见的通知》（青政办发〔2014〕17号）规定，对装配式建筑生产企业在青岛市扩大投资和生产能力的，提供一站式审批、开辟绿色通道等服务支持。

《石家庄市人民政府办公厅关于加快推进我市建筑产业化的实施意见》（石政办发〔2016〕29号）规定，主动采用住宅产业现代化建设方式且预制装配率达到30%的商品住房项目，报建手续开辟绿色通道，可以采用平方米包干价方式确定工程总造价预算进行施工图合同备案。

15.1.4　鼓励科技创新与评奖评优

部分省市通过对装配式建筑科技创新与评奖评优的政策倾斜，鼓励高等院校、科研院所、企业等开展装配式建筑相关研究工作。

《北京市人民政府办公厅关于加快发展装配式建筑的实施意见》（京政办发〔2017〕8号）规定，在北京市建筑行业相关评优评奖中，增加装配式建筑方面的指标要求。

《重庆市人民政府办公厅关于大力发展装配式建筑的实施意见》（渝府办发〔2017〕185号）提出，科技部门将发展装配式建筑纳入市级科技计划项目支持方向，从科技攻关计划中安排专项科研经费，用于支持关键技术攻关以及设计、标准、施工工法等技术研究。落实好促进科研成果转化相关政策，对高等院校、科研院所、企业等开展装配式建筑相关研究工作给予支持。

《河北省人民政府办公厅关于大力发展装配式建筑的实施意见》（冀政办字〔2017〕3号）规定，在人居环境奖评选、生态园林城市评估、绿色建筑评价等工作中增加装配式建筑方面的指标要求。在评选优质工程、优秀工程设计和考核文明工地时，优先考虑装配式建筑。

15.1.5 为部品部件运输提供交通支持

预制构件的运输涉及运输管理部门，需要协调交管部门在运输许可和交通保障方面给予一定支持，确保预制构件运输畅通。

《天津市人民政府办公厅印发关于大力发展装配式建筑实施方案的通知》（津政办函〔2017〕66 号）规定，对运输预制混凝土及钢构件等超大、超宽部品部件的运输车辆，在公路超限运输许可和交通保障方面给予支持。

《重庆市人民政府办公厅关于大力发展装配式建筑的实施意见》（渝府办发〔2017〕185 号）提出，交通运输部门、公安交通管理部门对运输装配式预制混凝土构件、钢构件等超大、超宽部品部件的车辆，在物流运输、交通保障方面给予支持。

《河北省人民政府办公厅关于大力发展装配式建筑的实施意见》（冀政办字〔2017〕3 号）规定，各级公安和交通运输部门在职能范围内，对运输超高、超宽部品部件（预制混凝土构件、钢构件等）运载车辆，在运输、交通通畅方面给予支持。

《山东省住房和城乡建设厅关于印发〈贯彻国办发〔2016〕71 号和鲁政办发〔2017〕28 号文件大力发展装配式建筑重点工作的分工〉的通知》（鲁政办发〔2017〕28 号）提出，研发推广专用运输车辆，优化物流管理，合理组织配送。

《秦皇岛市人民政府办公厅关于大力推进建筑产业现代化的实施意见》（秦政办规〔2017〕3 号）规定，各级公安和交通运输部门在职能范围内，对运输超大超宽部品部件（预制混凝土及钢构件等）运载车辆，在运输、交通通畅方面给予支持。

15.2 建设环节支持政策影响机理分析

为保证装配式建筑项目顺利实施，多个省市探索了招投标倾斜、提前办理房地产预售许可证、纳入审批绿色通道、鼓励评奖评优和构配件运输支持支持政策，起到了良好推动作用，具体表现在如下几个方面：当前与传统建造方式相比，装配式建筑在成本上还不能达到规模效应，资金需求量相对来说高于现浇式建筑。然而，对开发企业来说，所需部品部件必须在现场组装前到位，也就是说在项目建设前期，就需要在部品部件生产企业下订单，因此，很大一部分建设资金需要在项目现场装配前到位。符合条件的新建装配式商品住宅项目预售许可证可提前办理的规定，放宽了采用装配式建筑的新建商品住房预售标准，增加了提前预售的时间，给开发企业带来更大的收益，激发了开发商的积极性。另外，投标政策倾斜、纳入审批绿色通道、在构配件运输方面予以相关支持、鼓励科技创新与评奖评优等政策，为企业提供了便利，对于提高各方主体加大研发力度也有一定效果。建设环节支持政策对装配式建筑的影响机理分析示意图见图 15-1。

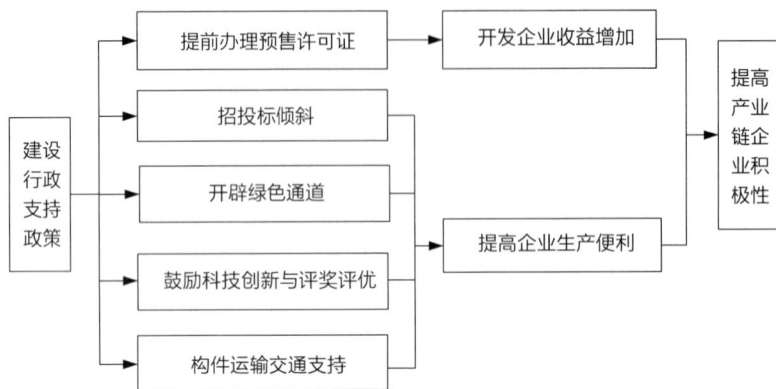

图 15-1 建设环节支持政策对装配式建筑的影响机理分析

15.3 建设环节支持政策实施效果

建设环节支持政策主要由各地住房城乡建设主管部门负责推进实施，在实施过程中较少涉及同其他职能部门的沟通协调，因此执行难度较低、效果较好。

招投标倾斜政策有效推动了装配式建筑项目应用工程总承包模式，通过近几年的实施，培育了一批具有总承包能力的企业，部分企业建立了高素质的装配式建筑产业工人队伍，为装配式建筑的发展打下了坚实基础。

提前办理《房地产预售许可证》政策，由于各地对于预售许可时间节点设定的不同，影响程度也不同，但销售款的提前回笼，在很大程度上缓解了房地产开发企业资金压力，提高了开发企业资金周转速度，同时为开发企业带来了丰厚的潜在收益，极大地提高了开发企业采用装配式建筑的积极性。

为装配式建筑项目开辟工程审批绿色通道，一方面减少了报建、审批、预售、验收相关手续的办理时间，节约了时间成本和资金成本，提高了开发企业推广装配式建筑的积极性；另一方面在装配式建筑工程项目管理流程尚不完善的时候，可加速装配式建筑项目的落地。此外，河北省要求享受绿色通道的项目装配率需达到 30%，这对提高装配式建筑技术水平有积极的促进作用，同时也要充分注意实施方案的审查把关，避免机械执行带来反面效果。

构件运输支持政策一方面降低了构件生产过程成本、缩短了构件出厂时间；另一方面在超大、超宽构件运输时，解决了物流运输、交通管制方面的问题，使构件生产企业物流管理得以优化，配送效率得以提高，进一步保障了装配式建筑项目的顺利施工。

16　技术支持政策

16.1　技术支持政策措施

《国务院办公厅关于大力发展装配式建筑的指导意见》（国办发〔2016〕71号）对装配式建筑技术提升提出了明确要求，包括健全标准规范体系、创新装配式建筑设计、优化部品部件生产、提升装配施工水平等。各地积极落实党中央、国务院文件要求，出台了完善技术标准体系、鼓励技术研发应用等技术支持政策。

16.1.1　完善技术标准体系

在各地的装配式建筑政策文件中，都体现出了对标准规范的极大重视，鼓励编制地方标准、团体标准，编制相关图集、工法、手册、指南等。

《北京市人民政府办公厅关于加快发展装配式建筑的实施意见》（京政办发〔2017〕8号）提出，进一步完善适应装配式建筑的设计、生产、施工、检测、验收、维护等标准体系，编制相关图集、工法、手册、指南。严格执行国家和行业装配式建筑相关标准，加快制定本市地方标准，支持制定企业标准，促进关键技术和成套技术研究成果转化为标准规范。

《重庆市人民政府办公厅关于大力发展装配式建筑的实施意见》（渝府办发〔2017〕185号）提出，结合重庆市实际和山地建筑特点，制定具有地方特色的装配式建筑地方标准。引导企业技术创新，促进关键技术和成套技术研究成果转化为标准规范。强化建筑材料、部品部件、工程技术标准之间的衔接。对装配式建筑项目，完善预制外墙建筑面积计算规则。制定重庆市装配式建筑工程计价依据，满足不同设计深度、不同复杂程度装配式建筑工程计价需要。加大对国家和行业关于装配式建筑系列标准的宣传力度，提高标准实施效果。

《河北省人民政府办公厅关于大力发展装配式建筑的实施意见》（冀政办字〔2017〕3号）提出，把钢结构建筑作为建造方式创新的主攻方向，大力发展装配式混凝土建筑，在具备条件的地方倡导发展现代木结构建筑，不断提高装配式建筑在新建建筑中的比例。通过标准化设计、工厂化生产、装配化施工、一体化装修、信息化管理、智能化应用，提高建筑技术水平和工程质量，促进建筑业转型升级和产业现代化水平。

《安徽省人民政府办公厅关于大力发展装配式建筑的通知》（皖政办秘〔2016〕240号）提出，推动装配式建筑设计、生产、施工过程的通用化、模数化、标准化，积极应用建筑信息模型技术，提高建筑领域各专业协同设计能力。加快编制装配式建筑地方标准，支持企业编制标准，鼓励社会组织编制团体标准，强化建筑材料标准、部品部件标准、工程标准之间的衔接，逐步建立完善覆盖设计、生产、施工和使用维护全过程的装配式建筑标准规范体系。

贵州《省人民政府办公厅关于大力发展装配式建筑的实施意见》（黔府办发〔2017〕54号）提出，着力完善标准体系。加快编制装配式建筑地方标准，鼓励社会组织编制团体标准。研究建立装配式建筑评价标准和方法。鼓励企业开发、引进、推广新技术、新产品。促进关键技术和成套技术研究成果转化为标准规范，逐步建立完善覆盖设计、生产、施工、评价和使用维护全过程的装配式建筑标准规范体系。

《深圳市住房和建设局深圳市规划和国土资源委员会深圳市发展和改革委员会关于印发〈深圳市装配式建筑发展专项规划（2018-2020）〉的通知》（深建字〔2018〕27号）提出，编制装配式建筑技术应用指引研究制定符合我市实际并与国家标准衔接的装配式建筑评价标准。鼓励社会组织编制部品部件设计、生产和施工工艺等团体标准和行业标准促进关键技术和成套技术研究成果转化为标准规范。修订完善我市装配式建筑工程定额、工程量清单计量规则等计价依据定期发布装配式建筑部品部件市场参考价格建立覆盖设计、生产、施工、检测、验收和运营维护全过程的装配式建筑标准规范体系。

16.1.2 鼓励技术研发应用

目前，我国部分装配式建筑单项技术和产品的研发已经达到国际先进水平，一些装配式建筑关键技术和成套技术还有待研究和成果转化。许多省市出台了相关技术支持政策，鼓励装配式混凝土建筑连接技术设计标准化以及钢结构建筑围护技术体系、钢－混组合结构体系等方面的技术研发。

《北京市人民政府办公厅关于加快发展装配式建筑的实施意见》（京政办发〔2017〕8号）提出，引导企业研发应用与装配式施工相适应的技术、设备和机具，特别是加快研发应用装配式建筑关键连接技术和检测技术，提高部品部件的装配施工质量和建筑安全性能。

《河北省人民政府办公厅关于大力发展装配式建筑的实施意见》（冀政办字〔2017〕3号）规定，扩大科技创新项目扶持资金支持范围，将装配式建筑发展列入各级科技计划指南重点支持领域。鼓励以装配式建筑技术研究为重点攻关方向以及绿色建材生产骨干企业联合高等学校、科研院所，申报省级以上重点（工程）实验室或工程（技术）研究中心。

支持钢铁生产企业进行钢结构建筑生产技术改造，优先列入省工业企业技术改造项目库，对符合条件的项目，给予一定的技改资金支持。

贵州《省人民政府办公厅关于大力发展装配式建筑的实施意见》（黔府办发〔2017〕54号）提出，鼓励行业积极研发与装配式建筑相应的施工技术和工法，创新项目管理模式，加快装配式建筑施工安装成套技术、安装防护技术、施工质量检验技术的发展和应用。

《深圳市住房和建设局深圳市规划和国土资源委员会深圳市发展和改革委员会关于印发〈深圳市装配式建筑发展专项规划（2018-2020）〉的通知》（深建字〔2018〕27号）规定，定期梳理和发布先进成熟可靠的新技术、新产品、新工艺。加大关键技术研发力度。鼓励相关企业开展超高层装配化施工、机电设备装配集成、预制构件主体结构连接等关键技术与成套产品的研发。完善钢结构建筑围护技术体系和外墙节能体系，推动钢－混组合结构的研发应用。推广减、隔震技术在装配式建筑上的应用。

16.2 技术支持政策影响机理分析

完善的技术标准体系和成熟适用的技术体系是装配式建筑推进的重要基础，技术进步和产品提升、质量提升相辅相成、互为推进。装配式建筑的技术创新贯穿整个产业链，涉及装配式建筑技术体系、设计标准化、部品部件生产技术与工法、结构装修设备一体化、施工安装工法、辅助机具设备、检验检测技术等方面。装配式建筑相关技术支持政策在很大程度上影响着装配式建筑技术水平的发展，通过政策引导，可以提高设计能力、改进部品生产技术和施工工艺、促进施工技术的创新研发和应用，完善技术标准体系，降低工程造价、提升产品质量品质，推动装配式建筑健康发展。

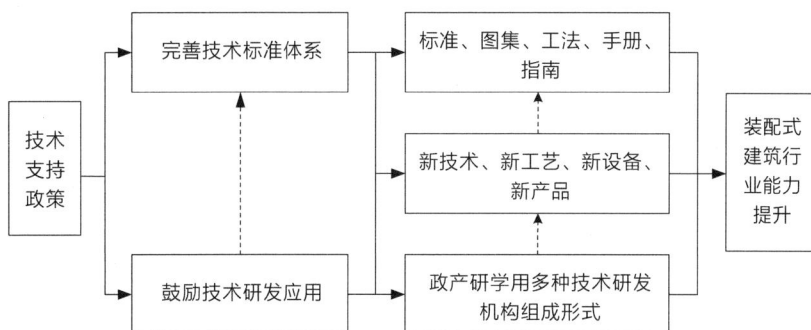

图 16-1 技术政策对装配式建筑的影响机理分析

16.3　技术支持政策实施效果分析

随着各地装配式建筑技术支持政策的出台，地方装配式建筑技术标准体系不断完善，逐步覆盖装配式建筑部品构件生产、质量安全、装配施工、检验检测、竣工验收和运营维护全过程，提高了装配式建筑设计、生产、施工、装饰装修、设备制造等全产业链相关企业研发的积极性和资金投入，编制出台了大量标准规范等，提高了生产技术、施工技术和设备制造技术。

17 绿色生态发展理念引导政策

17.1 绿色生态发展理念引导政策措施

装配式建筑具有环保、节能等优势，相比传统现浇混凝土建筑可以大幅较少施工现场的扬尘污染、废水排放、噪音污染和建筑垃圾。同时，工厂化生产特点使得部品部件的质量品质得到大幅提高，CSI 技术 ❶ 和装配化装修的配合实施，更大程度上保证了结构安全，延长建筑主体结构的寿命。因此，各地以绿色环保理念为出发点，出台提高各项要求指标的相关政策措施，推进装配式建筑的发展。

17.1.1 治理扬尘污染

现场湿作业大大减少是装配式建筑的优势之一。大部分的施工作业为预制构件的安装，几乎不产生扬尘。在环保要求非常严格的省市，在施工时间与扬尘控制方面具有显著优势。

2017 年开始，北京、河北等地通过加大施工现场扬尘治理力度，加大对扬尘治理不达标企业的处罚力度，倒逼企业应用可使扬尘明显减少的装配式建造方式。以北京市为例，明确提出对扬尘治理不达标项目的施工企业、房地产开发企业和监理单位等的处罚决定。如《2017-2018 年秋冬季建设系统施工现场扬尘治理攻坚行动方案》（京建发〔2017〕390 号）规定，一个月内发现同一施工企业有三个及以上项目扬尘治理不达标，该施工企业全市所有在施工程项目停工整改 30 天，并依法暂停其在北京建筑市场投标6 个月。连续三个月发现同一施工企业有项目扬尘治理不达标，暂停其在北京建筑市场投标 6 个月。

《河北省人民政府办公厅关于大力发展装配式建筑的实施意见》（冀政办字〔2017〕3 号）提出，在《河北省重污染天气应急预案》Ⅰ级应急响应措施发布时，装配式建筑施工工地可不停工，但不得从事土石方挖掘、石材切割、渣土运输、喷涂粉刷等作业。该政策有利于装配式建筑项目节省施工工期，对于开发企业和施工企业很有吸引力。

---

❶ CSI即支撑体与填充体相分离的新型长寿命工业化住宅建筑体系，见住房和城乡建设部住宅产业化促进中心主编的《CSI住宅建筑技术导则（试行）》。

17.1.2　提高建筑垃圾相关费用

通过提高建筑垃圾相关费用的政策，装配式建造方式垃圾排放少的优势可有效转化为市场价格上的优势。

装配式建筑和装配化装修在减少建筑垃圾排放方面有很大的优势。早在 2013 年，北京市发展和改革委员会和北京市市政市容管理委员会就联合发文，在《关于调整本市非居民垃圾处理收费有关事项的通知》（京发改〔2013〕2662 号）提出"建筑垃圾清运费调整为运输距离 6 公里以内 6 元 / 吨、6 公里以外 1 元（吨·公里），建筑垃圾处理费调整为 30 元 / 吨。"而在此文件下发之前，建筑垃圾处理费为 16 元 / 吨。根据 2013 年的测算，北京市建筑垃圾的处理成本为每吨 37 元。由于装配式建造方式相比传统建造方式可减少建筑垃圾 70% 以上，因此建筑垃圾处理成本的增加对选择装配式建造方式产生很大的激励作用。

2017 年 12 月 18 日，北京市发布了《北京市住房和城乡建设委员会关于建筑垃圾运输处置费用单独列项计价的通知》（京建法〔2017〕27 号），对建筑垃圾运输处置费用的内容进行了界定，并将其分为弃土（石）方运输和消纳、渣土运输和消纳、施工垃圾运输和消纳三大类别，分别对其详细内容和计价要求进行了具体规定。在此基础上，《通知》充分考虑编制设计概算、编制招标工程量清单、编制招标控制价和编制投标报价等各阶段的计价需要，从工程量计量、要素价格确定和费用税金计取三方面，对各阶段的建筑垃圾运输处置费用单独列项计价作出了具体要求，并明确规定发承包双方应在施工合同中约定建筑垃圾运输处置费用的结算方法，以便于合同结算。

此外，该通知规定，依法进行招标的建设工程，其建筑垃圾运输处置费用应按通知规定单独列项计价，并将 2018 年 1 月 1 日作为执行时间的分界，1 月 1 日（含）以后进入招标程序或依法签订施工合同的工程，均按通知要求执行。自此，建筑垃圾运输处置的计价行为得到进一步规范，为建筑垃圾运输处置的规范化管理提供了资金保障。

17.1.3　提高建设标准以促进装配式建筑发展

装配式建筑作为工业化产品，通过设计施工一体化的承包模式，通过精细化设计和管理，可以实现建筑品质的升级。通过政策提出高标准建设要求，有利于发挥装配式建筑的市场竞争力。很多发达国家和地区通过提高建筑节能要求和提高建设标准倒逼装配式建筑发展。比如日本制定了《百年住宅建设系统认定基准》，并持续至今。欧盟对建筑节能的要求不断升级。

2017 年，北京市在土地出让环节创新招拍挂方式，"控地价、限房价"，由竞买人自主投报高标准商品住宅建设方案。该建设方案中,装配式建筑部分分值占比为 25%。同时,北京市创造性地在高标准商品住宅建设项目管理中运用企业承诺加履约保函的市场机制,采用市场化手段有效约束建设单位的建设行为,确保项目建设成为三星级绿色建筑、装配式建筑、超低能耗建筑和绿色节能环保技术应用的高标准示范项目。在此制度的激励下,截至 2017 年 8 月底,已完成 7 个高标准商品住宅建设项目共 105 万平方米的监督协议签订,并开展相关监管工作。

17.2 绿色生态发展理念引导政策影响机理分析

绿色生态发展理念引导政策的作用十分重要。一种建造模式都是基于一定的市场规则土壤的,在过去的几十年,国内的建筑行业市场规则是适合传统现浇作业的发展而产生的,因此带来了以下问题:一方面,市场对居住品质要求不高和环保意识缺乏;另一方面,城镇化带来大量的农民工进城,廉价的劳动力使得建筑工业化的优势无法凸显。在此市场规则土壤上,装配式建筑绿色环保的优势不能直接转换为价格上或者市场准入上的优势,其成本增量方面的劣势显然对于装配式建筑的推广是不利的。

绿色生态发展理念引导政策实际上是对原有传统市场规则土壤进行调整,环保意识和要求的提高、人口红利的消退等因素,使得建筑工业化的优势逐渐凸显。在新的市场规则与机制下,装配式建筑的长远优势与现阶段的价格机制逐渐挂钩,逐步体现出市场竞争力。

目前,至少有两大因素在"倒逼"国内的装配式建筑发展进程。一是环境保护的压力,包括扬尘污染治理和建筑垃圾治理的压力。《住房城乡建设部关于印发建筑节能与绿色建筑发展"十三五"规划的通知》(建科〔2017〕53 号)要求,到 2020 年,城镇新建建筑

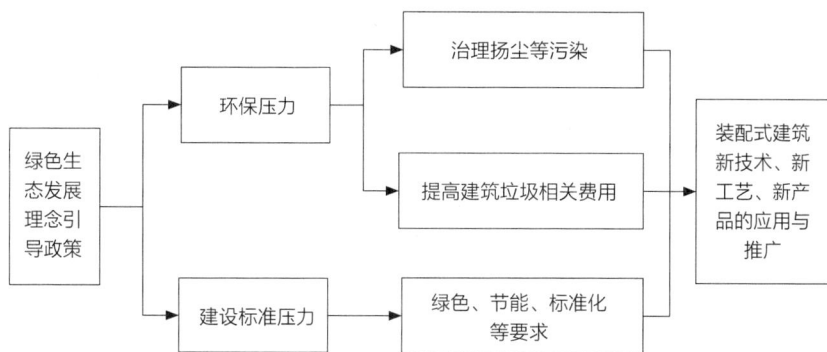

图 17-1 绿色生态发展理念引导政策的影响机理

能效水平比 2015 年提升 20%，经济发达地区及重点发展区域农村建筑节能取得突破，采用节能措施比例超过 10%。城镇可再生能源替代民用建筑常规能源消耗比重超过 6%。二是提高建设标准的压力，很多发达国家都形成了较为完善的建设标准和技术体系，我国正处于逐步出台装配式建筑相关建设标准的阶段。

17.3 绿色生态发展理念引导政策实施效果分析

在生态发展、节能环保等政策引导下，装配式建筑全产业链企业迎来了转型升级、跨越式发展的新契机。

建筑设计单位不断提升设计能力、提高专业协同能力、培养全产业链技术引领能力，设计出更符合市场需求、绿色生态发展理念的装配式建筑；施工单位由普遍观望、被动实施转为主动参与，不断加大施工工艺研究和技术研发的资金投入，提升装配式建造的水平，培养装配式建筑管理人才和产业工人，向装配式建筑工程总承包企业发展；部品部件生产企业不断加大投入，提高信息化管理水平，提升产量和产品品质，加快产业布局，拓展装配式建筑市场，企业积极性空前高涨。

通过政府引导、市场主导及绿色环保发展等一系列的组合政策，促使装配式建筑全产业链的各方主体参与，有力推动了装配式建筑发展。

18 政策建议及路线图

2016 年 2 月发布的《中共中央国务院关于进一步加强城市规划建设管理工作的若干意见》（中发〔2016〕6 号）明确提出了发展装配式建筑相关要求与发展目标，即"发展新型建造方式。大力推广装配式建筑，减少建筑垃圾和扬尘污染，缩短建造工期，提升工程质量。制定装配式建筑设计、施工和验收规范。完善部品部件标准，实现建筑部品部件工厂化生产。鼓励建筑企业装配式施工，现场装配。建设国家级装配式建筑生产基地。加大政策支持力度，力争用 10 年左右时间，使装配式建筑占新建建筑的比例达到 30%。积极稳妥推广钢结构建筑。在具备条件的地方，倡导发展现代木结构建筑。"为了努力实现这一总体目标，各省市需要在现有政策的基础上，结合装配式建筑各阶段发展特征，因地制宜、审时度势，不断地结合各地情况，相互借鉴交流，与时俱进地加以优化和创新，积极稳妥且科学有序地推进装配式建筑的发展，促进企业的转型升级，逐步实现建筑产业现代化。

18.1 因地制宜不断完善各地装配式建筑政策体系

目前，我国已初步形成了发展装配式建筑的政策体系。围绕着中央城市工作会议和《中共中央 国务院关于进一步加强城市规划建设管理工作的若干意见》（中发〔2016〕6 号）提出的装配式建筑发展总体目标，《国务院办公厅关于大力发展装配式建筑的指导意见》（国办发〔2016〕71 号）指出了发展装配式建筑的指导思想、基本原则和工作目标，提出了八项重点任务，明确了四项重要措施，是今后一段时间推进装配式建筑发展的纲领性文件。同时，住房城乡建设部《"十三五"装配式建筑行动方案》进一步明确了"十三五"期间的各项目标和具体任务。这些国家层面的政策文件为各地完善政策体系指明了方向。

建议各地在推进装配式建筑工作中将八项重点任务和四项重要措施，有机地协同起来；将重点推进地区、积极推进地区和鼓励推进地区的发展节奏，有机地协同起来；将装配式混凝土建筑、装配式钢结构建筑、装配式木结构建筑、装配式组合结构建筑、装配化装修的发展，有机地协同起来；将装配式建筑不同环节的供需，有机地协同起来等。为减少不必要的"弯路"，建议各地在借鉴其他地区经验的基础上，创造性地制定本地更接地气的政策体系。

同时，应结合以下原则积极稳妥地完善各项政策：一是以形成成熟的技术标准体系为核心，进一步夯实推广应用的基础。二是以开发配套的产品机具为重点，满足装配式建筑的质量要求和工业化大生产的需要。三是以骨干集团企业为依托，作为推进装配式建筑发展的产业支撑。四是以本地实际情况为出发点，制定符合当地经济社会发展水平的目标和任务。五是以保证质量和建筑功能为前提，实现发展装配式建筑的初衷和目的。六是以建筑设计为龙头，统领工程建设全过程，推动全产业链协调发展。七是以培育现代产业工人队伍为基础，不断提高装配式建筑施工的质量、效率和效益。八是以稳中求进为工作基调，发展目标不搞层层加码，要脚踏实地、循序渐进。

18.2　以绿色生态理念引领装配式建筑高质量发展

十九大报告强调，要"实行最严格的生态环境保护制度，形成绿色发展方式和生活方式""推进绿色发展。加快建立绿色生产和消费的法律制度和政策导向，建立健全绿色低碳循环发展的经济体系。"在绿色生态发展理念的引领下，传统发展模式迫切需要转型。

《中共中央国务院关于进一步加强城市规划建设管理工作的若干意见》（中发〔2016〕6号）明确指出，要"大力推广装配式建筑，减少建筑垃圾和扬尘污染"。装配式建筑在减少污染和排放、提升建筑质量方面相较传统现浇建筑有很大优势，因此北京、河北等地施行的加大施工现场扬尘治理力度、提高建筑垃圾相关费用、提高建设标准等政策取得了良好效果，倒逼企业应用装配式建造方式。建议各地在研究出台装配式建筑经济、技术激励政策的同时，因地制宜运用"倒逼"机制，将绿色生态发展理念落到实处。

1）严格落实应税污染物征收标准

建议严格落实《环境保护税法》中关于建筑施工噪音、固体废物、大气污染物等应税污染物的征收标准，并研究逐步提升相关污染物排放的基准线。

2）加强对建筑垃圾的运输和处置管理

香港2005年开征建筑废物处置费，有效地倒逼了开发商走资源节约、环境友好的道路。建议加强对国内建筑垃圾的运输和处置管理，从根源上减少施工污染，可以对装配式建筑的节能减排效益产生良好的正向激励作用，倒逼市场主体更加重视建造方式的环境效益。

3）鼓励竞投高标准建设方案的土地竞买方式

建议各地学习借鉴北京经验，探索"竞投高标准建设方案"的土地竞买方式，将装配式建筑实施比例和技术方案、装配化装修、绿色建筑和其他节能环保技术应用等内容作为评分标准，促进提升建筑质量、品质和绿色发展水平。

18.3　开展装配式建筑相关法律法规研究和修订工作

装配式建筑是一种新型建造方式，行业管理的主体、对象、内容、流程和方式等都发生了变化，各方主体对原有体制机制路径依赖的惰性必然给装配式建筑发展带来一些障碍，亟待通过开展相关法律法规研究和修订工作，从根本上推进不适应的政策文件和管理制度的改革。

1）开展修订《建筑法》《建设工程质量管理条例》《产品质量法》等法律法规中有关条文的研究工作

我国现行的建筑相关的法律法规，都是针对现浇建造方式进行一系列的规范，基本没有涉及与装配式建筑相对应的一整套管理和运行机制。所以，应尽快开展修订装配式建筑相关条文的前期研究工作，在充分调研和专家研讨的基础上，启动有关条文的修订工作。

此外，装配式建筑相比传统建筑现浇方式，新增了部品部件工厂生产环节。自2015年取消混凝土预制构件生产企业资质管理后，预制构件的质量监管成为行业管理的难点，各地采取了驻厂监理、强化采购方进场验收、应用信息化质量追溯系统等举措加强管理，但在执行过程中也存在与质监部门的工作分工不明确等问题，需要开展预制构件应适用《产品质量法》的研究工作，从根本上保障预制构件生产的质量。

2）开展修订招标投标相关法律有关条文的研究工作

如《工程建设项目施工招标投标办法（七部委30号令）》（2013年版）第35条规定，"投标人是响应招标、参加投标竞争的法人或者其他组织。招标人的任何不具独立法人资格的附属机构（单位），或者为招标项目的前期准备或者监理工作提供设计、咨询服务的任何法人及其任何附属机构（单位），都无资格参加该招标项目的投标"。这项规定对于实行设计－采购－施工总承包造成了一定阻碍，建议开展有关此条文修订的研究工作。

18.4　以项目建设需求引导装配式建筑产业健康发展

装配式建筑发展初期，市场需求不足是一大瓶颈问题。如果市场规模偏小，将使装配式建筑在成本、人员以及技术产品完善配套程度上与传统建造方式相比处于劣势，反过来又影响市场规模的扩大。因此，必须以一定规模的项目建设需求作为先导，激发发展动力。

目前，上海、沈阳、深圳等城市出台了力度较大的需求引导政策，对装配式建筑发展起到了很好的促进作用，不仅推动了装配式建筑项目落地，还扶持培养了一批龙头骨干企业，带动了地方经济发展。建议各地借鉴国家层面分区推进的思路，一是分阶段、分区域、分重点地提出地区装配式建筑重点推进区域，先行先试探索适宜本地的装配式建筑发展路径；二是政府投资项目优先采用装配式建筑，对保障房项目、政府投资公建项目以及满足装配式建筑技术条件的项目采用装配式方式建设，以项目建设需求激发企业开展装配式建筑的积极性；三是通过装配式建筑项目规模的不断扩大，培养一批具有核心竞争力的设计、生产、施工企业，促进装配式建筑上下游产业链延伸发展，形成产业集聚、布局均衡的装配式建筑产业集群。

18.5 抓好供地和建设审批等决定项目落地的关键环节

在土地出让合同或土地划拨意见书中纳入装配式建筑相关要求，并在规划和建设审批环节予以确认，可以从源头上确保装配式建筑的项目落地。

由于装配式建筑具有明显的规模效益特征，建议在制定相关政策时结合建筑规模和建筑类型细化实施要求，如北京市提出，自2017年3月15日起，通过招拍挂文件设定相关要求，对以招拍挂方式取得城六区和通州区地上建筑规模5万平方米（含）以上国有土地使用权的商品房开发项目应采用装配式建筑；在其他区取得地上建筑规模10万平方米（含）以上国有土地使用权的商品房开发项目应采用装配式建筑。对于如何明确装配式建筑的具体要求，以往各地一般通过预制率或装配率予以界定，建议下一步以《装配式建筑评价标准》GB/T51129-2017或地方出台的装配式建筑评价标准为依托细化相关要求。

另一方面，建议推广山东、青海等地探索的建设条件意见书制度，在建设条件意见书中，明确提出是否实施装配式建筑，装配率的要求、全装修的面积及比例等，进一步确保将装配式建筑相关要求落实到规划建设方案，利于装配式建筑项目的顺利实施。

18.6 在发展初期通过规划和财政政策调动市场积极性

装配式建筑发展初期，在产业链条不完善、企业能力不足、管理体制不配套的情况下，实施装配式建筑的建造成本会有一定增加。通过容积率奖励、建筑面积豁免等规划政策和资金补贴等财政政策有助于平衡由于实施装配式建筑带来的增量成本，进而激发市场主体实施装配式建筑的积极性和主动性，极大地鼓舞了开发企业推进装配式建筑的信心，加快了装配式建筑技术、产品研发和实践，促进了相关标准的出台，带动了全产业链发展，对于破解装配式建筑发展初期面临的缺项目、缺企业和缺人才等难题具有重要作用。

对于规划支持政策，房价水平决定了开发企业的收益和政策实施效果，较为适合房价较高的大城市使用。按北京市相关计算方法，以某 10 万平方米左右的装配式混凝土建筑假定测算对象，假定给予该项目 3% 的容积率奖励。不考虑因申请面积奖励带来的销售滞后等因素，经测算，当房屋售价大于 1.8 万元 / 平方米以上时，才能弥补每平方米建筑面积 300 元的增量成本。从操作层面看，由建设主管部门出台政策，规定开发单位在方案报建时向主管部门提出装配式建筑建设方案，经批准后在工程规划许可证上备注奖励的建筑面积，不视为修改容积率，不变更法定图则，不纳入预售。等到装配式建筑项目完成，由主管部门对装配式建筑验收合格，出具文件，规划国土部门可以签订土地出让补充合同，将奖励的面积登记到开发商名下，即可进行商品房销售；如未完成装配式建筑内容，政府可以在合同中约定将增加的面积收归国有。

对于财政支持政策，建议从示范城市、产业基地、示范工程、科研项目和人才培训等方面加大财政资金投入力度，鼓励采用以奖代补的形式，可重点借鉴江苏省省级节能减排（建筑节能和建筑产业现代化）专项引导资金的管理经验。鼓励成立产业发展基金，按照"政府引导、市场化运作、专业化管理"的原则，采取阶段参股、直接投资、跟进投资等方式，加大资金支持强度。

但由于规划政策执行过程中有突破容积率的嫌疑，应提前研究相关政策的实施期限和退出计划，待装配式建筑发展日益成熟后逐步取消该政策。而财政政策对于经济欠发达地区的实施难度较大，应充分发挥财政资金"四两拨千斤"作用，撬动更多金融资本、民间资本和社会资本支持装配式建筑健康发展。

18.7　以建筑设计为龙头全面提升装配式建筑行业能力

对于装配式建筑而言，前期的设计环节会直接影响到设计优化、构件成本、运输成本、现场建造速度以及建筑质量，这些都将由前期的思维和工作模式决定。因此，必须以建筑设计为龙头，统领工程建设全过程，推动全产业链协同发展。

建议各地加大力度培育发展装配式建筑的专业化设计和咨询队伍，充分发挥设计对装配式建筑的统筹作用。特别是加强前期技术策划阶段的分析研究工作，推广通用化、模数化、标准化设计方式，促进建筑、结构、机电专业间的协调配合。通过建立适合建筑信息模型（BIM）技术应用的装配式建筑工程管理模式，推进 BIM 技术在装配式建筑规划、勘察、设计、生产、施工、装修、运行维护全过程的集成应用，形成各参与主体协同的合作机制，将全面提升装配式建筑设计水平。通过统筹发展装配式建筑设计、生产、施工及设备制造、运输、装修和运行维护等全产业链，不断增强产业配套能力。

18.8 不断加大关键技术研发和科研成果转化支持力度

装配式建筑的健康发展离不开先进适用的技术和产品的有力支持。目前，国内尚未形成适合规模推广的通用技术体系，主要问题在于对材料性能、连接技术和结构体系的基础研究不足，其实际应用效果、材料的耐久性、外墙节点的防水性能和保温性能、结构体系抗震性能都没有经过较长时间的检验。同时，对装配式建筑减震隔震技术及高强材料和预应力技术的研究还有待深入，相关成果有待推广应用。

因此，建议各地加快建立产学研深度融合的技术创新体系。通过原始创新突破、集成创新运用、三个一体化系统性实践，有效发挥技术体系对提升装配式建筑品质的推动作用。

1）加大关键技术研发

加大先进适用技术、工法工艺和产品科技研发力度，建立装配式建筑技术体系和关键技术、配套部品部件评估机制，梳理出一系列先进成熟可靠的新技术、新产品、新工艺，特别是在充分论证的基础上发布装配率较高的多高层装配式混凝土建筑的技术体系和施工工艺工法，钢结构建筑的围护体系、材料性能、连接工艺等装配式建筑技术和产品公告。对于技术还不成熟的体系，鼓励科研机构加快研发论证。通过不断研究装配式建筑成套技术和关键技术，将为装配式建筑发展提供持续性的支撑和引领。同时，应更加重视与绿色建筑和绿色技术的结合，为推进住房城乡建设领域绿色发展做出更大贡献。

2）促进科研成果转化

完善有利于装配式建筑科技成果转移转化的政策环境，建立新技术、新产品、新工艺的评估推广机制，编制相关图集、手册、指南等标准规范，促进关键技术和成套技术科技成果产业化。组织高校和科研院所梳理装配式建筑科技成果资源，发布科技成果目录，推动科技成果与装配式建筑产业和企业的需求有效对接，通过研发合作、技术转让、技术许可、作价投资等多种形式，实现科技成果市场价值，为装配式建筑发展提供持续性的支撑和引领。

18.9　充分利用工程项目建设环节支持政策激励市场主体

目前建设环节支持政策主要有招投标倾斜政策、提前办理《房地产预售许可证》、纳入审批绿色通道、鼓励科技创新与评奖评优、为构配件运输提供交通支持 5 类。从实施效果看，前两项激励效果较为明显。

招投标倾斜政策为装配式建筑试点示范时期提供了项目资源，有利于政府投资项目和社会投资项目遴选有实力的单位承接建设任务，改革工程建设模式发挥装配式建造优势，有效推进了装配式建筑项目落地，提升实施效率和效益。建议在装配式建筑发展初期，装配式建筑实施主体较少、项目实施技术难度较大的情况下，原则上应采用工程总承包模式，并给予邀请招标、投标加分等激励政策。

放宽商品房预售条件，主要是对商品房预售工程进度调整，操作性强，对开发企业吸引力尤为明显。建筑业的特点是资金需求量大，建造周期长，目前我国商品房中大都采用预售方式，很大程度上解决了房地产开发企业资金不足的问题。因此，提前预售的鼓励政策对于房价较高的城市能够在很大程度上弥补装配式混凝土建筑的增量成本，提前预售的时间越长，给开发企业带来的收益会越大。建议加大对装配式建筑项目销售的扶持力度，在政策规定范围内，装配式建筑的构件生产投资可作为办理《商品房预售许可证》的依据，可提前办理预售，同时在商品房预售资金监管上给予支持。

18.10　积极协调税收优惠和金融政策扶持全产业链企业

税收支持政策可以精准、有效地降低装配式建筑全产业链企业的新技术、新产品、新工艺研发成本，增强了企业的技术研发意愿，税收减免也为相关企业带来直接经济效益。许多企业反映符合新型墙体材料目录的企业可享受增值税即征即退优惠政策的实施效果最为显著。但在税收政策落实过程中，由于缺乏相应的实施细则，与科技、税收等部门协商、沟通的时间成本很高，实施过程还是有相当的难度。建议科技和税务等部门加快制定科学、规范的申请流程，完善相关细则，并将更多符合要求的装配式建筑部品部件纳入新型墙体材料目录，扩大装配式建筑企业享受增值税即征即退优惠政策的范围。

金融支持政策对降低装配式建筑相关企业的融资难度起到一定的作用，但总体来看此项政策由于受宏观金融政策影响较大，落地实施的难度较大。建议金融机构在现在信贷支持政策的基础上，积极引导各类社会资本及相关产业投资基金参与装配式建筑产业发展，并积极探索装配式建筑工程保险机制。

18.11　政策路线图

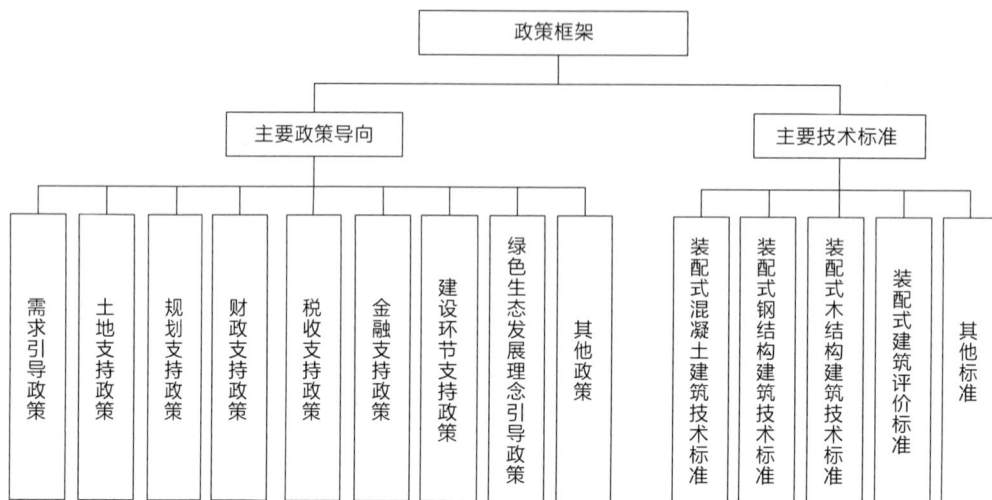

```
                          ┌──────────────┐
                          │   政策框架    │
                          └──────┬───────┘
              ┌──────────────────┴──────────────────┐
        ┌─────┴──────┐                         ┌─────┴──────┐
        │ 主要政策导向 │                         │ 主要技术标准 │
        └─────┬──────┘                         └─────┬──────┘
```

| 需求引导政策 | 土地支持政策 | 规划支持政策 | 财政支持政策 | 税收支持政策 | 金融支持政策 | 建设环节支持政策 | 绿色生态发展理念引导政策 | 其他政策 | 装配式混凝土建筑技术标准 | 装配式钢结构建筑技术标准 | 装配式木结构建筑技术标准 | 装配式建筑评价标准 | 其他标准 |

图 18-1　装配式建筑政策路线图

附件

中共中央、国务院关于推进装配式建筑发展的政策文件　　　　　　　　附表 1

文件名称	文号	发布时间
国务院办公厅关于转发发展改革委住房城乡建设部绿色建筑行动方案的通知	国办发〔2013〕1 号	2013 年 1 月 1 日
国务院关于钢铁行业化解过剩产能实现脱困发展的意见	国发〔2016〕6 号	2016 年 2 月 1 日
国务院关于深入推进新型城镇化建设的若干意见	国发〔2016〕8 号	2016 年 2 月 2 日
中共中央 国务院关于进一步加强城市规划建设管理工作的若干意见	中发〔2016〕6 号	2016 年 2 月 6 日
第十二届全国人民代表大会第四次会议国务院政府工作报告	—	2016 年 3 月 5 日
中华人民共和国国民经济和社会发展第十三个五年规划纲要	—	2016 年 3 月 16 日
国务院办公厅关于大力发展装配式建筑的指导意见	国办发〔2016〕71 号	2016 年 9 月 27 日
国务院关于印发"十三五"节能减排综合工作方案的通知	国发〔2016〕74 号	2016 年 12 月 20 日
国务院办公厅关于促进建筑业持续健康发展的意见	国办发〔2017〕19 号	2017 年 2 月 21 日
中共中央 国务院关于开展质量提升行动的指导意见	中发〔2017〕24 号	2017 年 9 月 5 日

国家部委关于推进装配式建筑发展的政策文件 附表2

文件名称	文号	发布时间
建设部关于印发《商品住宅装修一次到位实施导则》的通知	建住房〔2002〕190号	2002年7月18日
住房城乡建设部关于发布行业标准《住宅室内装饰装修工程质量验收规范》的公告	中华人民共和国住房和城乡建设部公告第49号	2013年6月9日
关于推进建设工程质量保险工作的意见	建质〔2005〕133号	2005年8月5日
关于进一步加强住宅装饰装修管理的通知	建质〔2008〕133号	2008年7月29日
住房城乡建设部关于印发《建筑业企业资质标准》的通知	建市〔2014〕159号	2014年11月6日
工业和信息化部 住房城乡建设部关于印发《促进绿色建材生产和应用行动方案》的通知	工信部联原〔2015〕309号	2015年8月31日
国家发展改革委 住房城乡建设部关于印发城市适应气候变化行动方案的通知	发改气候〔2016〕245号	2016年2月4日
住房城乡建设部关于进一步推进工程总承包发展的若干意见	建市〔2016〕93号	2016年5月20日
住房城乡建设部关于印发2016-2020年建筑业信息化发展纲要的通知	建质函〔2016〕183号	2016年8月23日
住房城乡建设部关于印发《建筑工程设计文件编制深度规定（2016版）》的通知	建质函〔2016〕247号	2016年11月17日
住房城乡建设部关于印发装配式混凝土结构建筑工程施工图设计文件技术审查要点的通知	建质函〔2016〕287号	2016年12月15日
住房城乡建设部关于印发《装配式建筑工程消耗量定额》的通知	建标〔2016〕291号	2016年12月23日
住房城乡建设部关于发布国家标准《装配式木结构建筑技术标准》的公告	中华人民共和国住房和城乡建设部公告第1417号	2017年1月10日
住房城乡建设部关于发布国家标准《装配式钢结构建筑技术标准》的公告	中华人民共和国住房和城乡建设部公告第1418号	2017年1月10日
住房城乡建设部关于发布国家标准《装配式混凝土建筑技术标准》的公告	中华人民共和国住房和城乡建设部公告第1419号	2017年1月10日
住房城乡建设部关于印发建筑节能与绿色建筑发展"十三五"规划的通知	建科〔2017〕53号	2017年3月1日
关于印发《住房和城乡建设部工程质量安全监管司2017年工作要点》的通知	建质综函〔2017〕7号	2017年3月7日

续表

文件名称	文号	发布时间
住房城乡建设部关于印发《"十三五"装配式建筑行动方案》《装配式建筑示范城市管理办法》《装配式建筑产业基地管理办法》的通知	建科〔2017〕77号	2017年3月23日
住房城乡建设部关于印发建筑业发展"十三五"规划的通知	建市〔2017〕98号	2017年4月26日
住房城乡建设部关于发布国家标准《建设项目工程总承包管理规范》的公告	中华人民共和国住房和城乡建设部公告第1535号	2017年5月4日
住房城乡建设部标准定额司 建筑节能与科技司关于做好装配式建筑系列标准培训宣传与实施工作的通知	建标实函〔2017〕152号	2017年7月6日
住房城乡建设部关于促进工程监理行业转型升级创新发展的意见	建市〔2017〕145号	2017年7月7日
住房城乡建设部办公厅关于工程总承包项目和政府采购工程建设项目办理施工许可手续有关事项的通知	建办市〔2017〕46号	2017年7月13日
住房城乡建设部办公厅关于认定第一批装配式建筑示范城市和产业基地的函	建办科函〔2017〕771号	2017年11月9日
住房城乡建设部关于发布国家标准《装配式建筑评价标准》的公告	中华人民共和国住房和城乡建设部公告第1773号	2017年12月12日
住房城乡建设部办公厅关于印发住房城乡建设行业职业工种目录的通知	建办人〔2017〕76号	2017年12月21日
关于征求房屋建筑和市政基础设施项目工程总承包管理办法（征求意见稿）意见的函	建市设函〔2017〕65号	2017年12月26日

省（自治区、直辖市）关于推进装配式建筑发展的政策文件　　　　　　附表 3

省、自治区	文件名称	文号	颁布时间
北京市	关于在本市保障性住房中实施全装修成品交房有关意见的通知	京建法〔2015〕17 号	2015 年10 月 28 日
	关于实施保障性住房全装修成品交房若干规定的通知	京建法〔2015〕18 号	2015 年10 月 28 日
	北京市住房和城乡建设委员会 北京市规划和国土资源管理委员会关于印发《北京市保障性住房预制装配式构件标准化技术要求》的通知	京建发〔2017〕4 号	2017 年1 月 11 日
	北京市人民政府办公厅关于加快发展装配式建筑的实施意见	京政办发〔2017〕8 号	2017 年2 月 22 日
	北京市住房和城乡建设委员会关于发布 2017年《〈北京市建设工程计价依据——预算消耗量定额〉装配式房屋建筑工程》的通知	京建发〔2017〕90 号	2017 年3 月 15 日
	关于印发《北京市发展装配式建筑 2017 年工作计划》的通知	京装配联办发〔2017〕2 号	2017 年5 月 22 日
	北京市住房和城乡建设委员会关于印发《2017-2018 年秋冬季建设系统施工现场扬尘治理攻坚行动方案》的通知	京建发〔2017〕390 号	2017 年9 月 15 日
	关于印发《北京市装配式建筑专家委员会管理办法》的通知	京建发〔2017〕382 号	2017 年9 月 22 日
	关于印发《北京市装配式建筑项目设计管理办法》的通知	市规划国土发〔2017〕407 号	2017 年11 月 21 日
	北京市住房和城乡建设委员会关于建筑垃圾运输处置费用单独列项计价的通知	京建法〔2017〕27 号	2017 年12 月 18 日
	北京市住房和城乡建设委员会 北京市规划和国土资源管理委员会印发《关于在本市装配式建筑工程中实行工程总承包招投标的若干规定(试行)》的通知	京建法〔2017〕29 号	2017 年12 月 26 日
	北京市住房和城乡建设委员会 北京市规划和国土资源管理委员会 北京市质量技术监督局关于加强装配式混凝土建筑工程设计施工质量全过程管控的通知	京建法〔2018〕6 号	2018 年3 月 23 日
	北京市住房和城乡建设委员会关于明确装配式混凝土结构建筑工程施工现场质量监督工作要点的通知	京建发〔2018〕371 号	2018 年8 月 1 日

省、自治区	文件名称	文号	颁布时间
天津市	市建委关于在天津市建筑产业现代化项目规划条件中提供相关建设指标的通知	津建科〔2016〕100号	2016年3月11日
	市建委关于印发《天津市装配整体式建筑预制装配率计算细则（试行）》的通知	津建科〔2016〕464号	2016年8月29日
	市建委关于开展2016年装配式建筑（建筑产业现代化）实施情况专项检查的通知	津建科〔2017〕4号	2017年1月5日
	市建委关于将"建筑产业现代化"变更为"装配式建筑"的通知	津建科〔2017〕42号	2017年2月8日
	天津市人民政府办公厅印发关于大力发展装配式建筑实施方案的通知	津政办函〔2017〕66号	2017年7月7日
	市建委关于批准发布《天津市装配式混凝土 建筑施工图设计审查指南》的通知	津建设〔2017〕252号	2017年7月11日
	市建委关于发布《天津市装配式混凝土建筑工程设计文件编制深度规定》的通知	津建设〔2017〕284号	2017年8月1日
	市建委关于印发《天津市装配式混凝土框架结构、混凝土框架－剪力墙（核心筒）结构建筑预制装配率计算细则（试行）》的通知	津建科〔2017〕304号	2017年8月15日
	市建委关于加强装配式建筑建设管理的通知	津建科〔2017〕391号	2017年10月12日
	市建委关于天津市建设项目推行工程总承包试点工作有关事项的通知	津建筑〔2017〕477号	2017年12月4日
	市建委关于印发《天津市装配式建筑"十三五"发展规划》的通知	津建科〔2018〕19号	2018年1月18日
河北省	河北省住房和城乡建设厅关于推进新建住房全装修工作的意见	冀建质〔2012〕330号	2012年5月21日
	河北省人民政府关于推进住宅产业现代化的指导意见	冀政发〔2015〕5号	2015年3月3日
	河北省人民政府印发《加快推进钢结构建筑发展方案》	—	2016年6月8日
	河北省人民政府办公厅关于大力发展装配式建筑的实施意见	冀政办字〔2017〕3号	2017年1月13日
	关于印发《河北省装配式建筑"十三五"发展规划》的通知	冀建科〔2017〕16号	2017年5月5日

省、自治区	文件名称	文号	颁布时间
河北省	关于颁布《河北省装配式钢结构工程定额（试行）》的通知	冀建工〔2018〕15号	2018年4月9日
山西省	山西省人民政府办公厅关于大力发展装配式建筑的实施意见	晋政办发〔2017〕62号	2017年6月7日
	山西省住房和城乡建设厅关于印发《装配式建筑行动方案》的通知	晋建科字〔2017〕187号	2017年8月17日
	山西省住房和城乡建设厅关于印发《装配式建筑示范城市管理办法》《装配式建筑产业基地管理办法》《装配式建筑示范项目管理办法》的通知	晋建科字〔2017〕221号	2017年9月28日
内蒙古自治区	内蒙古自治区住房和城乡建设厅关于推荐采用装配式建造建筑工程项目通知	内建科〔2016〕111号	2016年4月5日
	内蒙古自治区人民政府办公厅关于大力发展装配式建筑的实施意见	内政办发〔2017〕156号	2017年9月28日
辽宁省	辽宁省人民政府办公厅关于大力发展装配式建筑的实施意见	辽政办发〔2017〕93号	2017年8月26日
吉林省	吉林省人民政府办公厅关于推进木结构建筑产业化发展的指导意见	吉政办发〔2017〕12号	2017年1月22日
	吉林省人民政府办公厅关于大力发展装配式建筑的实施意见	吉政办发〔2017〕55号	2017年7月14日
	吉林省住房和城乡建设厅关于进一步明确工程总承包管理有关事项的通知	吉建办〔2017〕50号	2017年8月25日
黑龙江省	黑龙江省人民政府办公厅关于推进装配式建筑发展的实施意见	黑政办规〔2017〕66号	2017年11月24日
上海市	上海市人民政府办公厅转发建设交通委等五部门关于本市进一步推进装配式建筑发展若干意见的通知	沪府办〔2013〕52号	2013年8月15日
	关于推进本市装配式建筑发展的实施意见	沪建管联〔2014〕901号	2014年11月12日
	上海市住房和城乡建设管理委员会关于印发《上海市建设工程材料使用监督管理规定》的通知	沪建管〔2015〕726号	2015年9月25日
	上海市人民政府办公厅关于印发上海市住房和城乡建设管理委员会主要职责内设机构和人员编制规定的通知	沪府办发〔2015〕48号	2015年12月10日

续表

省、自治区	文件名称	文号	颁布时间
上海市	上海市住房和城乡建设管理委员会关于推进本市保障性住房实施装配式建设若干事项的通知	沪建建材〔2016〕1号	2016年1月4日
	关于推进本市装配整体式混凝土结构保障性住房工程总承包招投标的通知	沪建市管〔2016〕47号	2016年4月29日
	关于印发《上海市建筑节能和绿色建筑示范项目专项扶持办法》的通知	沪建材联〔2016〕432号	2016年6月3日
	上海市住房和城乡建设管理委员会关于本市装配式建筑单体预制率和装配率计算细则（试行）的通知	沪建建材〔2016〕601号	2016年7月28日
	关于进一步加强本市新建全装修住宅建设管理的通知	沪建建材〔2016〕688号	2016年8月18日
	上海市住房和城乡建设管理委员会关于印发《上海市装配式建筑2016-2020年发展规划的通知》	沪建建材〔2016〕740号	2016年9月2日
	关于印发《装配整体式混凝土结构工程施工安全管理规定》的通知	沪建质安〔2017〕129号	2017年2月8日
	关于印发《上海市装配式建筑示范项目创新技术一览表》的通知	沪建建材〔2017〕137号	2017年2月10日
	关于印发《关于进一步加强本市装配整体式混凝土结构工程质量管理的若干规定》的通知	沪建质安〔2017〕241号	2017年3月15日
	关于印发《上海市装配整体式混凝土建筑工程施工图设计文件技术审查要点》的通知	沪建质安〔2017〕597号	2017年6月30日
江苏省	省政府办公厅关于印发江苏省绿色建筑行动实施方案的通知	苏政办发〔2013〕103号	2013年6月3日
	江苏省人民政府关于加快推进建筑产业现代化促进建筑产业转型升级的意见	苏政发〔2014〕111号	2014年10月31日
	省政府办公厅关于建立全省建筑产业现代化推进工作联席会议制度的通知	苏政传发〔2014〕243号	2014年12月30日
	省住房城乡建设厅 省财政厅关于组织申报2016年度省级建筑产业现代化（抗震）专项引导资金项目的通知	苏建抗〔2016〕77号	2016年3月21日
	省住房城乡建设厅关于印发《江苏省装配式建筑（混凝土结构）项目招标投标活动的暂行意见》的通知	苏建规字〔2016〕1号	2016年4月1日

续表

省、自治区	文件名称	文号	颁布时间
江苏省	江苏省装配式建筑（混凝土结构）施工图审查导则（试行）	苏建函〔2016〕565号	2016年6月1日
	省住房城乡建设厅关于发布《江苏省装配式建筑预制装配率计算细则（试行）》的通知	苏建科〔2017〕39号	2017年1月23日
	省住房城乡建设厅 省发展改革委 省经信委 省环保厅 省质监局关于在新建建筑中加快推广应用预制内外墙板预制楼梯板预制楼板的通知	苏建科〔2017〕43号	2017年2月14日
	省住房城乡建设厅 省财政厅关于组织申报2017年度省级保障性安居工程（建筑产业现代化）建设引导资金的通知	苏建计〔2017〕63号	2017年2月14日
	省住房城乡建设厅 省财政厅关于组织申报2017年度省级节能减排（建筑产业现代化）专项引导资金的通知	苏建计〔2017〕78号	2017年2月14日
	省住房城乡建设厅关于印发《江苏省装配式混凝土建筑工程定额》（试行）的通知	苏建价〔2017〕83号	2017年2月20日
	省住房和城乡建设厅关于印发《江苏省"十三五"建筑产业现代化发展规划》的通知	苏建计〔2017〕151号	2017年3月21日
	关于印发《全省建筑产业现代化2017年工作要点》的通知	苏建筑产业办〔2017〕1号	2017年4月6日
	省住房和城乡建设厅关于发布《装配式混凝土结构工程质量控制要点》的公告	江苏省住房和城乡建设厅公告〔2017〕8号	2017年3月24日
	省政府关于促进建筑业改革发展的意见	苏政发〔2017〕151号	2017年11月24日
浙江省	浙江省人民政府办公厅关于推进绿色建筑和建筑工业化发展的实施意见	浙政办发〔2016〕111号	2016年8月31日
	浙江省人民政府关于加快推进住宅全装修工作的指导意见	浙政办发〔2016〕141号	2016年11月18日
	浙江省人民政府办公厅关于印发浙江省建筑产业现代化"十三五"规划的通知	浙政办发〔2016〕157号	2016年12月6日
	关于印发《装配式混凝土结构施工质量安全控制要点（试行）》的通知	建建发〔2017〕454号	2017年12月27日

续表

省、自治区	文件名称	文号	颁布时间
安徽省	安徽省人民政府办公厅关于加快推进建筑产业现代化的指导意见	皖政办〔2014〕36号	2014年12月3日
	关于加快推进钢结构建筑发展的指导意见	—	2016年10月19日
	安徽省人民政府办公厅关于大力发展装配式建筑的通知	皖政办秘〔2016〕240号	2016年12月28日
福建省	福建省人民政府办公厅关于推进建筑产业现代化试点的指导意见	闽政办〔2015〕68号	2015年5月6日
	关于印发《福建省建筑业"十三五"发展规划》和《福建省装配式建筑"十三五"专项规划》的通知	闽建筑〔2016〕19号	2016年5月31日
	关于印发《福建省装配式建筑部品部件编码规则》的通知	闽建办筑函〔2016〕61号	2016年12月15日
	关于采用工程总承包模式的装配式建筑项目发包内容的意见	闽建筑函〔2017〕34号	2017年4月10日
	关于印发《福建省预制装配式混凝土建筑模数协调技术要求》的通知	闽建办科函〔2017〕28号	2017年5月27日
	福建省人民政府办公厅关于大力发展装配式建筑的实施意见	闽政办〔2017〕59号	2017年5月31日
	关于成立福建省发展装配式建筑工作联席会议的通知	闽建筑函〔2017〕78号	2017年7月17日
	关于印发《福建省装配式建筑产业基地布点规划（2017—2020年）》的通知	闽建筑〔2017〕35号	2017年8月28日
	关于印发《福建省建筑信息模型（BIM）技术应用指南》的通知	闽建科〔2017〕53号	2017年12月29日
江西省	江西省人民政府关于推进装配式建筑发展的指导意见	赣府发〔2016〕34号	2016年8月18日
	关于印发《江西省加快装配式建筑发展的实施方案》的通知	赣建建〔2017〕15号	—
	关于印发《江西省装配式建筑招标投标管理暂行办法》的通知	赣建招〔2017〕15号	2017年11月15日
	关于明确我省装配式建筑工程计价暂行办法的通知	赣建价〔2018〕2号	2018年7月5日

省、自治区	文件名称	文号	颁布时间
山东省	山东省住房和城乡建设厅关于印发《山东省装配式混凝土建筑工程质量监督管理工作导则》的通知	鲁建建字〔2015〕25号	2015年8月27日
	关于转发省住房城乡建设厅山东省建筑设计和装修服务业转型升级实施方案的通知	鲁政办字〔2016〕211号	2016年11月29日
	山东省住房和城乡建设厅关于编制2017年省级绿色建筑与装配式建筑示范实施计划的通知	鲁建节科函〔2017〕1号	2017年1月6日
	山东省人民政府办公厅关于贯彻国办发〔2016〕71号文件大力发展装配式建筑的实施意见	鲁政办发〔2017〕28号	2017年1月13日
	关于2016年度山东省建筑节能、绿色建筑与装配式建筑实施情况专项检查的通报	鲁建节科字〔2017〕8号	2017年3月31日
	山东省住房和城乡建设厅关于调整装配式建筑工作领导小组的通知	鲁建节科字〔2017〕9号	2017年4月18日
	山东省住房和城乡建设厅关于印发《2017年度绿色建筑与装配式建筑工作考核要点》的通知	鲁建节科字〔2017〕10号	2017年4月24日
	山东省住房和城乡建设厅关于印发《贯彻国办发〔2016〕71号和鲁政办发〔2017〕28号文件大力发展装配式建筑重点工作的分工》的通知	鲁建节科字〔2017〕15号	2017年5月12日
	山东省住房和城乡建设厅关于印发《山东省装配式建筑示范城市管理办法》的通知	鲁建节科字〔2017〕18号	2017年5月17日
	山东省人民政府印发关于山东省"十三五"节能减排综合工作方案的通知	鲁政发〔2017〕15号	2017年6月30日
	山东省住房和城乡建设厅关于举办全省装配式建筑培训班的通知	鲁建节科函〔2017〕18号	2017年8月21日
	山东省住房和城乡建设厅关于印发《山东省装配式建筑产业基地管理办法》的通知	鲁建节科字〔2017〕29号	2017年9月5日
	山东省住房和城乡建设厅关于印发2017年度全省装配式建筑工作考核指标和考核内容的通知	鲁建节科字〔2017〕30号	2017年9月6日
	山东省2017年前三季度绿色建筑与装配式建筑工作进展情况通报	鲁建节科字〔2017〕32号	2017年10月31日
	关于开展全省绿色建筑与装配式建筑实施情况专项检查的通知	鲁建节科函〔2017〕22号	2017年11月6日

续表

省、自治区	文件名称	文号	颁布时间
山东省	山东省住房和城乡建设厅关于印发《山东省装配式建筑示范工程管理办法》的通知	鲁建节科字〔2017〕33号	2017年11月6日
	山东省住房和城乡建设厅关于2017年度全省绿色建筑与装配式建筑实施情况专项检查的通报	鲁建节科函〔2017〕31号	2017年12月8日
	山东省人民政府关于印发山东省新旧动能转换重大工程实施规划的通知	鲁政发〔2018〕7号	2018年2月13日
	关于印发《山东省装配式建筑发展规划（2018-2025）》的通知	鲁建节科字〔2018〕6号	2018年4月9日
	山东省住房和城乡建设厅关于开展装配式建筑工程总承包招标投标试点工作的意见	鲁建建管字〔2018〕5号	2018年4月9日
河南省	河南省人民政府办公厅关于转发河南省绿色建筑行动实施方案的通知	豫政办〔2013〕57号	2013年7月4日
	河南省住房和城乡建设厅关于推进建筑产业现代化的指导意见	豫建〔2015〕78号	2015年6月5日
	河南省住房和城乡建设厅关于加快发展成品住宅的通知	豫建〔2015〕190号	2015年12月8日
	河南省住房和城乡建设厅关于印发河南省建筑产业现代化技术体系科技攻关三年行动计划（2016-2018年）的通知	豫建科〔2016〕3号	2016年3月1日
	河南省住房和城乡建设厅关于建立支持我省建筑业发展厅际联席会议制度的通知	豫建〔2017〕54号	2017年3月29日
	关于加快发展成品住宅的指导意见	豫建房管〔2017〕23号	2017年8月3日
	河南省住房和城乡建设厅关于组建河南省装配式建筑项目库的通知	豫建科〔2017〕27号	2017年8月28日
	河南省住房和城乡建设厅关于印发《河南省装配式建筑产业基地管理办法（试行）》的通知	豫建科〔2017〕31号	2017年9月10日
	河南省住房和城乡建设厅关于印发《河南省装配式建筑示范城区管理办法》的通知	豫建科〔2017〕36号	2017年10月13日
	河南省住房和城乡建设厅关于公布河南省装配式建筑专家委员会专家名单（第一批）的通知	豫建科〔2017〕35号	2017年10月13日

续表

省、自治区	文件名称	文号	颁布时间
河南省	河南省住房和城乡建设厅关于公布全省重点培育建筑类企业名单（2017-2020 年）和装配式建筑产业基地名单（第一批）的通知	豫建〔2017〕227 号	2017 年12 月 6 日
	河南省人民政府办公厅关于大力发展装配式建筑的实施意见	豫政办〔2017〕153 号	2017 年12 月 7 日
	河南省人民政府办公厅关于印发河南省建筑业转型发展行动计划（2017-2020 年）的通知	豫政办〔2017〕152 号	2017 年12 月 7 日
	河南省支持建筑业发展厅际联席会议办公室关于印发 2018 年全省建筑业转型发展推进方案的通知	豫建联办〔2018〕1 号	2018 年2 月 7 日
湖北省	湖北省人民政府关于加快推进建筑产业现代化发展的意见	鄂政法〔2016〕7 号	2016 年2 月 3 日
	关于印发《加快推进建筑产业现代化发展的实施方案》的通知	鄂建〔2016〕4 号	2016 年6 月 30 日
	关于推进房屋建筑和市政公用工程总承包发展的实施意见（试行）	鄂建〔2016〕9 号	2016 年11 月 30 日
	关于建立全省推进建筑产业现代化工作联席会议制度的通知	鄂建文〔2017〕3 号	2017 年1 月 8 日
	省人民政府办公厅关于大力发展装配式建筑的实施意见	鄂政办发〔2017〕17 号	2017 年3 月 16 日
	关于印发《湖北省装配式建筑装配率计算规则（试行）》的通知	鄂建文〔2017〕43 号	2017 年7 月 1 日
	省人民政府关于促进全省建筑业改革发展二十条意见	鄂政发〔2018〕14 号	2018 年4 月 10 日
湖南省	湖南省人民政府关于推进住宅产业化的指导意见	湘政发〔2014〕12 号	2014 年4 月 14 日
	湖南省人民政府办公厅关于印发《湖南省推进住宅产业化实施细则》的通知	湘政发〔2014〕111 号	2014 年11 月 29 日
	湖南省住房和城乡建设厅关于印发《湖南省住宅产业化项目单体建筑装配式 PC 结构预制装配率计算细则（试行）》的通知	湘建房〔2016〕23 号	2016 年1 月 29 日
	湖南省住房和城乡建设厅关于印发《湖南省装配式建筑项目招投标活动的暂行意见》的通知	湘建房〔2016〕142 号	2016 年8 月 1 日

续表

省、自治区	文件名称	文号	颁布时间
湖南省	湖南省住房和城乡建设厅关于印发《湖南省装配式混凝土建筑结构工程施工质量监督管理工作导则》的通知	湘建建〔2016〕196号	2016年11月3日
	湖南省住房和城乡建设厅关于印发《湖南省装配式混凝土结构建筑质量管理技术导则（试行）》的通知	湘建科〔2016〕199号	2016年11月8日
	湖南省住房和城乡建设厅关于印发《湖南省装配式建设工程消耗量标准（试行）》的通知	湘建价〔2016〕237号	2016年12月30日
	湖南省人民政府办公厅关于加快推进装配式建筑发展的实施意见	湘政办发〔2017〕28号	2017年5月24日
	湖南省关于贯彻落实《湖南省人民政府办公厅关于加快推进装配式建筑发展的实施意见》的通知	湘建办函〔2017〕47号	2017年7月3日
广东省	广东省人民政府办公厅关于大力发展装配式建筑的实施意见	粤府办〔2017〕28号	2017年4月12日
	广东省住房和城乡建设厅关于印发《广东省装配式建筑工程综合定额（试行）》的通知	粤建科〔2017〕151号	2017年7月7日
	广东省住房和城乡建设厅关于开展广东省工程质量提升行动的实施意见	粤建质函〔2017〕3543号	2017年12月8日
广西壮族自治区	关于印发推进我区建筑业发展和改革的实施意见的通知	桂建管〔2015〕105号	2015年12月7日
	关于大力推广装配式建筑促进我区建筑产业现代化发展的指导意见	桂建管〔2016〕64号	2016年8月22日
	自治区住房城乡建设厅关于印发广西壮族自治区装配式建筑试点示范管理办法的通知	桂建发〔2017〕15号	2017年11月17日
海南省	海南省旅游业发展"十二五"规划	琼府办〔2012〕50号	2012年4月
	海南省人民政府办公厅关于印发海南省促进建筑产业现代化发展指导意见的通知	琼府发〔2016〕48号	2016年2月29日
	海南省人民政府关于继续落实"两个暂停"政策进一步促进房地产市场健康发展的通知	琼府〔2016〕113号	2016年12月7日
	海南省住房和城乡建设厅关于印发《海南省商品住宅全装修管理办法》（试行）的通知	琼建质〔2017〕131号	2017年5月22日
	海南省人民政府关于大力发展装配式建筑的实施意见	琼府〔2017〕100号	2017年12月22日

续表

省、自治区	文件名称	文号	颁布时间
重庆市	重庆市人民政府办公厅转发市城乡建委关于加快推进建筑产业现代化意见的通知	渝府办发〔2014〕176号	2014年12月30日
	重庆市人民政府关于加快钢结构推广应用及产业创新发展的指导意见	渝府发〔2016〕2号	2016年1月7日
	重庆市人民政府办公厅关于印发重庆市钢结构产业创新发展实施方案（2016-2020年）的通知	渝府办发〔2016〕202号	2016年9月26日
	重庆市人民政府办公厅关于大力发展装配式建筑的实施意见	渝府办发〔2017〕185号	2017年12月15日
四川省	四川省人民政府关于推进建筑产业现代化发展的指导意见	川府发〔2016〕12号	2016年3月23日
	四川省住房和城乡建设厅 四川省发展和改革委员会 四川省经济和信息化委员会 四川省财政厅 四川省科学技术厅 四川省国土资源厅 四川省交通运输厅关于印发《四川省关于加快推进钢结构应用与发展的实施意见》的通知	川建发〔2016〕7号	2016年11月14日
	四川省人民政府办公厅关于大力发展装配式建筑的实施意见	川办发〔2017〕56号	2017年6月13日
贵州省	省人民政府办公厅关于加快推进新型建筑建材业发展的意见	黔府办发〔2016〕35号	2016年9月26日
	省人民政府办公厅关于大力发展装配式建筑的实施意见	黔府办发〔2017〕54号	2017年9月30日
云南省	云南省住房和城乡建设厅关于加快发展钢结构建筑的指导意见	云建设〔2015〕355号	2015年7月24日
	云南省人民政府办公厅关于大力发展装配式建筑的实施意见	云政办发〔2017〕65号	2017年6月6日
	云南省住房和城乡建设厅关于加快装配式建筑及产业发展专项规划编制工作的通知	云建法〔2017〕297号	2017年6月19日
	云南省住房和城乡建设厅关于同意授予安宁市省级装配式建筑示范城市的批复	云建法函〔2017〕356号	2017年8月18日
	云南省住房和城乡建设厅关于同意授予安宁市工业园区省级装配式建筑产业示范园区的批复	云建法函〔2017〕357号	2017年8月18日
	云南省住房和城乡建设厅关于授予云南震安减震科技股份有限公司等5家企业省级装配式建筑产业基地的批复	云建法函〔2017〕380号	2017年9月4日

续表

省、自治区	文件名称	文号	颁布时间
云南省	云南省住房和城乡建设厅关于公布云南省住房城乡建设领域 2017 年装配式建筑科技项目名单的通知	云建法函〔2017〕492 号	2017 年12 月 29 日
西藏自治区	西藏自治区人民政府办公厅关于推进高原装配式建筑发展的实施意见	藏政办发〔2017〕143 号	2017 年11 月 14 日
陕西省	陕西省装配式建筑发展"十三五"规划	—	2017 年2 月
	陕西省人民政府办公厅关于大力发展装配式建筑的实施意见	陕政办发〔2017〕15 号	2017 年3 月 29 日
甘肃省	甘肃省住房和城乡建设厅关于推进建筑钢结构发展与应用的指导意见	甘建科〔2016〕31 号	2016 年2 月 3 日
	甘肃省住房和城乡建设厅关于转发《住房城乡建设部关于印发〈"十三五"装配式建筑行动方案〉〈装配式建筑示范城市管理办法〉〈装配式建筑产业基地管理办法〉的通知》的通知	甘建科〔2017〕253 号	2017 年6 月 6 日
	甘肃省住房和城乡建设厅关于转发《住房城乡建设部关于组织申报 2017 年装配式建筑示范城市和产业基地的通知》的通知	甘建函〔2017〕304 号	2017 年6 月 8 日
	甘肃省人民政府办公厅关于大力发展装配式建筑的实施意见	甘政办发〔2017〕132 号	2017 年8 月 2 日
	甘肃省住房和城乡建设厅关于成立装配式建筑工作领导小组的通知	甘建科〔2017〕372 号	2017 年8 月 24 日
	甘肃省住房和城乡建设厅关于印发《大力推进装配式建筑试点实施方案》的通知	甘建科〔2017〕373 号	2017 年8 月 24 日
	甘肃省住房和城乡建设厅关于印发《甘肃省装配式建筑专家委员会管理办法》的通知	甘建科〔2017〕374 号	2017 年8 月 24 日
	甘肃省住房和城乡建设厅关于公开征集甘肃省装配式建筑专家委员会专家的通知	甘建科〔2017〕375 号	2017 年8 月 24 日
	甘肃省住房和城乡建设厅关于转发《住房城乡建设部办公厅关于认定第一批装配式建筑示范城市和产业基地的函》的通知	甘建科〔2017〕521 号	2017 年11 月 23 日

续表

省、自治区	文件名称	文号	颁布时间
甘肃省	甘肃省住房和城乡建设厅关于开展装配式建筑试点城市和产业基地重点工作推进情况督查的通知	甘建函〔2017〕682号	2017年12月5日
	甘肃省住房和城乡建设厅关于报送《甘肃省人民政府办公厅关于大力发展装配式建筑的实施意见》落实情况的函	甘建函〔2017〕683号	2017年12月5日
青海省	青海省人民政府办公厅关于推进装配式建筑发展的实施意见	青政办〔2017〕141号	2017年8月7日
宁夏回族自治区	自治区人民政府办公厅关于大力发展装配式建筑的实施意见	宁政办发〔2017〕71号	2017年4月18日
新疆维吾尔自治区	关于大力发展自治区装配式建筑的实施意见	新政办发〔2017〕187号	2017年9月30日
	自治区装配式混凝土建筑施工图设计文件审查要点（试行）	新建抗〔2017〕3号	—
	兵团办公厅关于大力发展兵团装配式建筑的实施意见	新兵办发〔2017〕122号	2017年7月12日
	关于印发《新疆维吾尔自治区装配式混凝土建筑工程质量监管要点（试行）》的通知	新建质〔2017〕8号	2017年8月22日

部分市、县关于推进装配式建筑发展的政策文件（不含直辖市）　　　附表 4

省份	市、县	文件名称	文号	颁布时间
河北省	石家庄市	石家庄市人民政府办公厅关于加快推进我市建筑产业化的实施意见	石政办发〔2016〕29 号	2016 年 4 月 21 日
		石家庄市人民政府关于加快推进钢结构建筑发展的意见	石政发〔2016〕55 号	2016 年 11 月 5 日
		关于下达 2017 年度装配式建筑任务目标的通知	石建产办〔2017〕1 号	2017 年 3 月 13 日
		石家庄市人民政府办公厅关于大力发展装配式建筑的实施意见	石政规〔2018〕5 号	2018 年 4 月 3 日
	唐山市	唐山市人民政府关于加快推进住宅产业现代化发展的实施意见	唐政发〔2016〕13 号	2016 年 6 月 9 日
		唐山市人民政府办公厅关于印发《唐山市推进装配式建筑发展的若干政策措施》的通知	唐政办字〔2017〕279 号	2017 年 12 月 27 日
	秦皇岛市	秦皇岛市人民政府办公厅关于大力推进建筑产业现代化发展的实施意见	秦政办规〔2017〕3 号	2017 年 5 月 19 日
	保定市	保定市人民政府关于加快推进保定市住宅产业现代化发展的实施意见	保政发〔2015〕22 号	2015 年 7 月 5 日
		保定市人民政府办公厅关于加快推进保定市装配式建筑发展的实施意见	保政办函〔2018〕48 号	2018 年 4 月 21 日
	河间市	河间市人民政府办公室关于加快推进装配式建筑发展的实施意见	河政办发〔2017〕36 号	2017 年 7 月 12 日
	辛集市	辛集市人民政府办公室关于大力发展装配式建筑的实施意见	辛政办字〔2017〕52 号	2017 年 11 月 13 日
	定州市	定州市人民政府办公室关于印发大力发展装配式建筑的实施意见的通知	定政办〔2017〕61 号	2017 年 8 月 8 日
	邯郸市	邯郸市人民政府办公厅关于大力发展装配式建筑的实施意见	邯政办字〔2017〕70 号	2017 年 6 月 14 日
	衡水市	衡水市人民政府办公室关于大力发展装配式建筑的若干意见	衡政办字〔2017〕92 号	2017 年 9 月 14 日
	沧州市	沧州市人民政府办公室关于加快推进装配式建筑发展的实施意见	沧政办发〔2017〕13 号	2017 年 4 月 24 日
	张家口市	张家口市人民政府关于推进建筑产业现代化大力发展装配式建筑的实施意见	张政字〔2017〕29 号	2017 年 6 月 14 日

续表

省份	市、县	文件名称	文号	颁布时间
山西省	太原市	太原市人民政府办公厅关于印发太原市加快推动装配式建筑发展实施方案的通知	并政办发〔2017〕98号	2017年12月1日
	晋城市	晋城市人民政府办公厅关于大力发展装配式建筑的实施意见	晋市政办〔2018〕4号	2018年1月16日
内蒙古自治区	包头市	包头市人民政府办公厅关于印发包头市发展装配式建筑实施方案的通知	包府办发〔2018〕38号	2018年4月16日
		包头市城乡建设委员会关于组织成立包头市装配式建筑专家委员会的通知	包建教〔2018〕8号	2018年4月28日
		包头市城乡建设委员会关于贯彻落实《包头市装配式建筑实施方案》的通知	包建教〔2018〕9号	2018年4月28日
		包头市人民政府办公厅关于促进装配式建筑加快发展实施地价支持政策的意见（试行）	包府办发〔2018〕78号	2018年6月22日
	满洲里市	关于推进装配式木结构建筑产业发展实施意见	满政办字〔2017〕69号	2017年9月14日
辽宁省	沈阳市	关于成立沈阳市现代建筑产业化管理办公室的批复	沈编发〔2011〕7号	2011年4月6日
		沈阳市人民政府办公厅加快推进现代建筑产业发展若干政策措施的通知	沈政办发〔2014〕16号	2014年4月18日
		沈阳市关于建筑产业化示范工程补贴资金实施办法	沈建〔2016〕148号	2016年7月15日
		沈阳市人民政府办公厅关于印发沈阳市大力发展装配式建筑工作方案的通知	沈政办发〔2018〕28号	2018年1月21日
吉林省	长春市	长春市人民政府办公厅关于加快发展装配式建筑的实施意见	长府办发〔2017〕45号	2017年8月21日
江苏省	南京市	市政府关于加快推进建筑产业现代化促进建筑产业转型升级的实施意见	宁政发〔2015〕246号	2015年12月1日
		市政府办公厅关于成立南京市建筑产业现代化推进工作领导小组的通知	宁政传〔2016〕43号	2016年7月8日
		关于公布南京市建筑产业现代化专家库专家名单（第一批）的通知	宁建建监字〔2016〕571号	2016年12月8日
		关于印发《南京市建筑产业现代化专项引导资金及示范工作管理实施细则》的通知	宁建建监字〔2016〕597号	2016年12月21日

续表

省份	市、县	文件名称	文号	颁布时间
江苏省	南京市	关于印发《南京市装配式建筑工程质量安全管理办法（试行）》的通知	宁建规字〔2017〕2号	2017年6月2日
		市政府办公厅印发南京市关于进一步推进装配式建筑发展实施意见的通知	宁政办发〔2017〕143号	2017年8月1日
	苏州市	市政府印发关于加快推进建筑产业现代化发展的实施意见的通知	苏府〔2016〕123号	2016年8月11日
		市政府印发关于加快推进建筑产业现代化发展的若干政策意见（暂行）的通知	苏府〔2016〕124号	—
		关于印发《苏州市建筑产业现代化2017年工作要点》的通知	苏建筑联席办〔2017〕1号	2017年7月3日
		市政府办公室印发关于推进装配式建筑发展加强建设监管的实施细则（试行）的通知	苏府办〔2017〕230号	2017年7月25日
	南通市	关于印发《南通市装配式混凝土结构工程质量监督管理办法》（试行）的通知	通质监〔2016〕16号	2016年3月9日
		关于办理建设工程材料登记有关事项的通知	通质监〔2016〕18号	2016年3月28日
	无锡市	市政府关于加快推进建筑产业现代化促进建筑产业转型升级的实施意见	锡政发〔2016〕212号	2016年9月20日
	宿迁市	市住房和城乡建设局关于成立建筑产业现代化推进工作领导小组的通知	宿建发〔2015〕94号	2015年3月30日
		市政府印发关于加快推进建筑产业现代化促进建筑产业转型升级的意见	宿政发〔2015〕89号	2015年5月7日
	海门市	市政府关于加快推进建筑产业现代化的实施意见	海政发〔2015〕27号	2015年7月18日
浙江省	杭州市	杭州市钢结构产业创新发展三年行动计划（2013-2015）	—	2013年4月
		杭州市人民政府办公厅关于加快推进新型建筑工业化的实施意见	杭政办函〔2015〕161号	2015年12月3日
		杭州市人民政府办公厅关于推进绿色建筑和建筑工业化发展的实施意见	杭政办函〔2017〕119号	2017年11月10日
	宁波市	宁波市人民政府办公厅关于成立加快推进新型建筑工业化工作领导小组的通知	甬政办发〔2013〕157号	2013年7月21日
		宁波市人民政府办公厅印发关于加快推进新型建筑工业化若干意见的通知	甬政办发〔2015〕99号	2015年6月14日

续表

省份	市、县	文件名称	文号	颁布时间
浙江省	宁波市	宁波市人民政府办公厅关于推进新型建筑工业化目建设的实施意见（试行）	甬政办发〔2016〕7号	2016年1月18日
		宁波市人民政府办公厅关于进一步加快装配式建筑发展的通知	甬政办发〔2017〕30号	2017年3月16日
	绍兴市	绍兴市人民政府办公室关于加快推进新型建筑工业化的实施意见（试行）	绍政办发〔2013〕88号	2013年6月18日
		绍兴市人民政府办公室关于成立绍兴市推进建筑产业现代化"双试点"工作领导小组的通知	绍政办发〔2014〕145号	2014年12月16日
		绍兴市人民政府办公室关于加快推进建筑产业现代化"双试点"工作的若干意见（试行）	绍政办发〔2015〕51号	2015年7月10日
		绍兴市建筑业管理局关于印发《绍兴市现代住建产业三年行动计划（2015-2017）》的通知	绍市建管发〔2015〕119号	2015年9月28日
		关于加快推进建筑产业化现代化"双试点"工作的若干意见实施细则	绍市建管〔2015〕74号	2015年10月30日
		绍兴市建筑产业现代化发展专项规划（2015-2020）	—	2016年5月
		绍兴市人民政府办公室关于推进绿色建筑和建筑产业现代化发展的实施意见	绍政办发〔2016〕108号	2016年12月20日
		关于印发《绍兴市建筑产业现代化示范企业示范基地示范项目和创新项目认定办法》的通知	绍市建设〔2017〕151号	2017年7月5日
		关于印发《绍兴市建筑产业现代化工作考核办法（试行）》的通知	绍市建产业办〔2017〕7号	2017年7月10日
		绍兴市绿色建筑专项规划（2017-2025年）	—	2017年8月
		关于进一步加强全市装配式建筑和全装修住宅项目全过程管理的通知	绍市建设〔2017〕211号	2017年9月1日
		关于印发《<关于推进绿色建筑和建筑产业现代化发展的实施意见>的实施细则》的通知	绍市建设〔2018〕180号	2018年7月25日
	诸暨市	诸暨市人民政府办公室关于推进绿色建筑和建筑产业现代化发展的实施意见	诸政办发〔2017〕92号	2017年9月16日
	嵊州市	嵊州市人民政府办公室关于推进绿色建筑和建筑产业现代化发展的实施意见	嵊政办〔2018〕70号	2018年5月21日

续表

省份	市、县	文件名称	文号	颁布时间
安徽省	合肥市	合肥经济技术开发区关于加快推进建筑产业化发展的实施办法（暂行）	合经区管〔2015〕197号	2015年12月29日
		合肥市绿色建筑发展条例	一	2017年7月28日
		关于印发《合肥市装配式建筑装配率计算方法（试行）》的通知	合建〔2018〕233号	2018年8月22日
福建省	泉州市	泉州市人民政府办公室关于印发泉州市推进建筑产业现代化试点实施方案的通知	泉政办〔2016〕90号	2016年6月30日
	漳州市	漳州市人民政府办公室关于加快发展装配式建筑的实施意见	漳政办〔2018〕11号	2018年1月26日
江西省	南昌市	南昌市人民政府关于南昌市推进全装修住宅建设工作的实施意见	洪府发〔2017〕67号	2017年12月28日
		关于规范南昌市城区新建全装修住宅销售管理的通知	洪房规〔2018〕1号	2018年1月30日
	赣州市	赣州市人民政府关于推进装配式建筑发展的实施意见	赣市府发〔2017〕13号	2017年5月31日
山东省	济南市	关于印发《济南市加快推进建筑（住宅）产业化发展的若干政策措施》的通知	济建发〔2014〕17号	2014年8月22日
		济南市人民政府办公厅关于转发市城乡建设委济南市工程设计和装修服务业转型升级实施方案的通知	济政办字〔2017〕29号	2017年5月10日
		济南市人民政府办公厅关于推进建筑业改革发展的实施意见	济政办发〔2017〕58号	2017年12月10日
	青岛市	青岛市人民政府办公厅转发市城乡建设委关于进一步推进建筑产业化发展意见的通知	青政办发〔2014〕17号	2014年9月9日
	淄博市	淄博市人民政府办公厅关于贯彻鲁政办发〔2017〕28号文件大力发展装配式建筑的实施意见	淄政办发〔2017〕13号	2017年4月17日
	枣庄市	枣庄市人民政府办公室关于大力发展装配式建筑的实施意见	枣政办发〔2017〕8号	2017年3月25日
	东营市	东营市人民政府办公室关于大力发展装配式建筑的实施意见	东政办发〔2017〕43号	2017年10月31日

续表

省份	市、县	文件名称	文号	颁布时间
山东省	济宁市	济宁市住房和城乡建设局关于在新建民用建筑工程中采用预制楼梯、预制楼板的通知	济建节科字〔2017〕16 号	2017 年 9 月 1 日
	烟台市	烟台市人民政府办公室关于加快推进建筑产业现代化的实施意见	烟政办发〔2015〕64 号	2015 年 11 月 3 日
		烟台市住房和城乡建设局关于进一步推进装配式建筑工作的通知	烟建节科〔2017〕11 号	2017 年 5 月 8 日
	菏泽市	菏泽市人民政府办公室关于大力发展装配式建筑的实施意见	菏政办发〔2017〕26 号	2017 年 7 月 12 日
	滨州市	滨州市人民政府办公厅关于贯彻鲁政办发〔2017〕28 号文件大力推进装配式建筑发展的实施意见	滨政办发〔2017〕24 号	2017 年 7 月 19 日
	聊城市	聊城市人民政府办公室关于加快推进装配式建筑发展的实施意见	聊政办字〔2017〕43 号	2017 年 5 月 25 日
	德州市	德州市人民政府办公室关于大力推进装配式建筑发展的实施意见	德政办发〔2017〕9 号	2017 年 8 月 18 日
	临沂市	关于进一步明确中心城区建设工程项目发展装配式建筑的通知	临建发〔2017〕34 号	2017 年 8 月 30 日
	莱芜市	加快推进装配式钢结构建筑发展的规划建设管理若干措施	莱建发〔2017〕71 号	2017 年 11 月 20 日
	日照市	日照市人民政府办公室关于大力发展装配式建筑的实施意见	日政办发〔2017〕9 号	2017 年 5 月 10 日
		关于印发《日照市房地产开发项目建设条件意见书实施办法（试行）》的通知	日建发〔2017〕47 号	2017 年 5 月 23 日
	威海市	威海市人民政府办公室关于大力发展装配式建筑的实施意见	威政办发〔2017〕7 号	2017 年 5 月 17 日
		关于切实加强装配式建筑工程质量监督管理的通知	威质价字〔2017〕21 号	2017 年 6 月 16 日
	潍坊市	潍坊市人民政府关于加快推进住宅产业化发展的意见	潍政发〔2014〕30 号	2014 年 5 月 30 日
河南省	郑州市	郑州市人民政府关于大力推进装配式建筑发展的实施意见	郑政文〔2017〕37 号	2017 年 2 月 20 日
		郑州航空港经济综合实验区管理委员会关于大力推进装配式建筑发展的实施意见	郑港〔2017〕237 号	2017 年 12 月 7 日

续表

省份	市、县	文件名称	文号	颁布时间
河南省	郑州市	关于印发 2018 年郑州市建筑节能与装配式建筑工作要点的通知	郑建文〔2018〕76 号	2018 年 4 月 25 日
	新乡市	新乡市人民政府关于加快推进建筑产业现代化的实施意见	新政文〔2016〕178 号	2016 年 10 月 26 日
		新乡市人民政府办公室关于印发新乡市大力发展装配式建筑的实施方案的通知	新政办〔2018〕56 号	2018 年 8 月 8 日
	安阳市	安阳市人民政府办公室关于加快钢结构建筑推广应用的实施意见	安政办〔2016〕106 号	2016 年 11 月 1 日
	焦作市	焦作市人民政府办公室关于推进建筑产业现代化发展的意见	焦政办〔2017〕51 号	2017 年 4 月 28 日
	开封市	开封市人民政府关于印发大力推进装配式建筑发展意见（试行）的通知	汴政〔2017〕47 号	2017 年 6 月 2 日
	洛阳市	洛阳市人民政府办公室关于大力发展装配式建筑的实施意见	洛政办〔2018〕50 号	2018 年 6 月 25 日
	洛阳市	洛阳市人民政府办公室关于促进建筑业持续健康发展的实施意见	洛政办〔2018〕18 号	2018 年 2 月 12 日
	平顶山市	平顶山市人民政府关于推进装配式建筑发展的实施意见	平政〔2017〕31 号	2017 年 8 月 18 日
	济源市	济源市人民政府办公室关于加快推进装配式建筑发展的实施意见	济政〔2017〕51 号	2017 年 8 月 20 日
	周口市	周口市人民政府办公室关于加快发展装配式建筑的实施意见	周政〔2017〕97 号	2017 年 8 月 28 日
	鹤壁市	鹤壁市人民政府关于大力推进装配式建筑发展的实施意见	鹤政〔2017〕16 号	2017 年 9 月 5 日
	漯河市	漯河市人民政府关于大力推进装配式建筑产业发展的实施意见	漯政〔2017〕36 号	2017 年 10 月 24 日
	许昌市	许昌市人民政府办公室关于推进许昌市装配式建筑发展的实施意见	许政办〔2018〕22 号	2018 年 7 月 12 日
	驻马店市	驻马店市人民政府办公室关于大力发展装配式建筑的实施意见	驻政办〔2018〕114 号	2018 年 7 月 20 日
湖北省	武汉市	武汉市建筑产业现代化建设工程项目招标投标工作的实施意见（试行）	武城建〔2015〕151 号	2015 年 8 月 24 日

续表

省份	市、县	文件名称	文号	颁布时间
湖北省	武汉市	市人民政府关于进一步加快发展装配式建筑的通知	武政规〔2017〕8号	2017年3月15日
		市城建委关于开展装配式建筑施工图设计文件技术审查的通知	武城建规〔2017〕5号	2017年7月25日
	荆门市	关于印发荆门市发展装配式建筑工作实施方案的通知	荆政办文〔2017〕32号	2017年11月22日
湖南省	长沙市	长沙市人民政府关于加快推进两型住宅产业化的意见	长政发〔2014〕29号	2014年7月10日
		长沙市人民政府办公厅关于进一步推进装配式建筑发展的通知	长政办函〔2017〕177号	2017年12月9日
		长沙市人民政府办公厅关于进一步推进新建商品住宅全装修建设的通知	长政办函〔2018〕37号	2018年3月15日
广东省	深圳市	深圳市住房和建设局 深圳市规划和国土资源委员会 深圳市人居环境委员会关于印发《关于加快推进深圳住宅产业化的指导意见（试行）》的通知	深建字〔2014〕193号	2014年11月10日
		深圳市住房和建设局 深圳市规划和国土资源委员会 深圳市建筑工务署关于印发《深圳市住宅产业化项目单体建筑预制率和装配率计算细则（试行）》的通知	深建字〔2015〕106号	2015年7月21日
		深圳市住房和建设局关于印发《深圳市建筑工业化（建筑产业化）专家委员会管理办法（试行）》的通知	深建字〔2015〕172号	2015年11月3日
		深圳市住房和建设局关于印发《EPC工程总承包招标工作指导规则（试行）》的通知	深建市场〔2016〕16号	2016年5月18日
		深圳市住房和建设局关于加快推进装配式建筑的通知	深建科工〔2016〕22号	2016年6月27日
		深圳市住房和建设局关于发布《深圳市装配式建筑工程消耗量定额》（2016）的通知	深建字〔2016〕379号	2016年12月30日
		深圳市住房和建设局关于加快推进装配式建筑的通知	深建规〔2017〕1号	2017年1月12日
		深圳市住房和建设局 深圳市规划和国土资源委员关于印发《深圳市装配式建筑住宅项目建筑面积奖励实施细则》的通知	深建规〔2017〕2号	2017年1月20日

续表

省份	市、县	文件名称	文号	颁布时间
广东省	深圳市	深圳市住房和建设局关于装配式建筑项目设计阶段技术认定工作的通知	深建规〔2017〕3号	2017年1月22日
		深圳市住房和建设局 深圳市规划和国土资源委员会 深圳市发展和改革委员会关于印发《深圳市装配式建筑发展专项规划（2018-2020）》的通知	深建字〔2018〕27号	2018年3月5日
		深圳市住房和建设局关于公开征求《深圳市装配式建筑工程质量安全管理工作指引（征求意见稿）》意见的通告	深建质安〔2018〕148号	2018年6月8日
		深圳市住房和建设局关于印发《深圳市装配式建筑专家管理办法》的通知	深建规〔2018〕9号	2018年8月21日
		深圳市住房和建设局关于印发《深圳市装配式建筑产业基地管理办法》的通知	深建规〔2018〕10号	2018年8月21日
广西壮族自治区	南宁市	南宁市人民政府关于加快推动装配式建筑发展实现建筑产业现代化的实施意见	南府规〔2017〕2号	2017年1月13日
	玉林市	玉林市人民政府关于大力推广装配式建筑促进玉林建筑产业现代化发展的指导意见	玉政发〔2017〕2号	2017年2月4日
四川省	成都市	成都市人民政府关于加快推进装配式建设工程发展的意见	成府发〔2016〕16号	2016年5月25日
		成都市建设行业大气污染防治十条措施	成建委〔2016〕526号	2016年12月9日
		成都市成品住宅年度建设规划（2017-2022）	成办发〔2017〕36号	2017年10月11日
		成都市城乡建设委员会关于进一步明确土地出让阶段绿色建筑和装配式建筑建设要求的通知	成建委〔2017〕6号	2017年1月5日
	广安市	广安市人民政府办公室关于印发《广安市创建国家住宅产业现代化试点城市办法》的通知	广安府办发〔2014〕33号	2014年2月22日
		广安市人民政府办公室关于印发广安市推广新型建材和绿色建筑奖励办法（试行）的通知	广安府办发〔2015〕14号	2015年1月26日
		中共广安市委广安市人民政府关于大力发展装配式建筑的实施意见	广委发〔2017〕17号	—

省份	市、县	文件名称	文号	颁布时间
陕西省	西安市	西安市人民政府办公厅关于印发西安市加快推进装配式建筑发展实施方案的通知	市政办发〔2017〕47 号	2017 年5 月 23 日
	延安市	延安市人民政府办公室关于大力发展装配式建筑实施方案	延政办函〔2018〕7 号	2018 年1 月 17 日
	韩城市	韩城市人民政府办公室关于印发韩城市大力发展装配式建筑实施意见的通知	韩政办法〔2017〕190 号	2017 年7 月 18 日
	安康市	安康市人民政府办公室关于发展装配式建筑的实施意见	安政办发〔2017〕121 号	2017 年11 月 14 日
	铜川市	关于建立装配式建筑发展联席会议制度的通知	铜政办函〔2017〕34 号	2017 年6 月 1 日
		铜川市人民政府办公室关于印发铜川市加快建筑装配产业化大力推进装配式建筑发展实施方案的通知	铜政办发〔2017〕32 号	2017 年7 月 17 日
	宝鸡市	宝鸡市人民政府办公室关于大力发展装配式建筑的实施意见	宝政办发〔2017〕96 号	2017 年12 月 12 日